高等职业教育教材

分析化学

薄新党　主　编

吴朝阳　黄爱平　副主编

化学工业出版社

·北京·

内容简介

本书全面贯彻党的教育方针，落实立德树人根本任务，有机融入了党的二十大精神。全书立足高等职业教育人才培养定位，紧密对接化学工业、医药健康、食品安全、环境保护等国家战略产业需求，构建"岗课赛证"四位一体的体系，致力于培养具有工匠精神的高素质分析检测技术技能人才。

本书主要内容分为 11 个模块、30 个项目。模块一为分析化学实验室安全管理和质量控制；模块二为分析化学基础知识；模块三为滴定分析中常用基本仪器的识别及操作；模块四为酸碱滴定法；模块五为配位滴定法；模块六为氧化还原滴定法；模块七为沉淀滴定法和重量分析法；模块八为紫外 - 可见分光光度法；模块九为原子吸收光谱法；模块十为色谱分析法；模块十一为分析检验技术岗位技能拓展。各模块前设有"模块说明""学习目标"，各项目设有"案例导入""知识探究""思考与练习"等，还通过二维码的形式融入了动画、视频、拓展阅读材料等数字化资源，便于自主学习和拓展学习。

本书可作为高等职业教育分析检验技术、环境监测技术、食品检验检测技术等专业及相关专业的教材，还可作为农产品食品检验员、化学检验员等职业资格证书考核培训用书，亦可作为第三方检测机构岗位培训的参考教材。

图书在版编目（CIP）数据

分析化学 ／ 薄新党主编 ；吴朝阳，黄爱平副主编 .
北京 ： 化学工业出版社，2025. 5. --（高等职业教育教材）. -- ISBN 978-7-122-48252-5

Ⅰ. O65

中国国家版本馆 CIP 数据核字第 2025PJ9613 号

责任编辑：提 岩 王淑燕　　　　　　　　文字编辑：朱 允
责任校对：王 静　　　　　　　　　　　　装帧设计：王晓宇

出版发行：化学工业出版社（北京市东城区青年湖南街 13 号　邮政编码 100011）
印　　装：大厂回族自治县聚鑫印刷有限责任公司
787 mm×1092 mm　1/16　印张 15¼　字数 371 千字　2025 年 7 月北京第 1 版第 1 次印刷

购书咨询：010-64518888　　　　　　　　售后服务：010-64518899
网　　址：http://www.cip.com.cn
凡购买本书，如有缺损质量问题，本社销售中心负责调换。

定　　价：45.00 元　　　　　　　　　　　　　　　　版权所有　违者必究

前　言

在高等职业教育领域，分析化学课程作为化学工业、能源、农业、医药、临床化验、环境保护、食品检验等众多专业的核心必修课程，其重要性不言而喻。本教材旨在为莘莘学子开启分析化学知识与技能的大门。

本教材内容体系结合岗位重新构架，共分为 11 个模块、30 个项目。从分析实验室安全管理和质量控制，到各类滴定分析法、光谱分析法、色谱分析法，再到分析检验技术岗位技能拓展，涵盖全面且层次分明。值得一提的是，模块十一融入了乙酸乙酯质量分析与评价、高效液相色谱法测定乳品中三聚氰胺的含量等职业技能竞赛考核内容，同时对接行业需求。

本教材具有以下特色：

1. **德育元素融入**　在知识目标、能力目标、素质目标的达成过程中，巧妙借助阅读材料、知识链接等形式，将德育元素有机融入。通过"讲好中国故事，传播中国声音"，实现职业教育与文化自信的深度融合，切实落实立德树人根本任务，培养德才兼备的高素质人才。

2. **创新"岗课赛证"融合模式**　内容编写紧密围绕实际与未来发展，全方位推动"岗课赛证"深度融合。不仅融入了分析检验人员的岗位职责与职业素养，还将化学实验技术、食品安全与质量检测等技能竞赛考核点，以及水环境监测与治理、食品检验管理 1+X 证书等级考核内容纳入其中，使学生所学无缝对接岗位需求，提升就业竞争力。

3. **内容体系重构与优化**　基于"岗课赛证"要求，对内容体系进行重构。在保证内容完整性的基础上，突出分析检测技术的"实用、适用、规范和先进性"，拓展知识的深度与广度，为学生打开广阔视野，同时做好与其他专业课程及企业实际工作的衔接，助力学生顺利适应工作岗位。

4. **模块化、项目化教学创新**　教材采用模块化、项目化设计，引入大量企业真实案例，着力解决实际分析检测问题。在内容选取上，基于分析检测技术岗位能力与技能需求，科学设计实训项目，如探究食醋酸度、自来水硬度测定、农产品重金属测定、乳品三聚氰胺测定等，这些项目既与企业需求一致，又贴近生活健康，极大激发了学生的学习兴趣与内驱力，可提升学生的综合分析能力。

本教材由河南应用技术职业学院、河南工业贸易职业学院、潍坊职业学院、扬州工业职业技术学院、郑州市城市排水监测站有限公司等单位共同编写，薄新党担任主编，吴朝阳、黄爱平担任副主编。具体编写分工为：模块一、模块三由薄新党编写，模块二由田建军编写，模块四、模块九由黄爱平编写，模块五、模块十由吴朝阳编写，模块六由赵扬编写，模块七、模块八由焦永杰编写，模块十一由高庆平编写。张慧俐提供部分案例。全书由扬州工业职业技术学院钱琛教授审稿。编写过程中参考了相关资料，在此向各位作者致以诚挚谢意。

尽管编者全力以赴，但限于水平，书中难免存在不足之处。在此，恳请广大读者不吝批评指正。

编　者

2025 年 2 月

目录

模块三　滴定分析中常用基本仪器的识别及操作

模块四　酸碱滴定法

模块八　紫外－可见分光光度法

模块九　原子吸收光谱法

模块十　色谱分析法

模块十一　分析检验技术岗位技能拓展

附录

参考文献

二维码资源目录

序号	资源名称	资源类型	页码
35	常见食物的酸碱性	文本	68
36	酸碱指示剂	微课	69
37	酸碱指示剂的选择	动画	69
38	盐酸标准溶液的配制和标定	微课	76
39	氢氧化钠标准溶液的配制和标定	微课	77
40	最早的酸碱指示剂——植物指示剂	文本	82
41	人体内物质的 pH 值	文本	82
42	混合碱的测定	微课	83
43	白醋中总酸含量的测定	微课	83
44	清洁小天使——食用醋的妙用	文本	89
45	非水滴定	文本	89
46	配位滴定法概述	微课	91
47	EDTA 的性质及配合物特点	微课	94
48	配位平衡的最适酸度	微课	95
49	绝对稳定常数和条件稳定常数	微课	96
50	富山骨痛病事件	文本	100
51	EDTA 的制备	文本	100
52	铬黑 T 变色原理	动画	101
53	指示剂的封闭	动画	102
54	指示剂的僵化	动画	102
55	EDTA 标准溶液的配制与标定	微课	108
56	科学家维尔纳对配位化合物的解释	文本	111
57	清洁剂的使用	文本	111
58	自来水中总硬度的测定	微课	114
59	汪尔康院士及我国自主研发的水质在线分析仪	文本	117
60	氧化还原滴定法概述	微课	119
61	最早的氧化还原滴定法	文本	125
62	氧化还原反应的广泛应用	文本	125
63	$KMnO_4$ 标准溶液的配制与标定	微课	135
64	H_2O_2 含量的测定	微课	135
65	化学需氧量测定及生态影响	文本	137
66	氧化还原滴定前的预处理	文本	137
67	认识沉淀滴定法	微课	140
68	沉淀滴定法中常用的标准滴定溶液和基准物质	文本	141
69	$AgNO_3$ 标准溶液的配制与标定	微课	145
70	水样中氯离子含量的测定	微课	145

序号	资源名称	资源类型	页码
71	饮用水中游离余氯的限量标准及超量危害	文本	148
72	四苯硼酸钠的应用	文本	148
73	认识重量分析法	微课	149
74	重量分析的计算和应用	文本	157
75	紫外 - 可见分光光度法概述	微课	160
76	为科学家擦亮双眼的光谱仪发明者——本生和基尔霍夫	文本	165
77	紫外 - 可见分光光度计的组成部分、检验与维修保养	文本	165
78	紫外 - 可见分光光度计的使用	微课	171
79	光度分析装置和仪器的新技术	文本	174
80	目视比色法及发展	文本	174
81	比色皿的使用方法和配套性检验	微课	176
82	邻二氮菲分光光度法测定微量铁	微课	177
83	常见有机化合物紫外吸收光谱及其应用	文本	179
84	原子吸收光谱法的基本原理	微课	182
85	原子吸收分光光度计	视频	182
86	火焰原子吸收光谱法操作	动画	183
87	我国原子吸收分析化学家黄本立院士	文本	185
88	原子吸收分光光度计的使用要求和维护	文本	185
89	色谱 - 原子吸收联用技术	文本	191
90	火焰原子吸收光谱法测定茶叶中的铅	微课	193
91	茶叶中的铅含量测定原理	微课	193
92	重金属检测治理，还绿水青山	文本	195
93	石墨炉原子吸收光谱法的应用	文本	195
94	气相色谱仪	视频	197
95	色谱分析法概述	微课	198
96	马丁和辛格：气相色谱研究	文本	200
97	移液枪的使用	微课	203
98	液体自动进样	动画	204
99	色谱流出曲线	动画	204
100	微型气相色谱的特点及应用	文本	205
101	气相色谱分离操作条件的选择	文本	205
102	高效液相色谱仪	视频	206
103	中国色谱分析的先驱者——卢佩章	文本	213
104	高效液相色谱条件的选择	文本	213
105	化学检验工职业资格国家标准及技能等级要求	文本	221
106	乳品中三聚氰胺含量的测定	微课	222
107	农产品、食品检验员职业资格国家标准及技能等级要求	文本	225

模块一
分析化学实验室安全管理和质量控制

模块说明

　　分析实验室安全管理和质量控制以现代组织管理理论为基础，以质量体系目标为框架，以环境安全为根本，以检测标准为依据，以企业分析实验室和质检部门为依托。在内容的选择上，本着"实用为主，够用为度，应用为本"的原则，力求贴近企业生产实际，反映现代分析实验室组织与管理的新动向，以培养适应生产、建设、管理、服务第一线的高等技术应用型人才。引入现代管理理论，作为分析实验室组织与管理的理论基础，以此来武装和建设现代化的分析实验室。通过本模块的学习，了解并掌握分析实验室安全管理和质量控制的相关理论及其应用。

育心笃行：

树立安全发展理念，弘扬生命至上、安全第一的思想。

——习近平在中国共产党第十九次全国代表大会上的报告

学习目标

知识目标：

1. 了解分析化学实验室的定义、基本要素、功能及分类；
2. 掌握分析化学实验室规则；
3. 掌握分析检验机构工作规范及质量控制与质量标准；
4. 树立分析检验技术人员职业素质要求及道德规范；
5. 基本了解分析化学实验室检验质量保证体系的构建与管理。

能力目标：

1. 掌握分析化学实验室质量与标准化管理；
2. 掌握分析化学实验室组织机构与权责；
3. 掌握分析实验室检验系统的基本要素及人力资源的构建与管理；
4. 掌握分析化学实验室的安全管理及质量控制。

素质目标：

1. 树立"安全第一"的实验室操作理念；
2. 养成穿戴防护装备、规范处理危化品的职业习惯；
3. 建立"数据即生命"的质量观，恪守职业道德，强化法律观念；
4. 提升严格遵守工作安全规则的职业意识；
5. 提升应变与事故处理能力。

项目一　分析化学实验室的安全管理

【案例导入】

　　为抽真空，某员工准备了一段玻璃管、一个橡胶塞，并把玻璃管穿过塞子。为了保证气密性，塞子的口挖得比较小，在通过塞子时，用力过猛玻璃管扎进了顶在塞子后面的手里，并且刺穿了手套，手受了伤。请思考，如何在工作、生产中避免此类现象的发生？

【知识探究】

一、分析化学实验室规则（难度系数：★★★）

微课扫一扫

分析实验室
安全规则

　　1. 实验室安全守则

　　实验室应根据工作内容制定科学的规章制度和操作规程，并要求所有进入实验室人员必须严格遵守。实验室规章制度和操作规程中应明确指出实验室工作人员在进入实验室、实验过程中以及实验完毕时必须注意的事项。如进入实验室需穿工作服；实验时要保持实验室的安静、整洁，严禁吸烟和饮食，实验过程中产生的废液、废渣和其他废物，应集中处理，不得任意排放；实验完毕，应将实验仪器及各项器材、物品放回指定的位置，搞好实验室卫生，关好水、电、门、窗，方能离开实验室。负责管理实验室基础设施和仪器设备人员的职责和任务也应在规章制度中明确。

　　2. 化学试剂的管理和使用

　　实验室工作人员在工作中可能会接触或使用化学试剂，其中一些化学试剂不仅对工作人员健康有很大危害，还可能造成重大安全事故。所以，实验室化学试剂若使用或保管不当，可能对工作人员或周边环境造成不可估量的危害。因此，应加强实验室化学试剂的安全管理。

　　（1）化学试剂的安全管理

　　① 有毒化学试剂。有毒化学试剂是指少量进入人体，就能导致局部或整体生理功能障碍，甚至造成死亡的化学试剂，如氰化钾、三氧化二砷、氰化钠等。按其毒性不同，可分为剧毒、高毒、中毒、低毒、微毒五个等级。此类化学试剂应存放于专门的保管柜中，置阴凉、干燥、通风处，并注意与易燃、易爆、酸类、氧化性试剂等分开储存。我国《危险化学品安全管理条例》（2013 年修订）规定，对剧毒化学试剂实行双人收发、双人保管制度。实验过程中如需使用剧毒化学试剂，应按实验室有关规定办理领用手续。

　　② 腐蚀性化学试剂。腐蚀性化学试剂是指能通过腐蚀作用导致人体和其他物品受到破坏，甚至引起燃烧、爆炸或人员伤亡的试剂，如：氨水、盐酸、发烟硝酸、发烟硫酸等。此类化学试剂储存温度应＜ 30 ℃，应放置于耐腐蚀材料（如耐酸水泥或陶瓷）制成的料架上，存放于阴凉、干燥、通风处，酸性与碱性腐蚀试剂、有机与无机腐蚀试剂应分开存放。另外需与氧化剂、易燃易爆试剂分开储存，还应根据不同化学试剂的性质，分别采用相应的避光、防潮、防冻、防热等措施。

　　③ 强氧化性化学试剂。强氧化性化学试剂是指过氧化物、有强氧化能力的含氧酸及其

盐，如：过氧化氢、高氯酸、高锰酸及其盐等。此类化学试剂应存放于阴凉、干燥、通风处，室温＜30 ℃，应与木屑、炭粉、硫化物等可燃、易燃物或还原剂分开存放。有条件时，氧化剂应分区或分库存放。

④ 易燃易爆试剂。这类试剂具有易于燃烧和爆炸的特性，如：乙醚、有机硼化物和有机锂化物、乙炔及乙炔的重金属化物等。此类化学试剂应放置于通风良好、阴凉干燥的通风柜中，并在柜上显著位置贴上"易燃"字样的警示标志。室温＜30 ℃，隔绝火、热、电源，做好防雨、防水工作，并根据贮存危险物品的种类配备相应的灭火和自动报警装置。在大量使用这类化学试剂的实验室，所用电器一定要采用防爆电器，现场一定要保持通风良好，绝对不能有明火。

（2）化学试剂的安全使用　为保证化学试剂的质量和使用安全，在使用时要注意以下几方面：

① 熟知常用试剂的理化性质。如酸碱的浓度，试剂的溶解性、挥发性、沸点、毒性及其他重要理化性质。

② 保护好试剂瓶标签。万一标签脱落，应照原样贴牢；分装或配制试剂后，应立即贴上标签；没有标签的试剂，在未查明前不可使用，必须经鉴定确证后方可使用。

③ 取用试剂基本注意事项。瓶塞不能随意放置，应朝上置于干净处。取用后应立即盖好，以防试剂被其他物质污染或发生变质；要使用清洁干燥的小勺和量器；取用强碱试剂后的小勺，应立即洗净以免被腐蚀；试剂的浓度及用量应按要求使用，过浓或过多不仅造成浪费，而且可能产生不良反应，甚至得不到正确的结果；取出的试剂不可倒回原瓶；打开易挥发的试剂瓶塞时，瓶口不能对着脸部；取用能释放有毒、有味气体的试剂后，应用蜡封口。

④ 取用有毒试剂注意事项。使用有毒化学试剂时，要严格遵守操作规程，避免发生意外。在通风橱中完成，并采取必要的防护措施。实验结束后，要及时洗手、洗脸、洗澡、更换工作服，同时要保持实验室环境卫生。反应剩余物应倾倒在指定的废物缸中，由专管人员进行处理。

⑤ 取用腐蚀性或刺激性试剂注意事项。取用腐蚀或刺激性化学试剂（如强酸、强碱、氨水、冰醋酸等）时，尽可能戴上橡胶手套和防护眼镜，禁止裸手拿取。倾倒时，切勿正面俯视。

⑥ 取用易燃易爆试剂注意事项。使用易燃易爆化学试剂时，实验人员应采取必要的防护措施，最好戴上防护眼镜，实验过程应在通风橱中进行。使用过程中禁止震动、撞击，如有试剂散落，应及时清理。

（3）常用玻璃器皿的安全使用　实验室中经常使用各种玻璃器皿，由于玻璃质地脆弱，导热和导电性能差，因此，在使用过程中容易破碎，造成割伤、试剂泄漏而引发感染、中毒、起火、爆炸等事故。使用玻璃器皿应该注意以下几点：在容易引起玻璃器皿破裂的操作中，如减压处理、加热容器等，要戴上防护眼镜；不要使用有缺口或裂缝的玻璃器皿；持取大的试剂瓶时，应一只手握住瓶颈，另一只手托住底部；若实验需在高温高压的条件下进行，应选择耐高温高压的玻璃器皿。

二、实验室管理（难度系数：★★）

1. 实验室管理的定义

实验室管理是指导人们管理实验室及其活动的一门科学，它运用自然科学、社会科学、人文科学、实验科学以及其他相关学科的原理和方法，研究实验室运行过程中各项活动的基本规律及方法。

2. 实验室管理的方法

实验室管理的方法是指在实验室管理过程中解决思想和行动等问题的方法。实验室管理的方法主要有系统方法、计划方法、制度方法、目标方法、行为方法、数量方法、决策方法等。

（1）系统方法　系统方法是指将实验室当作一个系统来运行和管理的方法，是实验室管理工作中最基本的思想方法和工作方法。该方法主要包括通观全局、分解结构、认识关系、区分层次、跟踪变化、调节反馈、控制方向、实现目标等环节。上述环节必须统一组织，同步运行，不能分割，以求实验室管理的整体效应。

（2）计划方法　计划方法是指根据实验室目标与任务，利用计划体系对实验室相关工作及其相互关系进行协调平衡，从而促使经济管理实验教学和经济管理实验科研有序进行，人、财、物、时间与空间得以充分利用的一种方法。该方法包括制订计划、执行计划、检查和分析计划、拟订改进措施等 4 个阶段。

（3）制度方法　制度方法是指通过科学制订并严格执行必要的、合理的、切实可行的实验室管理制度来确保实验室管理工作规范化、程序化、条理化的一种方法。该方法是实验室管理工作中必须掌握和应用的一种方法。

（4）目标方法　目标方法是指以现代管理理论为基础，以系统理论为指导，在实验室管理工作中用目标进行管理的一种先进方法。该方法按其过程，一般分为 4 个阶段：目标制订和展开、目标实施、目标完成情况检查、目标效果评价和总结。

（5）行为方法　行为方法在某种意义上就是思想政治工作方法，是通过谈心、观察、满足、理解、奖惩等方法对实验室管理系统中各类人员的行为、思想进行科学分析和有效管理的方法。行为方法的目的是及时解决实验室管理系统内部人员的思想情绪和实际问题，充分调动各类人员的积极性和创造性。

（6）数量方法　数量方法就是在实验室管理过程中，借助数学规律分析和认识已经发生或尚未发生现象的一种方法。数量方法是人们认识实验室管理过程辩证发展的辅助手段。

（7）决策方法　决策方法实际上是对未来不确定的事物认识的理论思维方法。它只有在辩证唯物主义思想的指导下，在把握大量定性信息的基础上，才能做出符合客观实际的、见之于行动的决策。

3. 实验室管理任务

实验室的日常运行与管理任务主要包括实验室任务管理、实验室资产管理、实验室安全管理、实验室信息管理、实验室档案管理、实验室经费管理、实验室建设项目管理等。

（1）实验室任务管理　实验室任务管理可以分为教学实验任务管理、科研实验任务管理、实验室社会服务管理和开放管理等。

（2）实验室资产管理　实验室资产管理包括固定资产管理、流动资产管理、无形资产管理等。

（3）实验室安全管理　实验室安全管理包括实验室防火防爆防水、实验室电气安全、实验室安全保卫、实验室劳动保护、实验室信息安全等。

（4）实验室信息管理　实验室信息管理主要包括实验室管理基本信息、实验教学基本信息、实验队伍基本信息、实验室科研基本信息、实验室仪器设备基本信息等方面的管理。

（5）实验室档案管理　实验室档案管理主要包括实验室档案资料的收集、整理、保管、鉴定、统计和提供利用等内容。

（6）实验室经费管理 实验室经费管理是指实验室管理工作者为了一定需要和目的，对实验室经济活动进行决策、计划、组织、指挥、监督和调节。

（7）实验室建设项目管理 实验室建设项目管理主要包括实验室建设项目立项、基本建设可行性研究、实验室建筑布局、实验室家具设计、实验室公用设施综合设计等内容。

4. 实验室管理内容

实验室管理的内容可以用图 1-1 来表示。

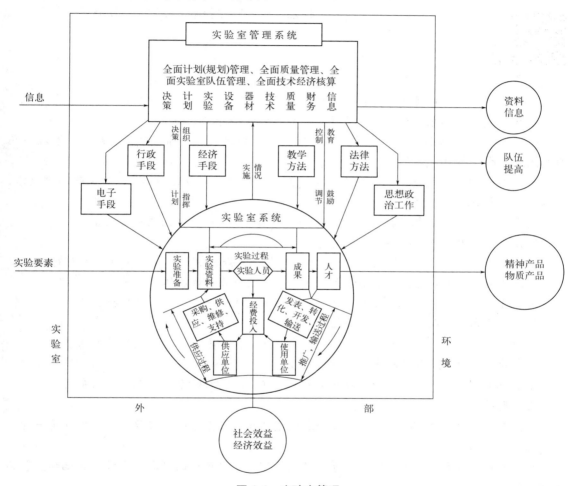

图 1-1 实验室管理

实验室管理的内容概括起来主要有以下几方面。

（1）全面综合管理

① 全面计划（规划）管理。是以人、财、物为对象，以保证实现科学研究、人才培养、学科发展、企业经营等战略，搞好综合平衡，协调好实验室各项活动为目标的全面的、综合的计划（规划）管理。

② 全面质量管理。主要是以实验室的各项任务和活动为对象，运用科学的方法培养出社会需要的人才，研制出科学最新的成果和为教学、科研、生产技术开发提供优质服务为目标的全面质量管理，这也是实验室管理中重要的监控手段。

③ 全面实验室队伍管理。它主要是以人才为对象，以激励人才上进，提高实验室工作队伍素质为目标，把对人员的培训、考核、晋级、聘任、奖惩密切结合起来的全面人事劳动管理。

④ 全面技术经济核算。这与企业中以增收节支、加速资金周转为目标的经济核算不同，它主要是指以培养出的人才及研究或开发出的成果及其价值为对象，以节能降耗，充分提高投资效益为目标的全面技术、经济评价。

（2）专业或任务管理　①教学实验管理；②科研实验管理；③物资管理；④设备管理；⑤安全技术管理；⑥实验用房及维修改造管理。

实验室安全，防大于治——气瓶爆炸事故

实验室安全守则

【思考与练习】

一、选择题

1. 关于存储化学品说法错误的是（　　）。

A. 化学危险物品应当分类、分项存放，相互之间保持安全距离

B. 遇火、遇潮容易燃烧、爆炸或产生有毒气体的化学危险品，不得在露天、潮湿、漏雨或低洼容易积水的地点存放

C. 受阳光照射易燃烧、易爆炸或产生有毒气体的化学危险品和桶装、罐装等易燃液体、气体应当在密闭地点存放

D. 防护和灭火方法相互抵触的化学危险品，不得在同一仓库或同一储存室存放

2. 在实验室中，应该放在第一位的是（　　）。

A. 实验结果　　　　B. 实验安全　　　　C. 实验的创新性　　　D. 实验的可行性

3. 严禁在化验室内存放体积总量大于（　　）的瓶装易燃液体。

A. 10 L　　　　　　B. 30 L　　　　　　C. 20 L　　　　　　D. 25 L

4. 下列不属于个人安全防护设备的是（　　）。

A. 防护镜　　　　　B. 口罩　　　　　　C. 安全帽　　　　　D. 通风橱

5. 实验完成后，废弃物及废液应如何处置？（　　）

A. 倒入水槽中　　　B. 分类收集后处理　　C. 倒入垃圾桶中　　D. 任意弃置

二、判断题

1. 在进入实验室之前要牢固树立安全和规范意识，安全第一，实验第二，规范是一种习惯，也是一种水平。（　　）

2. 要加强对剧毒、有害、特殊化学药品的管理，建立严格的领取、发放、登记和主管领导审批制度。（　　）

3. 可以将含水量或含溶剂量较高的样品直接放入烘箱。（　　）

4. 实验室中同种实验试剂应尽可能多储备一些，便于实验的顺利开展。（　　）

5. 配制试剂、合成品等标签须信息明确，不得无盖放置。（　　）

三、问答题

1. 实验室安全守则的内容是什么？

2. 实验室潜在的危险有哪些？

3. 实验室废弃物排放的准则是什么？

4. 实验室灭火的措施和注意事项是什么？

5. 实验室管理包括哪些内容？

项目二　分析化学实验室的质量控制

【案例导入】

某权威第三方检测机构的分析化学实验室，日常承接大量生活饮用水检测业务，严格依据 GB/T 5750—2023《生活饮用水标准检验方法》开展工作。此次以检测水中余氯含量为例，该标准对余氯检测方法、试剂要求、结果判定等都作出明确规定。

实验人员在检测前，先对检测所需的分光光度计进行全面检查与校准。依据标准，校准过程需使用特定浓度的氯标准溶液，实验室采用的是由有证标准物质稀释制备的 0.5 mg·L^{-1}、1.0 mg·L^{-1}、2.0 mg·L^{-1}、3.0 mg·L^{-1}、5.0 mg·L^{-1} 氯标准溶液，以此绘制标准曲线。

在对一批居民小区末梢水水样进行检测时，实验人员严格按照 GB/T 5750—2023 中的操作步骤进行样品前处理。每完成 15 个水样检测，就插入一个已知余氯含量为 1.5 mg·L^{-1} 的标准样品进行同步分析，以此监控检测过程的准确性。此次标准样品的检测结果为 1.48 mg·L^{-1}，符合标准样品的允许误差范围。

但在对检测数据进行统计分析时，发现部分水样检测结果的重复性较差。质量控制小组迅速介入，仔细核对实验记录，包括试剂添加量、反应时间、仪器读数等环节。最终查明，原来是在使用比色管进行显色反应时，部分比色管未清洗干净，残留的微量杂质影响了显色效果，导致检测结果出现偏差。

【知识探究】

一、分析检验机构工作规范（难度系数：★★★）

1. 样品管理制度

检验样品贯穿于检验工作的始终，使样品管理规范化是保证检验结果可靠、有效以及维护实验室的诚信度的重要环节。必须对样品的接收、传递、储存、处置及样品的识别等环节实施有效的质量控制。

（1）接收样品管理

① 委托样品的接收程序。

a. 样品管理员在接收客户的样品时，应根据客户的检验需求，查看样品的包装、规格及型号、外观、等级等，清点样品数量，核查相关资料的完整性，检查样品的性质和状态是否符合检验的要求，填写委托单或检验任务单。必要时应与客户商定委托检验内容等有关事宜。

b. 样品管理员做好唯一性标识，并登记入库。

c. 客户邮寄来的样品由样品管理员统一收取，并按 a、b 条规定办理。

② 抽样样品的接收程序。样品管理员验收时应对照抽样单检查样品及封条的符合性、完整性、有效性，必要时应会同抽样人员共同进行验收，然后按上述 a、b 条进行验收登记。

（2）样品出入库管理

① 检验员会同样品管理员到样品室领取样品。检验员领取样品时应查看样品是否与"检验任务单"填写的内容相符，是否符合检验要求，检查无误后在双方样品保管处理登记

本上签字领样。

② 检验员在样品检验完毕后，将剩余样品交回样品室，样品管理员清点样品数目无误后保存好样品。

③ 检验完成后对有毒有害、已经破坏等无法退还的样品，样品管理员依照相关规定进行处置，并做好登记。

④ 客户要求退回的样品，由样品管理员负责办理样品领取出库手续，并做好登记。

（3）样品留存管理

① 样品存放时间通常是一个月，按不同样品相应规定的温度、环境进行留存。

② 超过保存期的检后样品处理。部分保存期已过的且客户不要求退回的样品，由样品管理员在样品处理登记本上登记要处理的样品，报质量负责人批准后处理。

③ 样品的保密和安全。实验室严格按照与客户签订的协议或有关规定进行样品的检验、贮存与处置，对客户的样品、附件及有关信息负保密责任。保存期内的样品不得以任何理由挪作他用。

2. 检验管理制度

（1）检验方法确认　实验室应采用满足客户需要，并适用于客户所委托的样品的检测方法，应优先使用以国际、区域或国家标准发布的方法。实验室应确保使用标准的最新有效版本，除非该版本不适宜或不可能使用。必要时，应采用附加细则对标准加以补充，以确保应用的一致性。

（2）检测资源保证

① 必须严格考核检验人员是否具备胜任岗位的能力，考核内容包括教育程度、接受的培训、工作技能和工作经验等方面的评价。

② 仪器设备在使用前应进行核查和校准，并设置专人管理，保证按期保养。

③ 对影响检测和（或）校准质量的化学试剂、消耗性材料进行符合性检查，经证实符合有关检验和（或）校准方法规定的要求后才能投入利用。

④ 环境因素：包括水、气、电等能源，照明，温度，湿度，防尘，防震，防干扰，防辐射，无菌等环境条件；应有利于检测和（或）校准的正确实施，避免实验室环境条件造成结果无效或对所要求的测量质量产生不良影响。

（3）检测结果的质量保证　实验室应有质量控制程序以监控检测和校准的有效性。所得数据的记录方式应便于发现其发展趋势，如可行，应采用统计技术对结果进行检验。这种监控应有计划并加以评审，可包括（但不限于）下列内容：

① 定期使用有证标准物质（参考物质）和／或次级标准物质（参考物质）进行内部质量控制；

② 参加实验室间的比对或能力验证计划；

③ 利用相同或不同方法进行重复检测；

④ 对存留物品进行再检测；

⑤ 分析一个物品不同特性结果的相关性。

注：选用的方法需与所进行工作的类型和工作量相适应。

3. 检验报告管理制度

（1）检验报告填写与编制

① 各相关检验人员在检验工作中及时填写原始记录，校核人员对原始记录的真实性、

符合性进行校核，确认无误后签字，交信息中心编制检验报告。

② 检验报告应采用统一格式，同时还应满足以下要求：

a. 检验报告要求字迹清晰，数据准确，术语和计量单位使用精确，结论用语明白。

b. 检验报告数据页应在结束处标注"以下空白"字样。

c. 检验报告的编号应与原始记录、任务通知单编号一致，检验报告的内容应与原始记录相对应，用语相一致。

d. 检验报告和原始记录中需要修约时依照 GB/T 8170—2008《数值修约规则与极限数值的表示和判定》中的规定执行。除标准中有明确规定外，一切检验断定均依照 GB/T 8170—2008《数值修约规则与极限数值的表示和判定》中的规定采用全数值比较法进行断定。

e. 若有分包的检验项目，则应在检验报告中说明。

f. 需要时，应给出测量结果的不确定度。

（2）检验报告审核

① 检验报告编制完成后交报告审核员进行审核，审核中发现的错误，通知相关人员核查、更正，直至符合要求。

② 授权签字人对审核合格的报告进行签发，发现问题退回原审核人员进行更正，直至达到要求后发送检验报告。

③ 报告编制人、审核人、签发人均应在编制、审核、批准完成后，在检验报告上用黑色签字笔或钢笔签字。

（3）检验报告的发送和存档

① 检验报告经三级审核批准签字后，由业务室在检验报告首页加盖"检验专用章"，在检验报告封面及各页骑缝处加盖"骑缝章"，在检验报告封面的左上角加盖计量认证标志章（通过认证的检验项目）、中国实验室国家认可标志章（通过认可的检验项目）。

② 将一份检验报告（委托检验报告一式两份，监督抽查检验报告根据具体情况打印三至四份）发送给客户并做发送登记，一份检验报告连同原始记录、收样单及其他相关资料按照规定存档。

（4）检验报告的评审　业务室按期组织相关人员对检验报告的精确性、有效性、适应性进行评审。

4. 实验室环境管理制度

① 实验室是进行检测试验的场所，必须保持清洁、整齐、安静。

② 实验室内禁止吸烟、随地吐痰、吃东西、丢杂物，严禁在实验室内打闹喧哗。

③ 仪器设备的零件妥善保管，常用工具要摆放整齐，说明书、操作手册、登记手册、空白表格和原始记录应专柜存放。

④ 实验室仪器设备的安置符合相应的防潮、防尘、防震及水平等要求，仪器设备间不得相互影响，不得因环境因素对仪器设备造成影响和损坏，否则应采取隔离措施。

⑤ 对检验环境有特殊要求（温度、湿度、大气压）的检验项目，检验人员根据检验要求，在检验开始前对环境条件进行检查。

⑥ 经检查达到标准规定的条件时方可开始检验，达不到标准规定的条件时进行调整使之达到要求后再开始检验，并在原始记录中记录检验条件。

⑦ 检验过程中如环境条件发生改变且经调整仍达不到检验要求时，检验员应及时向质量负责人报告，并提出维修或更新设施申请报技术负责人（总工）。

5. 检验工作管理制度

① 检验人员必须经过专业技术培训，通过本公司考核持证上岗。

② 工作时应不少于 2 人（持证上岗），整个过程应独立完成。

③ 检验人员应严格按照各检验项目的国家标准和本公司制定的仪器操作规程和检验实施细则进行，做好完整记录，不得弄虚作假。

④ 检测室内的设备、安全、卫生等应由检测室内部专人管理。

⑤ 非本公司人员不经允许不得擅自进入检测室。

⑥ 当仪器设备处于工作状态时，检验人员不得离开，检验人员离开检测室时，水、电及门窗等要关好。

⑦ 在检测室内不得做与检验工作无关的事。

6. 仪器设备管理制度

① 购置仪器设备，均由检测室负责人提出书面申请，由技术负责人审核，报经理批准，由采购人员统一办理。

② 对新购置的仪器设备，由设备管理员验收，安装、调试、检验合格后，建立设备档案、设备检定周期表。

③ 仪器设备技术档案做到一机一盒。检验设备检定完毕后，设备管理员应进行设备编号，并按照不同的检定情况，加贴统一制定的三色（绿、黄、红）标记，划分表示仪器设备检定结果为合格、准用、停用三种状态。任何人不得涂改和撕毁有效标记。

④ 主要仪器设备须建立设备使用记录、借用记录和维修记录。仪器设备管理员负责定期检查并存档。经常检查、清点，确保配件完整、齐全。检验人员必须自觉爱护仪器设备，正确使用仪器。经常保持仪器设备整洁、安全，用后加罩，以防灰尘。

7. 人员培训制度

① 凡从事检验工作的人员必须按期参加业务培训。

② 由技术负责人、质量负责人会同检测室负责人制订研究计划，报经理批准，然后按计划组织有关人员研究。

③ 外出培训：按照需要在年末填写次年培训的申请，业务主管编制计划，报上级批准。

④ 从事检验的人员通过专业培训或自学互助，经考核小组考核，取得上岗证后方能从事检验工作。

⑤ 凡从事检验的人员，必须通过公司组织的技术考核。其考核内容包括专业操作技能、检验知识、误差理论、本公司制定的《质量手册》内容等。

8. 内部质量审核及质量体系评审制度

① 建立《质量手册》执行情况的检查，每年举行一次手册执行情况普查，并不定期地进行局部检查。

② 一切内部质量考核活动均应由与被检查质量活动无直接义务的人员开展。

③ 一切内部质量考核活动，都必须如实做好记录，并填好内部质量考核报告，列出存在的主要缺陷，被查部门负责人确认并填明拟采取的纠正措施及其负责人、期限等，质量负责人审批、存档。

④ 每年由公司经理主持进行一次质量体系管理评审，其评审内容为：

a. 目前的质量体系对完成质量方针和质量目标有效性的评定；

b. 为确保质量体系持续适用和有效，对今后可能出现的要求进行评定；

c. 对内部质量审核、纠正措施、客户的意见等情况进行综合评定；

d. 质量室将评审意见汇总，并据此提出对质量体系进行改进的方案，包括对《质量手册》和有关部分文件的修订；

e. 所有内部质量审核及质量体系管理评审活动的记录、报告等资料均应归档保存。

9. 保密制度

① 为了加强各环节的保密工作，保护受检单位（个人）的正当权益，保持公司的公正性地位，需制定保密制度。

② 保密范围

a. 检验工作中形成的内部有关资料；

b. 检验事故分析报告和异议处理档案；

c. 被列为保密范围的文件、会议记录等；

d. 委托单位（个人）要求保密的技术资料、检验数据、检验报告等。

③ 保密要求

a. 加密文件、材料在规定的范围内传阅处理，不准带出公司。

b. 保密材料的收发、传递、存档等规定，按保密制度办理。

c. 对内、外查阅和借阅保密材料，必须经经理批准。

d. 定期组织保密检查，发现问题及时纠正。

④ 教育与奖惩

a. 经常进行保密规定的研究与教育，增强公司人员的保密意识，自觉执行各项规章制度，遵守保密纪律。

b. 对出现泄密现象的部门和个人给予批评和相应处分。

10. 档案管理制度

档案管理制度包含以下内容：

① 操作规程和检验规范与办法；

② 国家、地方、行业有关检测方面的文件、政策、法令、法规、规范性文件；

③ 技术标准、相关标准、参照标准；

④ 检验方法、标准、规程、规范、本公司制定的现场检验（抽样）和检验实施细则；

⑤ 外部委托检验项目协议书及有关资料；

⑥ 仪器设备一览表、计量器具检定周期表；

⑦ 样品处理记录；

⑧ 用户反馈信息的处理意见；

⑨ 检验事故分析报告及事故分析会议决定；

⑩ 检验仪器设备使用说明书、检定证书，设备购置申请单，仪器设备的验收、维修、使用、报废等的有关资料；

⑪ 上级有关部门的文件、通知、技术参考资料；

⑫ 检验人员档案。

二、质量控制与质量标准（难度系数：★★★★）

1. 抽样

① 实验室为后续检测或校准而对物质、材料或产品进行抽样时，应有用于抽样的抽样

计划和程序。抽样计划和程序在抽样的地点应能够得到。只要合理，抽样计划应根据适当的统计方法制订。抽样过程应注意需要控制的因素，以确保检测和校准结果的有效性。

② 当客户对文件规定的抽样程序有偏离、添加或删减的要求时，这些要求应与相关抽样资料一起被详细记录，并被纳入包含检测和校准结果的所有文件中，同时告知相关人员。

③ 当抽样作为检测或校准工作的一部分时，实验室应有程序记录与抽样有关的资料和操作。这些记录应包括所用的抽样程序、抽样人的识别、环境条件（如果相关），必要时有抽样位置的图示或其他等效方法，如果合适，还应包括抽样程序所依据的统计方法。

2. 检验过程

实验室调度接到报检单（包括常规送检通知、临时工艺抽样检验指令、临时性抽检申请等）后，通知采样组，采回的试样送调度。调度将验收合格的送检样品送制样室进行制样，制好后返回调度，调度依据样品的检验要求送有关检验组（室），如原料组（室）、中检组（室）和成品组（室）。有关检验组（室）检查验收样品后，留取部分样品作为副样保存（也可由调度安排保存），然后安排具体人员进行检验，处理数据，填写检验报告，再交检验组（室）负责人审核签字，送调度。调度接收检验报告，汇总、登记台账后发出正式检验报告书。在日常的检验过程中如出现异常情况，调度将根据质量负责人的要求，派出相关的技术监督人员（技术监督人员可以从相关职能部门抽派），查明原因并做出相应的处理。

3. 检验过程的质量控制

（1）采样和制样质量控制　样品一般为固体、液体和气体，采样的方法和要求各不相同。对样品的采样基本要求是所采样品应具有代表性和有效性。要做到这一点，采样应按照规定的方法或条例进行，以满足采样环节的质量保证。制样是使样品中的各组分尽可能在样品中分布均匀，以使进行检验的样品既能代表所采样品的平均组成，也能代表该批物料的平均组成。所以，制样也应该按照规定的方法或条例进行。

（2）检验与结果数据处理的质量控制　检验人员收到检验组（室）检查验收的样品，根据检验方法要求进行准备，检查仪器设备、环境条件和样品状况。一切正常后开始按规定的操作规程对样品进行检验，记录原始数据。检验工作结束后，复核全部原始数据，确认无误后，对样品做检验后处理。对分析结果数据的处理，要遵循有效数字的运算规则和分析数据处理的有关方法进行。要求检验结果至少能溯源到执行的标准或更高的标准，如国家标准或某些方面要求更高的标准。

（3）其他注意事项　为保证整个检验过程的质量，除上述两个方面外，填写检验报告应准确无误；检验组（室）负责人审核报告必须仔细认真；调度在汇总、登记台账及发出正式检验报告书的过程中也不能疏忽大意；因各种原因（如停电、停水、停气、仪器设备发生故障、工作失误、样品问题等）造成检验工作中断，且影响检验质量，应做好相应记录并向上一级负责人报告，恢复正常后，该项检验应重新进行，已测得的数据作废。

我国"两弹一星"元勋王大珩院士

分析测试的质量控制与保证

【思考与练习】

一、选择题

1. 标准化的主管部门是（　　）。

A. 科技局　　　　　　　　　B. 工商行政管理部门

C. 公安部门　　　　　　　　　D. 质量技术监督部门

2. 按《中华人民共和国标准化法》规定，必须执行的标准和国家鼓励企业自愿采用的标准是（　　）。

A. 强制性标准、推荐性标准　　　　　　B. 地方标准、企业标准

C. 国际标准、国家标准　　　　　　　　D. 国家标准、企业标准

3. 下列哪些产品必须符合国家标准、行业标准，否则，即推定该产品有缺陷？（　　）

A. 可能危及人体健康和人身、财产安全的工业产品

B. 对国计民生有重要影响的工业产品

C. 用于出口的产品

D. 国有大中型企业生产的产品

4.（　　）通过对人员、设备、方法、样品处置和环境条件等检测工作的监督、核查，将所发现的不符合事项及时报综合办。

A. 检测人员　　　　B. 质量监督员　　　　C. 质量负责人　　　　D. 授权签字人

5.（　　）负责对检测工作的各环节中所出现的不符合工作进行评价，并作出处理决定。

A. 最高管理者　　　　B. 质量负责人　　　　C. 质量监督人　　　　D. 授权签字人

二、判断题

1. 实验室内质量控制是分析人员对分析质量进行自我控制的方法，是保证测试结果达到精密度要求的有效方法。（　　）

2. 能力验证是指利用实验室间比对确定实验室的检测能力。（　　）

3. 记录是质量保证体系的全部内容的体现。（　　）

4. 质量监督的意义是用于发现与标准或规范不相符合的地方。（　　）

5. 质量审核是对包含在保证质量过程中那些发现问题并解决问题的某些因素的正式评审。（　　）

三、问答题

1. 构建实验室检验质量保证体系的依据是什么？

2. 实验室检验质量保证体系的基本要素包括哪些？

3. 如何构建实验室检验质量保证体系？

4. 检验过程的质量控制包括哪些方面？

5. 什么是 ISO 9000 族标准？核心标准是哪几个？其主要作用各是什么？

项目三　分析检验技术人员应具备的职业道德

【案例导入】

2023 年 6 月，浙江省温州市生态环境局鹿城分局在核查鹿城区某核心地块的土壤污染状况初步调查报告时，发现报告中存在多个数据疑点。经过三轮实地调查，案件的真相终于浮出水面。调查结果显示，绍兴某监测公司的洗井作业实际上是委托他人进行的，作业报告上的签名存在造假痕迹。最终，温州市生态环境局对温州某土壤调查公司和绍兴某监测公司分别处以 5 万元的罚款，并禁止该机构参与政府采购的生态环境服务项目。同时，对 6 个直

接责任人以及负有责任的主管人员也根据其情节分别作出了行政处罚。

【知识探究】

一、分析检验技术人员职业素质要求（难度系数：★★）

质量检验职能实施的有效性，主要通过检验人员的工作质量来保证，而检验人员工作质量的基础又在于本身的素质。不具备与岗位相适应能力的检验人员，就不能有效地履行本岗位的职能。检验人员的素质由体质、品质、知识、技能和能力五个要素构成。其中，体质和品质是从事检验活动的生理基础和思想基础；知识和技能是承担检验工作的必要条件；能力决定了检验工作的效果。

二、分析检验技术人员职业道德规范（难度系数：★★）

职业道德是从事一定职业的人在工作或劳动过程中所应遵循的与其特定职业活动相适应的行为规范。职业道德是指人们在职业生活中应遵循的基本道德，即一般社会道德在职业生活中的具体体现。其是职业品德、职业纪律、专业胜任能力及职业责任等的总称，属于自律范围，它通过公约、守则等对职业生活中的某些方面加以规范。

职业道德不仅是本行业从业人员在职业活动中的行为规范，还是行业对社会所负的道德责任和义务。良好的职业修养是每一个优秀员工必备的素质，良好的职业道德是每一个员工都必须具备的基本品质，这两点是企业对员工最基本的规范和要求，同时也是每个员工担负起自己的工作责任必备的素质。

1. 热爱本职工作，开拓进取

热爱祖国、热爱质检事业，自觉维护国家利益和信誉。树立正确的理想、信念和人生观，树立主人翁责任感、使命感，为人民服务、为质检事业发展服务。解放思想、勇于创新，争创一流工作。

2. 依法施检，忠于职守

认真学习和贯彻执行《中华人民共和国产品质量法》《中华人民共和国标准化法》《中华人民共和国计量法》及有关法律法规。立足本职，恪尽职守，忠实地履行岗位职责。实事求是，坚持原则，兢兢业业，保证质量，按时完成工作任务。

3. 严格把关，公正准确

树立严谨求实的工作作风，严格按照检验标准、检验方法、操作规程有关规定进行检验、鉴定和监督管理，把好检验质量关。重视业务基础工作，确保检验结果真实、准确、完整、可靠、客观，公正地出具检验报告，维护企业和客户的合法权益。

4. 热情服务，优质高效

以促进经济发展、方便客户、提高检验质量为己任，积极主动、热情周到地提供技术、信息服务。拓展业务领域，积极把检验监管工作延伸到生产过程，促进产品质量的提高。改进工作作风，提高效率，简化手续，合理缩短检验周期。

5. 尊重科学，钻研技术

努力学习专业知识，钻研现代科学技术，熟练掌握从事本职工作必备的知识、技术和技能。不断更新知识，改善知识结构，提高专业技术水平

孙真东：扎根质检一线38年，将工匠精神镌刻进生命

和业务素质。踊跃参加科研活动，大力开展科技攻关，重视应用和推广科研成果，积极采用新技术、新方法，以严肃的科学态度对待工作，为科技兴检发挥聪明才智。

【思考与练习】

一、选择题

1. 各行各业的职业道德规范（　　　）。
A. 完全相同　　　　　B. 各有各的特点　　　C. 适用于所有行业　　D. 适用于服务行业

2. 下列有关爱岗敬业的论述中错误的是（　　　）。
A. 爱岗敬业是中华民族的传统美德
B. 爱岗敬业是现代企业精神
C. 爱岗敬业是社会主义职业道德的一条重要规范
D. 爱岗敬业与企业精神无关

3. 为了保证检验人员的技术素质，可以（　　　）。
A. 对学历、技术职务或技能等级、实施检验人员培训等方面进行控制
B. 对具有良好的职业道德和行为规范方面进行控制
C. 对学历或技术服务或技能等级方面进行控制
D. 实施有计划和针对性的培训来进行控制

4. 分析检验人员的职业守则最重要的内涵是（　　　）。
A. 遵守劳动纪律
B. 认真负责，实事求是，坚持原则，一丝不苟地依据标准进行检验和判定
C. 爱岗敬业，工作热情主动
D. 遵守操作规程，注意安全

5. 仪器设备的运行环境（　　　）。
A. 对检验结果无影响　　　　　　　　　　　B. 对检验结果影响不大
C. 将影响检验结果的准确性、重复性和再现性　　D. 只影响检验结果的重复性

二、判断题

1. 分析检验的目的是获得样本的情况，而不是获得总体物料的情况。（　　　）
2. 经安全生产教育和培训的人员可上岗作业。（　　　）
3. 我国企业产品质量检验不可用合同双方当事人约定的标准。（　　　）
4. 禁止戴实验防护手套操作未受潜在感染性生物材料污染的设施设备（包括门窗、开关、仪器、冰箱、电脑、电话等）。（　　　）
5. 实验室如发现存在安全隐患，要及时向所在学院和实验室负责人、保卫处、实验室处报告，并采取措施进行整改。对安全隐患隐瞒不报或拖延上报的，学校将对相关责任人进行严肃处理。（　　　）

三、问答题

1. 产品质量是怎样被控制和确认的？
2. 查阅资料简述一下早期的分析检验工作和现代分析检验工作的差异。
3. 检验人员全面素质的内涵有哪些？
4. 检验人员的主要职责有哪些？
5. 如何才能成为一名合格的检验员？

模块二
分析化学基础知识

📖 模块说明

分析化学是化学学科的一个重要分支。对化学学科本身的发展有突出的贡献。分析化学有科学技术的"眼睛"之美誉。分析化学基础知识是学好本门课的基础，通过本模块的学习，了解分析化学发展趋势，熟悉分析化学的任务和作用、分类方法，掌握分析化学的特点、定量分析的一般程序、误差和数据处理的方法，明确分析化学的课程任务学习要求。

育心笃行：

我国近代分析化学的先驱者王琎，1923 年通过对我国古代不同朝代钱币五铢钱化学成分金、铅、锡、锌等的分析、化验，得出判断五铢钱年代的科学依据，并用与历史考证相结合的方法研究化学史。

📖 学习目标

知识目标：

1. 了解分析化学的发展趋势、任务、作用、分类；
2. 明确分析化学课程任务和学习要求；
3. 了解各类样品的采集和制备方法；
4. 理解准确度和精密度的概念；
5. 掌握各种误差和偏差的计算方法；
6. 掌握有效数字的概念和运算规则。

能力目标：

1. 能按照分析检验要求采集、制备样品；
2. 能够正确计算分析结果的误差、偏差；
3. 能够分析定量过程中产生误差的原因，提出减免方法；
4. 能进行数据的记录和处理，得出检测报告。

素质目标：

1. 树立"量"的严谨概念，养成实事求是、客观记录数据的科学态度；
2. 形成清晰的思维模式；
3. 养成严谨的科学态度和细致的工作作风；
4. 建立尊重科学的唯物主义精神。

项目一   认识分析化学

【案例导入】

　　某学校分析检验技术专业学生到生产米醋的食品公司进行顶岗实习。最近公司准备推出新产品，需要测定下面这款米醋产品各成分的含量（表 2-1）。你知道如何测定米醋成分的含量吗？这项工作需要用到什么分析化学方法或技术？

表 2-1   米醋成分配料表

成分	每 100 g 米醋中各成分含量
碳水化合物	7.4 g
总酸度	5 g
钠	12 mg
镁	6 mg
磷	15 mg
钾	16 mg
钙	2 mg

【知识探究】

一、分析化学的发展（难度系数：★）

　　分析化学是近年来发展最为迅速的学科之一。它同现代科学总的发展是分不开的，一方面，现代科学的发展要求分析化学提供更多关于物质组成和结构的信息；另一方面，现代科学也向分析化学不断提供新的理论、方法和手段，也促进了分析化学的发展。

　　一般认为，分析化学的发展经历了三次巨大变革。第一次是在 20 世纪初，随着分析化学基础理论的发展，分析化学从一种技术演变成为一门科学。第二次变革发生在 20 世纪中叶，由于物理学和电子学的发展，改变了经典分析化学以化学分析为主的局面，使仪器分析获得蓬勃发展。从 20 世纪 70 年代以来，由于生命科学、环境科学、新材料科学发展的需要，以及生物学、信息科学、计算机技术的引入，基础理论和测试手段不断完善，促使分析化学进入第三次变革时期。现代分析化学的任务已不只限于测定物质的组成及含量，而是要对物质的形态、结构、微区、薄层及化学和生物活性等进行瞬时追踪、无损和在线监测等分析及过程控制。

　　分析化学朝着越来越灵敏、准确、快速、简便和自动化的方向发展。例如，半导体技术中的原子级加工，要求测出单个原子的数目；纯氧顶吹炼钢每炉只用几十分钟，要求炉前进行现场高速分析；在地质普查、勘探工作中，需要获得上百万甚至上千万个数据，不仅要求快速和自动化，而且要求发展和应用遥测技术。不仅如此，分析化学的任务也不再限于测定物质的成分和含量，而且往往还要知道物质的结构、价态、状态等性质，因而它活动的领域也由宏观发展到微观，由表观深入到内部，从总体进入到微区、薄层，由静态发展到动态。

随着电子工业和真空技术的发展，许多新技术渗透到分析化学中来，出现了日益增多的新的测试方法和分析仪器，它们具有高度灵敏和快速的显著特征。例如，使用电子探针，可测出体积小至 10^{-12}mL 的试样；电子光谱的绝对灵敏度可达 10^{-18} g。近年来，激光技术已应用在可见分光光度分析、原子吸收光谱分析和液相色谱等方面，因为又引入了傅里叶变换技术，使得电化学、红外光谱和核磁共振等分析技术焕然一新，进一步提高了分析的灵敏度和速度。各种分析方法的结合和仪器的联用技术，使原有分析方法更为迅速有效，扩大了应用范围。

同时，随着计算机和计算科学的发展，微机与分析仪器的联用，不但可以自动报出分析数据，对科学实验条件或生产工艺进行自动调节、控制，而且可以对分析程序进行自动控制，使分析过程自动化，大大提高了分析工作的水平。

尽管分析化学正向着高灵敏度、高速度和仪器自动化的方向发展，化学分析仍然是分析化学的基础，当前许多仪器分析方法都离不开化学处理和溶液平衡理论的应用，因此分析化学作为一门基础课，仍然要从化学分析学起，进而扩展到仪器分析。

今后，分析化学将在生命科学、环境、材料和能源等前沿领域，继续朝着高灵敏度、高选择性、准确、快速、简便、经济的方向发展，以解决更多、更深和更复杂的问题。

二、分析化学的任务和作用（难度系数：★★）

分析化学的定义、任务与作用

分析化学是化学学科的一个重要分支，是研究物质化学组成、含量和结构的分析方法及有关理论的一门学科。它可分为定性分析和定量分析两个部分。定性分析的任务是鉴定物质由哪些元素或离子所组成，对于有机物质还需要确定其官能团及分子结构；定量分析的任务是测定物质各组成部分的含量。在进行物质分析时，首先要确定物质有哪些组分，然后选择适当的分析方法来测定各组分的含量。在生产中，大多数情况下物料的基本组成是已知的，只需要对生产中的原料、半成品、成品以及其他辅助材料进行及时、准确的定量分析，因此本书主要讨论定量分析的有关知识。

分析化学是研究物质及其变化的重要方法之一，任何科学研究，只要涉及化学现象，分析化学就常作为一种手段被运用到其研究工作中去。例如在地质学、海洋学、矿物学、考古学、生物学、医药学、农业科学、材料科学、能源科学、环境科学等学科中，都需要分析化学提供大量的信息。

在国民经济建设中，分析化学具有重要的地位和作用。例如，在工业上，资源的探测、原料的配比、工艺流程的控制、产品检验与"三废"处理；在农业上，土壤的普查、化肥和农药的生产、农产品的质量检验；在尖端科学和国防建设中，原子能材料、半导体材料、超纯物质、航天技术等的研究都要应用分析化学。对于进出口商品的质量检验、引进产品的"消化"和"吸收"，也需用到分析化学。因此，人们常将分析化学称为生产、科研的"眼睛"，它在实现我国工业、农业、国防和科学技术现代化的宏伟目标中具有重要的作用。

三、分析方法的分类（难度系数：★★）

分析方法的分类

根据分析的目的、任务、分析对象、测定原理、操作方法等的不同，分析方法有以下几种分类方法。

1. 定性分析、定量分析和结构分析

按分析任务（或目的）分类，可分为定性分析、定量分析和结构分析。其中：定性分析鉴定物质的化学组成（或成分）；定量分析测定各组分的相对含量；结构分析确定物质的化学结构。

2. 无机分析和有机分析

按分析对象分类，可分为无机分析和有机分析。无机分析的分析对象是无机物。无机物所含的元素种类较多，分析结果要测出某些元素、离子、化合物是否存在及其含量。有机分析的对象是有机物，组成有机物的元素较少，但其结构变化多端，所以有机分析不仅有元素分析，而且要有官能团分析和结构分析。

3. 常量分析、半微量分析、微量分析和超微量分析

按试样用量分类，可分为常量分析（试样质量 > 0.1 g 或试液体积 > 10 mL）、半微量分析（试样质量为 0.01 ~ 0.1 g 或试液体积为 1 ~ 10 mL）、微量分析（试样质量为 0.1 ~ 10 mg 或试液体积为 0.01 ~ 1 mL）、超微量分析（试样质量 < 0.1 mg 或试液体积 < 0.01 mL）。

4. 化学分析和仪器分析

按照分析方法的原理分类，可分为化学分析和仪器分析。

化学分析法是以物质的化学反应为基础的分析方法，包括化学定性分析和化学定量分析。前者是根据试样与试剂化学反应的外部特征变化（如颜色变化、沉淀的生成或溶解、气体的产生等）来鉴定物质的化学组成；后者是利用试样中被测组分与试剂定量进行的化学反应来测定该组分的含量。化学定量分析又分为重量分析与滴定分析（即容量分析）。

仪器分析法是根据被测物质的物理性质或物理化学性质与组分的关系，借助特殊的仪器设备，测量该物质的物理或物理化学性质变化，进而进行定性或定量分析的方法。仪器分析法具有快速、灵敏的特点。计算机的使用，加强了仪器的功能，降低了操作的难度，并能获得大量信息。仪器分析法主要包括电化学分析、光学分析、色谱分析、质谱分析、放射化学分析以及核磁共振波谱分析、电子探针和离子探针微区分析等。

5. 例行分析、快速分析和仲裁分析

例行分析是一般化验室对日常生产中的原料和产品所进行的分析，又叫常规分析。其目的是控制原料的规格、生产流程及产品质量。

快速分析主要为控制生产过程提供信息。例如冶金过程中的炉前分析，要求在尽量短的时间内报出分析结果，以便控制生产过程，这种分析要求速度快，准确的程度达到一定要求即可。

仲裁分析是因为不同的单位对同一试样分析得出不同的测定结果，并由此发生争议时，要求权威机构用公认的标准方法进行准确的分析，以裁定原分析结果的准确性。显然，在仲裁分析中，对分析方法和分析结果要求有较高的准确度。

四、学习方法和要求（难度系数：★★★）

分析化学作为高等职业院校化工、轻工、制药、食品、生物工程、冶金、材料、环境等相关专业的重要基础课之一，是一门实践性很强的学科。通过本课程的学习，要求掌握分析化学的基本原理、基础知识和实验的基本操作，具备正确判断和表达分析结果的能力；养成严谨求实的工作作风，树立准确的"量"的概念；了解分析化学新技术新方法在相关领域中的应用，具备分析问题、解决问题和创新能力。

根据本课程的特点，学习的过程中要注意以下几点：

① 分析化学课程前后内容关联紧密，对各模块和项目的理解具有可借鉴性，在学习过程中会有先难后易的规律。

② 要把握好课前预习、课上听讲、课后复习、按时完成作业等环节，提高学习效率。

③ 重视实验技能学习。分析化学是一门以实验为基础的学科，在学习过程中一定要理论联系实际，加强实验训练，通过具体实验步骤的操作、实验现象的观察、实验结果的计算与评价等，掌握分析方法的原理和实际应用。

④ 查阅相关文献。结合生产、生活实际和社会热点问题，通过查阅相关国家标准、行业标准等文献，了解分析化学在提高产品质量、提高企业竞争力、建立食品安全保障体系、实施水环境和大气环境监测等方面的作用，了解分析化学学科的发展战略。

⑤ 总结归纳。做好课后总结归纳是掌握知识和提升能力的重要环节，在学完一个模块后，可以根据本模块的知识目标、能力目标、素质目标和思考练习题来检验所学知识，并对所学内容的知识点进行梳理。

通过坚持不懈的努力，在完成分析化学课程任务、达到教学要求的同时，学习能力也会得到相应的提升，为学习后续课程以及胜任未来的工作奠定良好的基础。

资料扫一扫

绿色分析化学的特点及方法简介

【思考与练习】

一、选择题

1. 下列事实与化学有关的是（　　　）。

① 合成新型材料　② 使环境变得更好　③ 发明新的药物　④ 研制新的半导体　⑤ 纺织、印染出更美丽的布料

A. ②④　　　　　　B. ①③　　　　　　C. ①②④　　　　　　D. ①②③④⑤

2. 食品卫生与人体健康密切相关，下列做法会导致食品对人体有害的是（　　　）。

① 用煤直接烧烤食品　② 在沥青公路上晒粮　③ 小苏打作发酵粉　④ 喷洒农药后 2～3 天蔬菜上市

A. ①②　　　　　　B. ①②④　　　　　　C. ③　　　　　　D. ④

3. 为确定某一物质是否有可燃性，最佳的方法是（　　　）。

A. 讨论　　　　　　B. 上网　　　　　　C. 实验　　　　　　D. 调查

4. 化学实验成功的关键是（　　　）。

① 严谨的科学态度　② 合理的实验步骤　③ 正确的操作方法

A. ①②　　　　　　B. ②　　　　　　C. ②③　　　　　　D. ①②③

5. 在日常生活里发生的下列各组变化中，都属于化学变化的是（　　　）。

A. 水受热沸腾、酒精燃烧　　　　　　　　B. 汽油挥发、铁铸成锅

C. 食物腐败、爆鸣气点火爆炸　　　　　　D. 石蜡熔化、钢铁生锈

二、判断题

1. 化学定量方法包括滴定分析和称（重）量分析。（　　　）

2. 在国家标准中，涉及"食品卫生"领域的标准，多为国家强制性标准。（　　　）

3. 试液取样量为 1～10 mL 的分析方法为常量分析。（　　　）

4. 化验室可以用干净的器皿处理食物。（　　　）

5. 分析方法按照任务不同可以分为定性分析、定量分析和结构分析。（　　　）

三、问答题

1. 分析化学的任务有哪些？
2. 分析化学分类的依据是什么？如何分类？
3. 根据自己所掌握的知识，想一想分析化学在生活中还有哪些应用。
4. 分析化学课程的要求是什么？你认为怎样才能学好这门课程？
5. 结合分析化学的特点，考虑自己在今后学习中要重点把握哪些方面。

项目二　定量分析的一般程序

【案例导入】

某分析检验技术专业毕业生小王到一家检测公司上班，他的第一个岗位是采样岗，公司派他到某一河流采集水样，你知道他应该准备什么工具，现场怎样采样，采完的水样如何保存吗？下面我们来共同学习相关的知识。

微课扫一扫

定量分析的
一般程序

【知识探究】

定量分析的任务是准确测定样品中有关组分的含量。其全过程包括以下步骤：采样与制样、样品的分解与预处理、干扰组分的分离、测定方法的选择及含量测定、数据的处理等。

一、分析样品的采集与制备（难度系数：★★★）

1. 采样

采样是从待测的原始物料中取得具有代表性的分析试样的过程。其中待测的原始物料称为研究对象，研究对象的全体称为样品的总体。从总体中采集出一个或几个一定量的物料称为样品。在总体多个采样点中单个采样点采集的规定量的物料称为子样，从原始物料直接采集出的样品称为原始样品，各个子样合并所有采集的样品称为原始平均样品，为送往实验室供检测或测试而制备的样品称为实验样品。

微课扫一扫

气体样品的
采集方法

（1）组成分布比较均匀的试样采集　对于组成分布较为均匀的金属试样、化工产品、液态和气态试样等，取样比较简单，任意取一部分或稍加搅匀后取一部分即可成为具有代表性的试样。

（2）组成分布不均匀的试样采集　对于一些粒度大小不一、成分混杂不齐、组成不均匀的试样，如煤炭、矿石、土壤及植物样品等，欲采取具有代表性的均匀样品，是一项较为复杂、困难的工作。在采样过程中，必须按照一定的程序，根据物料的大小及存放情况，在物料的各个不同部位，采集一定数量、颗粒大小不等的样品。

采样量的多少与对测定结果准确度的要求有关。采样量越多，则试样的组成与所分析物料的平均组成越接近，但样品量过大，则相应的样品处理量亦增大。因此，采样时，应以能够满足预期准确度的要求为原则，采取最少量的样品。

试样的采取量与待采试样的粒度、易粉碎程度以及均匀度等有关，通常固体试样可用以下采样公式表示：

$$m=Kd^a$$

式中　　m——具有足够代表性的最小样品量，kg；

　　　　K——经验常数，与物料的特性有关，一般在 0.05 ～ 1.0 之间；

　　　　d——样品中最大颗粒的直径，mm；

　　　　a——经验常数，一般在 1.8 ～ 2.5 之间（如地质部门将 a 值规定为 2）。

从采样公式可知，试样的最大颗粒越小，则采样量也越少。

2. 试样的制备

将采样所得到的原始试样处理成待测性质既能代表总体物料特性，数量又能满足检测需要的最佳量的最终样品，这个过程称为试样的制备。

对于均匀试样，试样的制备过程很简单，只需充分混合均匀即可。但是通常采样所得到的原始试样，一般数量较大（数千克至数十千克），且粒度、形态等也不均匀，要将它处理成既具有充分的代表性，数量又适宜的最终样品量，一般需经过破碎、过筛、混合和缩分等四个步骤。其中缩分是在减小粒度的同时缩减样品量，常用的是"四分法"，样品经多次重复以上四个步骤后，使保留的试样量与试样的粒度之间符合采样公式。

二、试样的分解（难度系数：★★）

含量测定工作多在溶液中进行，为此需先将试样分解，使被测组分定量转入溶液中。试样分解过程中要注意防止被测组分损失，同时避免引入干扰测定的杂质。常用的方法有溶解法和熔融法两种。

溶解时常用的溶剂有水、无机酸、有机溶剂等。凡能在水中溶解的样品，应尽量用水作溶剂。利用无机酸的酸性、氧化还原性及配位性质，采用无机酸溶解试样是常用的方法，常用的盐酸、硝酸、稀硫酸可以溶解多数金属、碱性氧化物及弱酸盐，热的浓硫酸可用于分解矿石、有机化合物等。而许多有机样品易溶于有机溶剂中，如中药材中的有机酸、萜类化合物可溶于碱、酸性有机溶剂，不同极性的有机成分可在相应极性的有机溶剂中被提取出来，常用的有机溶剂有甲醇、乙醇、丙酮、乙醚、氯仿、乙酸乙酯、苯、甲苯等。

熔融法是将试样与固体熔剂混合后，在高温条件下熔融分解，再用水或酸浸取，使其转入溶液中。

三、试样的预处理（难度系数：★★★）

在定量分析中，待测试样通过采集、制备和分解处理后，通常是以溶液或气体的状态用于测定。但有些时候，待测组分经过上述处理后，其存在形式与测定形式并不完全相符，此时还需对试样做进一步处理。例如，利用氧化还原滴定法测定铁矿石中总铁的质量分数时试样经过溶解后，部分铁以 Fe^{3+} 形态存在，若采用重铬酸钾标准滴定溶液滴定，则需先用氯化亚锡、三氯化铁将 Fe^{3+} 还原为 Fe^{2+}，然后进行测定。又如，用多元醇增强弱酸物质的酸性、用肟化法使羰基化合物释放出盐酸，再用碱滴定等。这种在滴定前将全部待测组分转变为适宜测定形态的处理步骤，称为试样的预处理。

关于试样的预处理需注意以下问题：

① 预处理反应必须能够定量地进行完全，使待测组分全部转变为适宜测定的形态，且反应速率要快。

② 过量的预处理试剂必须易于除去（可采用加热分解、过滤沉淀或其他分离方法），并对待测组分不产生影响。

③ 预处理反应必须具有足够的选择性，以免其他共存组分的干扰。

实际工作中，试样的预处理经常与试样的分解配合使用，以实现复杂物质体系中待测组分的测定目的。

在实际分析工作中，依据样品的组成不同、待测组分的性质不同以及对测定结果准确度的要求不同，对样品的预处理方法也不同，必须结合具体情况进行。

四、测定（难度系数：★★★★）

根据分析要求以及试样的性质选择合适的方法进行测定。一种组分往往可通过多种方法进行测定，但究竟选择哪种方法更合适，则必须结合实际情况加以选择、确定。一般而言，可从以下几方面进行选择。

1. 测定的具体要求

测定的具体要求如测定对象、测定速率及测定的准确度等不同，所选用的测定方法亦可能不同。测定样品时应在满足测定准确度要求的前提下，选择测定程序简便、测定快的方法。

2. 待测组分的性质

测定方法可根据待测组分的性质不同加以选择。例如，酸碱性物质可选择酸碱滴定法测定；大多数的金属离子可选择配位滴定法测定；具有氧化性或还原性的组分可选择氧化还原滴定法测定等。

3. 待测组分的浓度范围

对于常量组分，可选择滴定分析法或重量分析法测定；对于微量甚至痕量组分，则一般采用灵敏度较高的仪器分析方法或将样品经分离、富集后再测定。

4. 共存干扰组分的影响

在选择测定方法时，应考虑到共存干扰组分对测定的影响。一般应选用选择性较高的分析方法。

5. 现有的实验条件

在选择测定方法时，还必须结合现有的实验条件，包括实验仪器设备、药品试剂以及实验人员的实际素质、技能等。

五、数据处理（难度系数：★★★）

根据测定的有关数据计算出组分的含量，并对结果进行可靠性分析，最后得出检验结论。

六、分析检验记录与检验报告（难度系数：★★★）

做完实验仅是完成实验的一半，更重要的是进行数据整理和结果分析，把感性认识提高到理性认识。要求做到：

① 认真独立完成报告，对实验数据进行处理（包括计算、作图），得出分析测定结果；

② 将平行样的测定值之间或测定值与理论值之间进行比较，分析误差；

③ 对实验中出现的问题进行讨论，提出自己的见解，对实验提出改进方案。

实验报告应包括实验目的、实验原理（简明）、实验步骤（简明）、数据处理、讨论等内容。根据实验类型不同，实验报告可以采取不同的格式。

分析实验报告格式如下所示：

实验名称

日期：_____　　　室温：_____　　　姓名：_____

实验成绩：_____　　　　　　　指导教师：_____

（一）目的要求　　　　　　　　（二）实验原理

（三）实验用品　　　　　　　　（四）实验步骤

（五）数据记录与处理　　　　　（六）问题与讨论

【思考与练习】

资料扫一扫

固相萃取

一、选择题

1. 对样品进行理化检验时，采集样品必须有（　　　）。

A. 代表性　　　　　　B. 典型性

C. 随意性　　　　　　D. 适时性

2. 欲采集固体非均匀物料，已知该物料中最大颗粒直径为 20 mm，若 $K=0.06$，$a=2$，则最低采样量为（　　）。

A. 24 kg　　　　　B. 1.2 kg　　　　　C. 1.44 kg　　　　　D. 0.072 kg

3. 测定重金属污染的土壤时，采集土壤样品使用的采样工具应为（　　　）。

A. 铁制　　　　　B. 铅制　　　　　C. 不锈钢制　　　　　D. 塑料制

4. 测定水中的金属元素时采集水样的容器应为（　　　）。

A. 硼硅玻璃　　　　　B. 石英玻璃　　　　　C. 不锈钢制　　　　　D. 塑料制

5. 物料中组成均匀程度最高的是（　　　）。

A. 矿物质　　　　　B. 双氧水　　　　　C. 植物　　　　　D. 钢铁

二、判断题

1. 无论均匀或不均匀物料的采集，都要求不能引入杂质，避免引起物料的变化。（　　　）

2. 试样的制备通常应经过破碎、过筛、掺合、缩分四个基本步骤。（　　　）

3. 制备固体分析样品时，当部分采集的样品很难破碎和过筛时，则该部分样品可以弃去不用。（　　　）

4. 对于微量和痕量组分的测定，必须采用分离、富集技术才能予以分析检测。（　　　）

5. 分解试样的方法很多，选择分解试样的方法时应考虑测定对象、测定方法和干扰元素等几方面的问题。（　　　）

三、问答题

1. 采样的基本原则是什么？试举两例说明这个原则在采样工作中的具体应用。

2. 采样记录应该包括哪些基本内容？

3. 水样如何保存？

4. 分解试样可采取哪些方法？

5. 定量分析过程一般包括几个步骤？

项目三 分析结果的误差和数据处理

【案例导入】

某企业检测人员测定某一矿石中铁的含量，平行测定 7 次，测定数据为：79.58%、79.45%、79.47%、79.50%、79.62%、79.38%、79.90%。你知道这些数据哪个是异常值吗？需要舍去还是保留呢？可以通过什么方法进行验证？下面我们来具体学习相关知识。

【知识探究】

一、定量分析中的误差（难度系数：★★★）

定量分析的任务是准确测定试样中有关组分的含量。在分析实践中，当取某一试样进行多次重复测定时，测定结果总是不能完全一致。如果取一已知成分的试样进行测定，所得结果也不一定与已知值完全符合。这就是说，在分析过程中，误差是客观存在的。因此，我们应该了解分析过程中产生误差的原因，采取相应措施减小误差，以便得到比较准确的结果。

微课扫一扫

定量分析中的误差

1. 误差及其产生原因

根据误差的性质与产生的原因，可将误差分为系统误差和偶然误差。

微课扫一扫

误差的分类及特点

（1）系统误差 系统误差是在分析过程中由某些固定的原因所引起的误差。在一定条件下，重复测定时，它会重复出现，而且误差的大小是恒定的，可以测定出来，误差的符号具有单向性，故又称为可测误差。系统误差的产生主要有以下原因。

① 方法误差。这种误差是由分析方法本身所造成的。例如，在称量分析中，由于沉淀的溶解及共沉淀；在滴定分析中，反应进行不完全、干扰离子的影响、副反应的发生及滴定终点与化学计量点不相吻合等，都会引起系统误差，影响测定结果。

② 仪器误差。这种误差是由使用的仪器不够精确而造成的。例如，砝码、滴定管及移液管的标示值与其实际质量或体积不相符合引起的误差。

③ 试剂误差。这种误差是由试剂不纯或蒸馏水中含有干扰杂质而引起的。

④ 操作误差。操作误差是由分析人员操作不当或主观原因所造成的。例如，滴定分析中对滴定终点颜色的判断，有的人偏深，有的人偏浅；滴定管读数，有的人偏高，有的人偏低等。在滴定分析中用移液管吸取试液进行平行测定，有的人在判断终点或读取滴定管读数时，主观上尽量使第二份结果与第一份结果相吻合。分析工作者应以实事求是的态度对待每一次测定，以减少操作误差。

（2）偶然误差 偶然误差是指在分析中一些无法控制的偶然因素造成的误差，也称为不可测误差。例如，测定时环境的温度、湿度或气压的微小波动，分析人员操作时未察觉的微小变化等都可能引起误差。偶然误差给分析结果带来的影响有时大，有时小；有时正，有时负，难以控制。粗略看来，由偶然因素引起的误差没有规律，实际上在相同条件下，如果对同一试样进行多次重复测定，可以发现偶然误差的分布具有一定的规律，其特点是：大小相近的正误差和负误差出现的概率相等；小误差出现的概率较高，大误差出现的概率较低，很大误差出现的概率非常低。偶然误差的这种规律性可用图 2-1 的曲线表示，称为误差的正态分布曲线。从曲线可以得出，随着平行测定次数的增加，偶然误差的算术平均值逐渐减小。因此，在消除系统误差的前提下，测定次数越多，测定结果的算术平均值越接近真实值。实验表明当重复测定 10 次以上时，误差的算术平均值已减小到不显著的数值，见图 2-2。在一般测定中平行测定 10 次就足够了。

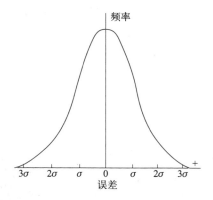

图 2-1　误差的正态分布曲线

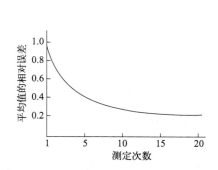

图 2-2　平均值的相对误差与测定次数的关系

此外，工作粗心大意、不遵守操作规程造成一些差错，如试液溅失、加错试剂、读错刻度、看错砝码、记录错误等，这些都是不应有的过失，不属误差范畴。这种由过失造成的误差在工作上应列为责任事故。只要我们加强责任心，严格遵守操作规程，认真细致地进行操作，过失是完全可以避免的。如果在测定结果中出现相差很大的测定值时，应分析查出原因，若由过失引起，则将该次测定结果弃去不用。

2. 准确度与误差

准确度表示测定结果与真实值相接近的程度，以误差表示。测定结果与真实值的差值越小，测定结果的准确度越高。此差值称为绝对误差。

$$绝对误差 = 测定值 - 真实值$$

绝对误差不能确切地反映测定值的准确度。例如，分析天平的称量误差为 ± 0.0001 g，称量两份实际质量为 1.5131 g 及 0.1513 g 的试样，得 1.5130 g 及 0.1512 g，两者的绝对误差均为 -0.0001 g，但称量的准确度却不同。前者的绝对误差只占其真实值的 -0.007%，后者则为 -0.07%。这种绝对误差在真实值中所占比率称为相对误差（以百分数或千分数表示）。

$$相对误差 = \frac{绝对误差}{真实值} \times 100\%$$

显然，被测的量较大时，相对误差就比较小，测定的准确度也就比较高。

绝对误差和相对误差都有正负之分，正值表示测定结果偏高，负值表示测定结果偏低。

3. 精密度和偏差

在实际分析工作中，一般要对试样进行多次平行测定，以得出测定结果的平均值。多次测定结果之间相互接近的程度称为精密度，以偏差表示。偏差越小，说明测定结果彼此之间越接近，精密度越高，也就是说测定结果的再现性好。

（1）绝对偏差和相对偏差

① 个别测定值与几次测定结果平均值之差称为绝对偏差，以 d_i 表示。

$$d_i = x_i - \bar{x}$$

式中　x_i——个别测定值；

$\bar{x}$——几次测定结果的平均值。

② 绝对偏差在平均值中所占的百分率或千分率称为相对偏差。

$$相对偏差 = \frac{d_i}{\bar{x}} \times 100\%$$

绝对偏差和相对偏差都有正、负之分，它们都是表示个别测定值与平均值之间的精密度。

（2）平均偏差和相对平均偏差

$$\bar{d} = \frac{|d_1| + |d_2| + |d_3| + \cdots + |d_n|}{n} = \frac{\sum\limits_{i=1}^{n} |d_i|}{n}$$

对多次测定结果的精密度，常用平均偏差表示。平均偏差是指各绝对偏差绝对值的算术平均值，是绝对平均偏差的简称。

相对平均偏差是平均偏差在平均值中所占比率。

$$相对平均偏差 = \frac{\bar{d}}{\bar{x}} \times 100\%$$

平均偏差与相对平均偏差均无正、负之分。取偏差的绝对值是为了避免正负偏差相互抵消。在一组平行测定结果中，小偏差总是占多数，大偏差为少数，算得的平均偏差会偏小，大偏差得不到应有的反映。例如，按下列两组数据，求得平均偏差及相对平均偏差，见表 2-2。

表 2-2　两组数据的比较

第一组		第二组	
x_i	d_i	x_i	d_i
37.20	0.16	37.24	0.12
37.32	0.04	37.26	0.10
37.34	0.02	37.36	0.00
37.40	0.04	37.44	0.08
37.52	0.16	37.48	0.12
$\bar{x} = 37.36$	$\bar{d} = 0.08$	$\bar{x} = 37.36$	$\bar{d} = 0.08$
相对平均偏差 = 0.21%		相对平均偏差 = 0.21%	

显然，第一组数据中有两个较大的绝对偏差，但在平均偏差中反映不出来。

（3）标准偏差和变异系数

在数理统计中，常用标准偏差来衡量精密度，以 s 表示。

$$s = \sqrt{\frac{\sum\limits_{i=1}^{n} d_i^2}{n-1}}$$

计算标准偏差时，是将各次测定结果的偏差加以平方，可以避免各次测量偏差相加时正负抵消，大偏差能更显著地反映出来。因此，标准偏差可以更确切地说明测定数据的精密度。

在有些情况下，也使用变异系数（相对标准偏差）来说明测量数据的精密度。

$$变异系数 = \frac{s}{\bar{x}} \times 100\%$$

表 2-2 两组数据的标准偏差和变异系数分别是 0.12、3.2‰ 及 0.11、2.9‰，明显地看出第一组数据的精密度比第二组要差些。

在一般化学分析中，平行测定数据不多，常采用极差来估计误差的范围，以 R 表示。

$$R = 测定最大值 - 测定最小值$$

$$相对极差 = \frac{R}{\bar{x}} \times 100\%$$

4. 准确度和精密度的关系

从以上讨论可知，准确度表示测定结果的正确性，它以真实值为衡量标准，由系统误差和偶然误差所决定；精密度表示测定结果的重现性，它以平均值为衡量标准，只与偶然误差有关。因此准确度与精密度二者概念不同，却有一定关系。例如甲、乙、丙三人分析同一试样中某组分含量（表 2-3），分别得出三组数据，见图 2-3。

表 2-3   同一试样中某组分含量

项目		甲	乙	丙
含量		30.22	30.20	30.42
		30.18	30.30	30.44
		30.16	30.25	30.40
		30.20	30.35	30.38
平均值		30.19	30.28	30.41

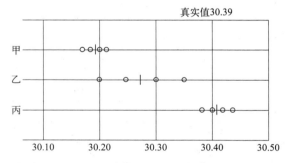

图 2-3   甲、乙、丙三人的分析结果

○—个别测定值；|—平均值

甲的测定结果的精密度较高，但准确度低；乙的测定结果的精密度不高，准确度也不高；丙的测定结果的精密度和准确度都比较高，符合测定要求。对于精密度差的测定结果，从根本上就失去衡量准确度的意义，即使偶然巧合，其平均值接近真实值，具有一定正确性，也是不可取的。

5. 公差

公差是生产部门对于测定结果所能允许误差的一种表示方法。如果测定结果超出允许的公差范围，称为"超差"，该项分析应该重做。公差范围一般是根据实际情况和生产需要对测定结果的准确度的要求而确定的。各种分析方法所能达到的准确度不同，其允许公差范围也不同，如称量分析法与滴定分析法的相对误差小，而比色、极谱等分析方法的相对误差就较大。组分含量高时，允许相对误差要小一些，含量低时允许相对误差就要大一些。试样组成越复杂，引起误差的可能性就越大，允许的相对误差就宽一些。一般工业分析，允许相对误差常在百分之几到千分之几。

二、提高分析结果准确度的方法（难度系数：★★★★）

要提高分析结果的准确度，必须考虑可能产生误差的各种因素，采取相应措施，以减小分析过程中的误差。

1. 选择合适的分析方法

各种分析方法的准确度和灵敏度是不同的。重量分析和滴定分析，灵敏度不高，但对于高含量组分的测定，能获得比较准确的结果，相对误差是千分之几。若改用比色分析，则相对误差可达百分之几。对于低含量组分的测定，重量分析和滴定分析的灵敏度达不到要求，而一般仪器分析法的灵敏度较高，相对误差虽然较大，但可以满足要求。例如，测定含量约为 0.50% 的某组分时，若比色分析方法的相对误差为 2%，则分析结果的绝对误差为 $0.50\% \times 0.02 = 0.01\%$，这样大小的误差是允许的。

除根据组分含量高低确定分析方法外，还要考虑试样组分复杂程度及有无干扰来选择分析方法。

2. 减小测量误差

在称量分析中，测量误差主要表现在称量上。一般分析天平的称量误差为 ± 0.0001 g，称取一份试样需要称量两次，可能引起的最大误差是 ± 0.0002 g，为了使称量的相对误差不超过 0.1%，则试样的最低质量应该是

$$试样质量 = \frac{绝对误差}{相对误差} = \frac{0.0002}{0.001} = 0.2 \text{ g}$$

在滴定分析中，测量误差主要是在体积测量过程中产生的。一般常量滴定管读数常有 ± 0.01 mL 的误差，完成一次滴定需要读数两次，这样可能引起的最大误差是 ± 0.02 mL。为了使测量时的相对误差小于 0.1%，则消耗滴定剂的体积必须在 20 mL 以上，一般保持在 30 mL 左右。

应该指出，测量的准确度只要与方法的准确度相适应就可以了，过度要求是没有意义的。例如，比色分析方法的相对误差为 2%，在称取 0.5 g 试样时，试样的称量误差应小于 $0.5 \times 2\% = 0.01$ g。为了减小称量误差，往往将称量准确度提高一个数量级，即称准至 ± 0.001 g 左右。

3. 增加平行测定次数

增加测定次数，可以减少偶然误差。在消除系统误差的前提下，平行测定次数越多，分析结果的平均值的准确度越高。在一般化学分析中，要求平行测定 $2 \sim 4$ 次，基本上可以得到比较满意的分析结果。若准确度要求更高，可适当增加测定次数。

4. 消除测定过程中的系统误差

系统误差既然是由某些固定的原因所造成的误差，可以根据具体情况选用不同方法来检验和校正。

① 对照试验。对照试验是检验系统误差的有效方法。进行对照试验时，常用组成与待测试样相近、已知准确含量的标准试样（或配制的标准试样），按同样方法进行分析；也可以用不同的可靠分析方法，或者由不同的分析人员分析同一试样互相对照。

如果对试样的组成不完全清楚，可以采用"加入回收法"进行试验。这种方法是在试样中加入已知量的待测组分，然后进行对照试验。根据加入的待测组分回收量，判断测定过程中是否存在系统误差。

② 空白试验。由试剂和器皿引入杂质所造成的系统误差，一般可以做空白试验来扣除。空白试验是在不加试样的情况下，按照试样的分析步骤和条件进行分析试验，所得结果称"空白值"，从试样的测定结果中扣除空白值。

空白值应该不大，若有异常，应选用纯度更高的试剂和改用其他适当的器皿来降低空白值。

③ 校准仪器。由测量仪器不准确引起的系统误差，可以通过校准仪器来减小。在准确度要求较高的分析中，对所用的测量仪器如滴定管、移液管、容量瓶和天平砝码等必须进行校准，直接应用校正值。必须指出，在一系列操作过程中应该使用同一套仪器，这样可以使仪器误差抵消。例如，一份试样需称量两次，其中重复使用的砝码的误差就可以互相抵消。

④ 校正方法。某些分析方法的系统误差可用其他方法进行校正。例如，在重量分析中，待测组分沉淀绝对完全是不可能的，其溶解部分可采用其他方法测量，予以校正。

三、有效数字和运算规则（难度系数：★★★）

有效数字及
运算规则

在定量分析中，为了得到准确的分析结果，不仅要准确地进行各种测量，还要正确地记录和计算。分析结果的数据不但表达试样中待测组分的含量，也反映测量的准确程度。记录实验数据和计算分析结果时，保留几位数字是很重要的，这就涉及有效数字的概念和运算规则。

1. 有效数字

有效数字是指在分析工作中实际能测量到的数字，所保留的有效数字中只有最后一位数字是可疑的。记录测量数据和计算结果时，不仅必须是有效数字，而且其保留位数也应与所用的方法和所用仪器的精密度相适应。

例如，用万分之一分析天平可以称到小数点后第四位，若称得某物体质量为 0.7304 g，其实际质量应在（0.7304±0.0001）g 之间。常量滴定管（50 mL 或 25 mL）可以读到小数点后第二位，若读取体积用量为 25.32 mL，则其实际用量应在（25.32±0.01）mL 之间。这些数值的最后一位都是可疑的。因此有效数字不仅表明数量的大小，也反映出测量的准确度，其数字包括所有准确数字及最后一位可疑数字。

数字"0"在数据中有双重意义。当用来表示与测量精度有关的数值时，它是有效数字；当用来指示小数点位置时，只起定位作用，与测量精度无关，则不是有效数字。例如，用分析天平称得物体质量为 0.1240 g、0.1503 g 及 0.0126 g 时，数字前的"0"均为定位的，数字中及后面的"0"均为有效数字。

对于含有对数的如 pH、$\lg K$ 等的有效数字的位数仅取决于小数部分的位数，其整数部分只说明这个数的方次。例如 pH=8.32，即 $[H^+]=4.8\times10^{-8}$ mol·L^{-1}；$\lg K$=10.69，即 $K=4.9\times10^{10}$，都是两位有效数字，整数 8 和 10 指的是方次。

此外，在计算中常遇到分数、倍数的关系，应视为多位有效数字。例如，从 250 mL 容量瓶中移取 25 mL 溶液，即取容量瓶中总量的 1/10，不能将 25/250 视为两位或三位有效数字，应按计算中其他数据的有效数字位数对待。

2. 数字修约规则

对分析数据进行处理时，应根据测量精确度及运算规则，合理保留有效数字的位数，弃去不必要的多余数字。目前多采用"四舍六入五后有数就进一，五后没数看单双，单进，双舍"的规则进行修约。

此规则解释如下。被修约的那个数字等于或小于 4 时，舍去该数字；等于或大于 6 时，则进位。该修约的数字为 5 时，若 5 后有数就进位；若无数或为零时，则看 5 的前一位为奇数就进位，为偶数则舍去。例如，下列数据修约为四位有效数字时，结果如下：

$$5.6423 \longrightarrow 5.642 \qquad 8.63452 \longrightarrow 8.635$$
$$5.7366 \longrightarrow 5.737 \qquad 8.63450 \longrightarrow 8.634$$
$$7.7315 \longrightarrow 7.732 \qquad 8.63350 \longrightarrow 8.634$$
$$7.7365 \longrightarrow 7.736 \qquad 8.633502 \longrightarrow 8.634$$

修约数字时，只能对原数据一次修约到所需要的位数，不能逐级修约。例如，将 18.4546 修约为四位有效数字，应得 18.45；若将该数值先修约成 18.455，再修约为 18.46 是不对的。

3. 运算规则

在运算过程中，正确保留各测量数据的有效数字位数对分析结果有很重要的意义。

运算和记录数据过程中应遵循以下规则。

① 几个数据相加或相减时，它们的和或差的有效数字的保留，应以小数点后位数最少的或其绝对误差最大的数字为依据，将各数据多余的数字修约后再进行加减运算。

例如，34.37、0.0154、4.3275 三数相加，其中 34.37 的绝对误差最大，为 ±0.01，其他误差小的数不起作用，计算时保留到小数点后第二位即可。三数修约后为 34.37、0.02、4.33，和为 38.72。

② 几个数据相乘或相除时，它们的积或商的有效数字的保留，应以有效数字位数最少或相对误差最大的数字为依据，将多余数字修约后进行乘除运算。

例如，0.0121、25.64、1.0578 三数相乘，其中以 0.0121 数值的相对误差最大：

$$\frac{\pm 0.0001}{0.0121} \times 100\% = \pm 0.8\%$$

$$\frac{\pm 0.01}{25.64} \times 100\% = \pm 0.04\%$$

$$\frac{\pm 0.0001}{1.0578} \times 100\% = \pm 0.009\%$$

三数修约后为 0.0121、25.6、1.06，积为 0.328。

为了提高计算结果的可靠性，可以暂时多保留一位数字，得到最后结果，再弃去多余的数字。

③ 若某一数据的第一位数字大于 8，可多算一位有效数字。例如 9.25 mL 只有三位，在计算时可按四位有效数字处理（接近 10.00）。

④ 有关化学平衡的计算（如计算平衡时某离子的浓度），保留两位或三位有效数字。

⑤ 通常对于组分含量在 10% 以上时，一般要求分析结果保留四位有效数字；含量 1% ~ 10% 时，保留三位有效数字；低于 1% 时，一般要求保留一或两位有效数字。

⑥ 以误差表示分析结果的准确程度时，一般保留一位有效数字，最多取两位。

⑦ 用计算器连续运算得出的结果，应一次修约成所需位数。

四、可疑数据的取舍（难度系数：★★★★）

在一组平行测定所得到的数据中，常常会有个别测定值与其他数据相差较远，这一测定值称为可疑数据。这一数据如果不是因过失引起，则不能随意舍弃，应该按照数理统计的规定进行处理。目前常用的方法有 $4\bar{d}$ 法

微课扫一扫

可疑值的取舍

和 Q 检验法。

1. 4$\overline{d}$ 法

此法处理数据的步骤如下：

① 将可疑值除外，求出其余数据的平均值 $\overline{x}_{n-1}$ 和平均偏差 $\overline{d}_{n-1}$。

② 求可疑值与 $\overline{x}_{n-1}$ 之差的绝对值。

③ 将此绝对值与 $4\overline{d}_{n-1}$ 进行比较，若 | 可疑质 $-\overline{x}_{n-1}$| $\geqslant 4\overline{d}_{n-1}$，则舍去此可疑值。

4$\overline{d}$ 法运算简单，但统计处理不够严密，适用于 4 ～ 8 次且要求不高的实验数据的处理。

2. Q 检验法

Q 检验法的处理步骤如下：

① 将测得数据由小到大排列如 x_1，x_2，x_3，$\cdots$，x_n。求出最大值与最小值之差，即极差 x_n-x_1。

② 求出可疑数据 x_n 或 x_1 与邻近数据之差 $x_n - x_{n-1}$ 或 $x_2 - x_1$。

③ 按下式求出 Q 值。

$$Q = \frac{x_n - x_{n-1}}{x_n - x_1} \quad \text{或} \quad Q = \frac{x_2 - x_1}{x_n - x_1}$$

④ 根据所要求的置信度和测定次数查表 2-4 得出 Q 值。如计算所得 Q 值大于表中 Q 值，则将该可疑值舍弃。

Q 检验法符合数理统计原理，计算简便，适用于 3 ～ 10 次测定数据的检验。

表 2-4   不同置信度下，取舍可疑数据的 Q 值

测定次数	90%	95%	99%
3	0.94	0.98	0.99
4	0.76	0.85	0.93
5	0.64	0.73	0.82
6	0.56	0.64	0.74
7	0.51	0.59	0.68
8	0.47	0.54	0.63
9	0.44	0.51	0.60
10	0.41	0.48	0.57

【例 2.1】分析某溶液浓度，平行测定四次的结果为 0.1014、0.1012、0.1019 和 0.1016 mol·L^{-1}，分别运用 4$\overline{d}$ 法和 Q 检验法确定 0.1019 值能否舍弃（置信度为 90%）。

解：（1）4$\overline{d}$ 法

除 0.1019 值以外

$$\overline{x} = \frac{0.1014 + 0.1012 + 0.1016}{3} = 0.1014$$

$$\overline{d} = \frac{0.0000 + 0.0002 + 0.0002}{3} = 0.00013$$

$$0.1019 - 0.1014 = 0.0005$$

$$4\overline{d} = 4 \times 0.00013 = 0.00052$$

计算值小于 $4\bar{d}$ 值，故 0.1019 不能舍弃。

（2）Q 检验法

$$\frac{0.1019 - 0.1016}{0.1019 - 0.1012} = 0.43$$

查表 2-4，n 为 4 次，按置信度为 90% 的 Q 值为 0.76，计算值比查得 Q 值小，故 0.1019 值不能舍弃。

【思考与练习】

一、选择题

1. 在不加样品的情况下，用测定样品相同的方法、步骤对空白样品进行定量分析称为（　　）。

A. 对照试验　　　　　B. 空白试验　　　　　C. 平行试验　　　　　D. 仪器校正法

2. 在重量分析中，沉淀的溶解损失引起的测定误差为（　　）。

A. 系统误差　　　　　B. 偶然误差　　　　　C. 过失　　　　　D. 仪器误差

3. 欲测某水泥熟料中的 SO_3 含量，由四人分别进行测定。试样称取量皆为 2.2 g，四人获得四份报告如下。哪一份报告是合理的？（　　）

A. 2.085%　　　　　B. 2.0850%　　　　　C. 2.1%　　　　　D. 2.09%

4. 分析测试中偶然误差的特点是（　　）。

A. 大小误差出现的概率相等　　　　　B. 正负误差出现的概率相等

C. 正误差出现的概率大于负误差　　　　　D. 正误差出现的概率小于负误差

5. 对某试样平行测定三次，得 CaO 平均含量为 30.60%，而真实含量为 30.30%，则 30.60%−30.30%= 0.30% 为（　　）。

A. 相对误差　　　　　B. 绝对误差　　　　　C. 相对偏差　　　　　D. 绝对偏差

二、判断题

1. 在分析数据中，所有的"0"均为有效数字。（　　）

2. 滴定分析要求越准确越好，所以记录测量值的有效数字位数越多越好。（　　）

3. 精密度高，准确度一定高。（　　）

4. 化学分析中，置信度越大，置信区间就越大。（　　）

5. 标准偏差可以使大偏差更显著地反映出来。（　　）

三、问答题

1. 准确度和精密度有什么不同？它们与误差和偏差的关系是怎样的？

2. 误差既然可用绝对误差表示，为什么还要引入相对误差？

3. 何为平均偏差和标准偏差？为什么要引入标准偏差？

4. 偶然误差与操作中的过失有什么不同？如何减少偶然误差？

5. 什么叫有效数字？有效数字运算规则在分析实际工作中有何作用？

四、计算题

1. 下列数值各含有几位有效数字？

（1）1.302　　　　　（2）0.056　　　　　（3）10.300

（4）0.0001　　　　　（5）40.08%　　　　　（6）6.3×10^{-5}

2. 按有效数字运算规则，计算下列结果：

（1） $7.9936 \div 0.9967 - 5.02 = ?$

（2） $2.187 \times 0.584 + 9.6 \times 10^{-5} - 0.0326 \times 0.00814 = ?$

（3） $0.03250 \times 5.703 \times 60.1 \div 126.4 = ?$

（4） $(1.276 \times 4.17) + (1.7 \times 10^{-4}) - (0.0021764 \times 0.0121) = ?$

（5） $\sqrt{\dfrac{1.5 \times 10^{-8} \times 6.1 \times 10^{-8}}{3.3 \times 10^{-5}}} = ?$

3. 滴定管读数误差为 ± 0.01 mL，滴定体积为：（1）2.00 mL；（2）20.00 mL；（3）40.00 mL。试计算相对误差各为多少。

4. 有一铜矿试样，经两次测定，得知铜的质量分数为 24.87%、24.93%，而铜的实际质量分数为 24.95%，求分析结果的绝对误差和相对误差（公差为 $\pm 0.10\%$）。

5. 某铁矿石中含铁量为 39.19%，若甲分析结果是 39.12%、39.15%、39.18%；乙分析结果是 39.18%、39.23%、39.25%。试比较甲、乙二人分析结果的准确度和精密度。

模块三

滴定分析中常用基本仪器的识别及操作

模块说明

滴定分析是化学分析法中重要的分析方法，它以简单、快速、准确的特点广泛应用于常量分析中，识别并掌握滴定分析中常用基本仪器的使用方法直接影响着分析结果的准确度和精密度。通过本模块的学习，掌握滴定分析中常用仪器的使用和校准原理，掌握滴定分析基础知识和相关计算，为后续独立完成分析任务打下良好的基础。

育心笃行：

仪器的校正就是计量的一部分，计量是控制质量的基础。中华民族的计量文化博大精深。比如与计量相关的成语"一丝一毫"，一厘为十毫，一毫为十丝，意思是很少很细的一点，衍生出认真负责、分毫不差的寓意。

学习目标

知识目标：

1. 掌握移液管、容量瓶的使用和校准原理；
2. 掌握滴定管的使用和校准原理；
3. 掌握分析天平的使用和称量方法；
4. 理解滴定分析基本术语、分类；
5. 掌握滴定分析法的要求和各类滴定的适用范围；
6. 掌握滴定分析相关计算。

能力目标：

1. 能够对常见的滴定分析仪器进行洗涤、试漏、操作和读数；
2. 能够用容量瓶配制一定准确浓度的溶液；
3. 能够用移液管移取一定准确体积的溶液；
4. 能够正确使用分析天平进行称量，并准确记录数据；
5. 能够严格按照操作步骤规范操作，熟练使用酸碱式滴定管，会正确判断滴定终点；
6. 能够对滴定分析仪器进行校准；
7. 能掌握滴定分析的相关知识；
8. 能够进行滴定分析计算。

素质目标：

1. 养成严谨的实验习惯，遵守实验室安全规范；

2. 培养细致入微的操作与实事求是的科学态度；

3. 培养"分毫必较"的精准测量习惯；

4. 提升团队分工协作与高效沟通能力。

项目一　滴定分析常见仪器的使用

【案例导入】

玻璃仪器因其透明度好，化学热稳定性高，有一定的机械强度和良好的绝缘性能，是分析化学实验室中最常用的仪器，同时洁净的玻璃器皿是保证分析检测结果数据准确度的基础。你知道如何正确洗涤玻璃仪器吗？怎样正确使用和校准滴定分析中的常用仪器？下面我们进行详细的学习。

【知识探究】

一、滴定分析仪器的洗涤（难度系数：★★）

滴定分析中使用的玻璃器皿都必须洗涤洁净。洁净器皿的器壁应能被水均匀润湿而不挂水珠。

对于广口的一般器皿如锥形瓶、烧杯、量筒等可以用毛刷蘸取肥皂水或合成洗涤剂擦洗，若无特殊的污染，经这样的洗涤后，用自来水冲洗干净，再用少量蒸馏水冲洗三次。

对于细口带刻度的量器，如滴定管、移液管及容量瓶等，为了避免容器内壁受机械磨损而影响容积测量的准确度，不能用刷子刷洗，而用铬酸洗液进行洗涤。

铬酸洗液（简称洗液）是一种强氧化剂，由固体重铬酸钾和浓硫酸配制而成。它的作用缓慢，洗涤时将洗液倒入被洗的器皿中浸泡数分钟。洗液可反复使用，用过的洗液可倒回原瓶中，使用时应尽量不将洗液稀释，以免降低洗涤效果。当洗液变成黄绿色时，表示已失效，必须重新配制或加入固体 $KMnO_4$ 使其再生。用洗液洗过的器皿，先用自来水冲洗干净后，再用少量蒸馏水润洗三次。注意，第一次用自来水冲洗的废液，腐蚀性很强，应倒入盛放废液的塑料桶中，不要倒入水槽，以免腐蚀下水管道。

有时应根据器皿被污染的情况，选择适当的洗涤剂。例如被凡士林严重污染的器皿，应用温热的洗液浸泡 20～30 min，或用有机溶剂除去；被金属氧化物（如 Fe_2O_3）或碳酸盐污染的器皿，可用热的粗盐酸作洗涤剂；贮存过高锰酸钾溶液的器皿常沾有 MnO_2，可用 H_2SO_4（或 HCl）和草酸混合液洗涤；贮存过银盐溶液并被污染的器皿，可用硫代硫酸钠溶液清洗等。

由于高效洗涤剂洗涤效果好，实验室中也可用它来代替其他洗涤液，进行玻璃器皿的洗涤。

微课扫一扫

分析天平的
使用

二、分析天平的使用及注意事项（难度系数：★★★）

分析天平是精确测定物体质量的计量仪器，熟练使用分析天平进行称量是分析工作者应具备的一项基本实验技能。

1. 分析天平的种类

分析天平是定量分析中用于称量的精密仪器。习惯上是指具有较高灵敏度，全载不超过200 g 的天平。

天平按结构特点可分为等臂天平、不等臂天平和电子天平。等臂和不等臂的又可分为等臂单盘天平、等臂双盘天平及不等臂单盘天平。

常用的分析天平有阻尼天平、半自动电光天平、全自动电光天平、单盘电光天平、微量天平等。国内分析天平的型号与规格见表 3-1。

表 3-1　国产天平型号与规格

分析天平名称		型号	最大载荷 /g	分度值 /mg
双盘天平	阻尼天平	TG-528B	200	0.4
	半自动电光天平（部分机械加码电光天平）	TG-328B	200	0.1
	全自动电光天平（全机械加码电光天平）	TG-328A	200	0.1
单盘天平	单盘电光天平	TG-729B	100	0.1
电子天平	上皿式电子天平	MD-200-3	200	0.1
微量天平		TG-332A	20	0.01

天平还可按精度分级。目前我国是以天平分度值与最大载荷之比来区分其精度级别，把天平分为 10 级，如表 3-2 所示。1 级天平精度最好，10 级天平精度最差。

表 3-2　天平精度分级表

精度级别	1	2	3	4	5
分度值 / 最大载荷	1×10^{-7}	2×10^{-7}	5×10^{-7}	1×10^{-6}	2×10^{-6}
精度级别	6	7	8	9	10
分度值 / 最大载荷	5×10^{-6}	1×10^{-5}	2×10^{-5}	5×10^{-5}	1×10^{-4}

2. 电子天平

（1）使用方法

① 取下天平罩，折叠整齐放在天平框罩上或放在天平的后方。

② 称量时操作者面对天平端坐，将在胸前的台面上存放和接受称量物的器皿放在天平左侧，记录本放在右侧。

③ 开始称量前应做如下检查和调整。了解待称物品的温度与天平框里的温度是否相同。加热或冷却过的物品必须放于干燥器中，待温度与天平框里温度平衡后再进行称量。查看天平秤盘和底板是否清洁，秤盘可用软毛刷轻轻扫净。如有斑痕污物，可用浸有无水乙醇的鹿皮轻轻擦拭。底板如不干净，可用毛刷拂扫或用细布擦拭。

④ 检查天平是否处于水平位置，若气泡式水准器的气泡不在圆圈的中心，应从正上方向下目视水准器，用手旋转天平板下面的两个垫脚螺丝，调节天平两侧的高度直至气泡在圆圈中心为止。使用时不得随意挪动天平的位置。

⑤ 检查天平的各个部件是否都处于正常位置，如发现异常情况报告老师，及时处理，

称量前接通电源预热 30 分钟。

⑥ 校准：首次使用天平必须先校准；将天平从一地移到另一地使用时或在使用一段时间后，应对天平重新校准。为使称量更为精确，亦可随时对天平进行校准，校准可按说明书，用内装校准砝码或外部自备有修正值的校准砝码进行。

⑦ 称量：按下显示屏的开关键，待显示稳定的零点后，将物品放到秤盘上，关上防风门，显示稳定后即可读取称量值，操作相应的按键可以实现"去皮""增重""减重"等称量功能。

⑧ 读数与记录。称量的数据应立即用钢笔或圆珠笔记录在原始数据记录本上。短时间内暂不使用天平，可不关闭天平的电源开关，以免再使用时重新通电预热。

⑨ 称量结束后应使天平恢复原状。关好天平门，然后切断电源，用天平罩把天平罩好，将凳子放回原处，填好天平使用登记簿，方可离开天平室。

（2）称量方法及操作　称取试样经常采用的方法有：直接称样法、递减称量法（俗称差减法）、固定质量称样法。

① 直接称样法。对某些在空气中没有吸湿性的试样，可以用直接称样法称量。即用牛角匙取试样放在已知质量的清洁而干燥的表面皿或称量纸上，一次称取一定质量的试样，然后将试样全部转移到接收容器中。

操作如下：先调好天平零点。用干净纸条或戴上洁净细纱手套将被称物直接放在秤盘上，所得读数即为被称物的质量。这种称量方法适用于称量洁净干燥的器皿、棒状或块状的金属及其他整块的不易潮解或升华的固体试样。

② 递减称样法。递减称样法是最常用的称量方法。即称取试样的质量是由两次称量之差而求得。这种方法称出试样的质量不要求固定的数值，只需在要求的称量范围内即可。

操作方法如下：用手拿住表面皿的边沿，连同放在上面的称量瓶一起从干燥器里取出。用小纸片夹住称量瓶盖柄，打开瓶盖，将稍多于需要量的试样用牛角匙加入称量瓶中，盖上瓶盖。用清洁的纸条叠成约 1 cm 宽的纸带套在称量瓶上（或戴上洁净的细纱手套拿取称量瓶），左手拿住纸带的尾部（如图 3-1 所示），把称量瓶放到天平托盘正中位置，称出称量瓶加试样的准确质量（准确到 0.1 mg），记下天平的读数 m_1。左手拿住纸带尾部将称量瓶从天平盘上取下，拿到接收器的上方，右手用纸片夹住瓶盖柄打开瓶盖，但瓶盖也不要离开接收器的上方。将瓶身慢慢向下倾斜，这时原在瓶底的试样逐渐流向瓶口。接着，一边用瓶盖轻轻敲击瓶口边沿，一边转动称量瓶使试样慢慢落入容器中，接近需要量时（通常从体积上估计），一边继续用瓶盖轻敲瓶口（如图 3-2 所示），一边逐渐将瓶身竖直，使粘在瓶口附近的试样落入瓶中，盖好瓶盖。再将称量瓶放回天平盘，取出纸带，关好左边门准称其质量 m_2。两次称量质量之差即为倒入接收器的试样质量。如此重复操作，直至倾出试样质量达到要求为止。

图 3-1　夹取称量瓶的方法

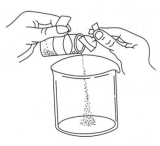

图 3-2　倾出试样的方法

按上述方法连续递减，即可称取多份试样，若称取三份试样，则只需连续称量四次即可。表 3-3 是三份试样的称量数值及记录示例。

表 3-3 称量记录示例

接收器编号	1#	2#	3#
称量瓶与试样质量 /g	9.5895	9.2640	8.9562
倾出试样后称量瓶与试样质量 /g	9.2640	8.9562	8.6411
试样质量 /g	0.3255	0.3078	0.3151

称量结果可简化如下：

1#	2#	3#
9.5895	9.2640	8.9562
9.2640	8.9562	8.6411
0.3255	0.3078	0.3151

操作时应注意：

a. 若倾出试样不足，可重复上述操作直至倾出试样量符合要求为止（重复次数不宜超过三次）；倾出试样量大大超过所需数量，则只能弃去重称。

b. 盛有试样的称量瓶除放在表面皿上存放于干燥器和秤盘上外，不得放在其他地方，以免沾污。

c. 粘在瓶口上的试样应敲回瓶中，以免粘到瓶盖上或丢失。

递减称量法比较简单、快速、准确，在分析化学实验中常用来称取待测试样和基准物质。

基准物质和试样称量时所选用的称量容器应根据基准物质或试样的性质而定。在称量易吸湿、易氧化或易与二氧化碳反应的物质时，应选用带磨口盖的称量瓶，如果是液体试样，则选用胶帽滴瓶。对于易挥发的液体，应选用安瓿，如图 3-3 所示。先称空安瓿质量，将安瓿在酒精灯上微微加热，吸入试样后加热封

图 3-3 安瓿

口，再称总质量，两次质量之差即为试液的质量。对于不吸湿，在空气中不发生变化的固体粉末，可以选用小表面皿或硫酸纸。用硫酸纸称取固体物质，倒出被称物后应再称一次纸的质量，以防纸上残留被称物，而使被称物质量不准确。

③ 固定质量称样法

这种方法是为了称取指定质量的物质。如用直接法配制指定浓度的标准溶液时，常用固定质量称样法来称取基准物质。此法只能用来称取不易吸湿，且不与空气作用，性质稳定的粉末状的物质。

例如配制 100 mL 含钙 1.000 mg·mL^{-1} 的标准溶液，这就要求所称基准物质的质量必须是一定的，需要准确称取 0.2497 g $CaCO_3$ 基准试剂。具体操作方法如下：首先调好天平的零点，准确称量一洁净干燥的表面皿或小烧杯，在天平半开状态下，小心缓慢地用牛角匙伸向表面皿或小烧杯中心部位上方 2～3 cm 处，用拇指、中指及掌心拿稳牛角匙，以食指轻弹（最好是摩擦）牛角匙柄，让匙里的试样以非常缓慢的速度抖入表面皿或小烧杯，这时眼睛既要注意牛角匙，同时也要观察天平读数，直至天平读数正好增加 0.2497 g 为止。此操作必

须十分仔细,这种称量操作的速度很慢,操作时应注意下面几点:

a. 加试样或取出牛角匙时,试样决不能失落在秤盘上;

b. 称好的试样必须定量地由表面皿直接转入接收器。若试样为可溶性盐类,粘在表面皿上的少量试样可用蒸馏水吹洗到接收器中。

放在空气中的试样通常都含有湿存水,其含量随试样的性质和条件而变化,因此,不论用上面哪种方法称取试样,在称量前均必须采用适当的干燥方法将其除去。

对于性质比较稳定不吸湿的试样,可将试样薄薄地铺在表面皿或蒸发皿上,然后放入烘箱或马弗炉里,在指定温度下,干燥一定时间,取出后放入干燥器里冷却,最后移至磨口称量瓶里备用。

对于受热易分解的试样,应在较低温度下干燥,或常温下在真空干燥器中进行干燥。有时为了方便,可直接取未经干燥的试样进行分析,同时另取此试样进行水分测定,然后再以湿品含量换算为干品含量。

三、滴定分析仪器的准备和使用（难度系数：★★★）

滴定分析是根据滴定时所消耗的标准溶液的体积及其浓度来计算分析结果的。因此,除了要准确地确定标准溶液的浓度外,还必须准确地测量它的体积。溶液体积测量的误差是滴定分析中误差的主要来源。体积测量如果不准确(如误差大于 0.2%),其他操作步骤即使做得都很准确也是徒劳的。因此,为了使分析结果能符合所要求的准确度,就必须准确地测量溶液的体积。要准确测量溶液的体积,一方面取决于所用容量仪器的容积是否准确,另一方面也取决于能否正确使用这些仪器。

在滴定分析中测量溶液准确体积所用的容量仪器有:移液管、吸量管、容量瓶、滴定管等。产品按其容量精密度分为 A 级和 B 级。移液管、吸量管、滴定管为"量出"式量器,我国目前统一用标有"Ex"表示"量出",用于测定从量器中放出液体的体积;一般容量瓶为"量入"式量器,我国目前统一用标有"In"字样表示"量入",用于测定注入量器中液体的体积。

1. 容量瓶

容量瓶是用于测量容纳液体体积的一种量器,是一种"量入"式量器。它是细颈梨形的平底玻璃瓶,带有玻璃磨口塞或塑料塞。瓶颈上刻有环形标线。在指定温度下,当溶液充满至标线时,所容纳的液体体积等于瓶上标示的体积。主要是用于配制标准溶液、试样溶液。也可用于将准确容积的浓溶液稀释成准确容积的稀溶液,此过程通常称为"定容"。常用的容量瓶有 10 mL、25 mL、50 mL、100 mL、250 mL、500 mL、1000 mL 等各种规格。

(1) 容量瓶的准备　容量瓶在使用前要洗涤干净,洗涤方法与滴定管相同。洗净的容量瓶内壁应用蒸馏水均匀润湿,不挂水珠,否则要重洗。

带玻璃磨口塞的容量瓶使用前要检查瓶塞是否漏水。检查方法如下:注入自来水至标线附近,盖好瓶塞,左手食指按住瓶塞,其余手指拿住瓶颈标线以上部分,右手指尖托住瓶底边缘 [如图 3-4 (a) 所示],将瓶倒立 2 min,观察瓶塞周围是否有水渗出(可用滤纸查看),如不漏水,将瓶塞旋转 180°后,再将瓶倒立,再如上述进行检查,如不漏水,即可使用。不可将玻璃磨口塞放在桌面上,以免沾污和搞错。打开瓶塞操作时,可用右手的食指和中指夹住瓶塞的扁头,如图 3-4 (b) 所示(也可用橡皮圈或细尼龙绳将瓶塞系在瓶颈上,细绳应稍短于瓶颈),如果瓶塞漏水,该容量瓶则不能使用。

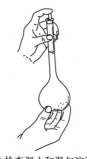

微课扫一扫
容量瓶的使用

(a) 检查漏水和混匀溶液　　　　(b) 瓶塞不离手及溶液平摇

图 3-4　容量瓶的操作

（2）容量瓶的使用　用容量瓶配制标准溶液或试样溶液时，最常用的方法是将准确称取的待溶固体物质放于小烧杯中，加水或其他溶剂将其溶解，然后将溶液定量转移至容量瓶中。在转移过程中，用一玻璃棒插入容量瓶内，玻璃棒的下端靠近瓶颈内壁，上部不要碰瓶口，烧杯嘴紧靠玻璃棒，使溶液沿玻璃棒和内壁慢慢流入。要避免溶液从瓶口溢出（如图3-5所示），待溶液全部流完后，将烧杯沿玻璃棒稍向上提，同时使烧杯直立，使附着在烧杯嘴的一滴溶液流回烧杯中，并将玻璃棒放回烧杯中。注意勿使溶液流至烧杯外壁引起损失。用洗瓶吹洗玻璃棒和烧杯内壁五次以上，洗涤液按上述方法移入容量瓶，使残留在烧杯中的少许溶液定量地转移至容量瓶中。然后加蒸馏

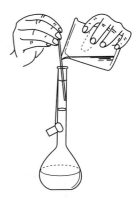

图 3-5　溶液转入容量瓶操作

水稀释，当加水至容量瓶的3/4左右时，用右手将容量瓶拿起，按水平方向旋摇几周，使溶液初步混匀。继续加水至距离标线约1 cm 处，等1～2 min 使附在瓶颈内壁的溶液流下后，再用细长的滴管滴加蒸馏水（注意切勿使滴管接触溶液）至弯月面下缘与标线相切，也可用洗瓶加水至标线，盖上瓶塞。用左手食指按住瓶塞，右手指尖托住瓶底边缘将容量瓶倒置并摇荡，再倒转过来，使气泡上升到顶，如此反复10次左右，使溶液充分混匀，最后，放正容量瓶，打开瓶塞，使瓶塞壁周围的溶液流下。重新盖好瓶塞，再倒转振荡3～5次使溶液全部混匀。

若用容量瓶把浓溶液定量稀释，则用移液管移取一定体积的浓溶液，放入容量瓶中，稀释至标线，按上述方法摇匀，可得到准确浓度的稀溶液。

热溶液必须冷至室温后，再移入容量瓶中，稀释至标线，否则会造成体积误差。

不要用容量瓶长期存放溶液，如溶液要准备使用较长时间，应转移到磨口试剂瓶中保存，试剂瓶应用配好的溶液充分洗涤、润洗后，方可使用。

容量瓶不能放在烘箱内烘干，也不能加热。如需使用干燥的容量瓶时，可将容量瓶洗净，再用乙醇等有机溶剂荡洗后，晾干或用电吹风的冷风吹干。用后的容量瓶应立即用水冲洗干净。如长期不用，磨口处应洗净擦干，并用纸片将磨口隔开。

2. 移液管和吸量管

移液管和吸量管都是准确移取一定量溶液的量器，移液管又称吸管，是一根细长而中间有膨大部分（称为球部）的玻璃管，管颈上部刻有环形

微课扫一扫
移液管和吸量管的使用

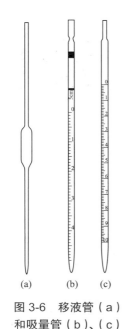

图 3-6   移液管（a）
和吸量管（b）、（c）

图 3-7   吸取溶液

标线，膨大部分标有它的容积和标定时的温度［如图 3-6（a）］，在标明的温度下，先使溶液吸入管中，溶液弯月面下缘与移液管标线相切，再让溶液按一定方法自由流出，则流出的溶液的体积与管上标明的体积相同。常用的移液管有 5 mL、10 mL、25 mL、50 mL、100 mL等规格。

吸量管也称分度吸管，是具有分刻度的玻璃管［图 3-6（b）、（c）］，它可以准确量取标示范围内任意体积的溶液。使用时，将溶液吸入，读取与液面相切的刻度（如"0"刻度），然后将溶液放出至适当刻度，两刻度之差即为放出溶液的体积。吸量管的型式、规格见表 3-4。

表 3-4   吸量管的型式、规格

型式		级别	标称容量 /mL	使用方法
完全流出式	慢流式	A、A₂ 及 B 级	1、2、5、10、25、50	液体自标线流至管下口，A级、A₂ 级等待 15 s，B 级和快流式等待 3 s，流液口要保留残液
	快流式	B 级	1、2、5、10	
吹出式			0.1、0.2、0.25、0.5 1、2、5、10	液体自标线流至管下端，随即将管下端残留液全部吹出
不完全流出式		A、A₂ 及 B 级	0.1、0.2、0.25、0.5	液体自标线流至最低标线上约 5 mm 处，A 级、A₂ 级等待 15 s，B 级等待 3 s，然后调至最低标线

（1）移液管和吸量管的准备   移液管和吸量管在使用前都应该洗净，使整个内壁和下部的外壁不挂水珠。

清洗时，以左手持洗耳球，将食指和拇指放在洗耳球的上方，右手拿住移液管（或吸量管）标线以上的地方，将洗耳球紧接在移液管口上（如图 3-7）排出洗耳球中的空气，将移液管插入洗液瓶中，左手拇指和食指慢慢放松，将洗液缓慢吸入移液管球部或吸量管全管约 1/3 处，用右手食指按住管口移去洗耳球，把管横置，左手扶住管的下端，慢慢开启右手食指，一边转动移液管，一边使管口降低，让洗液布满全管进行润洗，最后将洗液从上口放回原瓶，然后用自来水充分冲洗，再用洗耳球吸取蒸馏水润洗三次，并用洗瓶冲洗管的下部的外壁。如果内壁污染严重，则应把移液管或吸量管放入盛有洗液的大量筒中，浸泡 15 min 至数小时，取出再用自来水冲洗、蒸馏水润洗。

移液管和吸量管的尖端容易碰坏，操作要小心。

（2）使用方法   在用洗净的移液管或吸量管移取溶液前，为避免移液管管壁及尖端上残留的水进入所要移取的溶液中，使溶液浓度改变，应先用滤纸将尖端内外的水吸干，然后用待吸溶液润洗三次（按洗涤移液管的方法进行），但用过的溶液应从下口放出弃去。

移取溶液时，用右手的大拇指和中指拿住移液管管颈标线上方，将移液管直接插入待吸溶液液面下 1～2 cm 处。不要伸入太深，以免移液管外壁附有过多的溶液，影响量取溶液体积的准确性；也不要伸入太浅，以免液面下降后造成吸空。吸液时将洗耳球紧接在移液管口上，并注意容器中液面和移液管尖的位置，应使移液管尖随液面下降而下降。当管内液面上升至标线稍高位置时，迅速移去洗耳球，并用右手食指按住管口，将移液管向上提，使其离开液面，并使管的下部沿待吸液容器内壁轻轻转两圈，以除去管外壁上的溶液，另取一干净小烧杯，将移液管放入烧杯中，使管尖端紧靠烧杯内壁，烧杯稍倾斜，移液管垂直，微微松开食指，并用拇指和中指轻轻转动移液管，让溶液慢慢流出，液面下降，直到溶液的弯月面与标线相切时（注意：观察时眼睛与移液管的标线应处在同一水平位置上），立刻用食指按住管口，使溶液不再流出。取出移液管，左手抓拿接收容器，将接收容器倾斜。将移液管放入接收容器中，使管尖与容器内壁紧贴呈45°左右，并使移液管保持垂直，松开右手食指，使溶液自由地沿壁流下，如图3-8所示。待液面下降到管尖后，再等待15 s后取出移液管。注意，除非在管上特别注明"吹"的移液管以外，管尖最后残留的溶液切勿吹入接收器中。因为在校正移液管的容量时，就没有把这滴溶液计算在内。此种移液管称非吹式移液管。但必须指出，由于管口尖部做得不很圆滑，因此

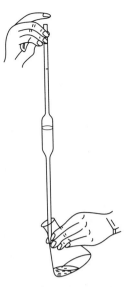

图3-8　移取溶液姿势

留存在管尖部位的体积可能会由于靠接收容器内壁的管尖部位方位不同而有大小的变化，为此，可在等15 s后，将管身往左右旋转一下，这样管尖部分每次留存的体积将会基本相同，不会导致平行测定时的过大误差。

用吸量管吸取溶液时，吸取溶液和调节液面至上端标线的操作与移液管相同。放液时用食指控制管口，使液面慢慢下降，至与所需刻度相切时按住管口，将溶液移至接收容器。

若吸量管的分度刻至管尖，管上标有"吹"字（吹出式），并且需要从最上面的标线放至管尖时，则在溶液流到管尖后，随即从管口轻轻吹一下即可。若无"吹"字的吸量管（完全流出式），不必吹出残留在管尖的溶液。

还有一种吸量管，分度刻到离管尖尚差1～2 cm（不完全流出式），如图3-6（c），使用这种吸量管时，应注意不要使液面下降到刻度以下（见表3-4使用方法）。

在同一实验中应尽可能使用同一根吸量管的同一段体积，并且尽可能使用上段，而不用末端收缩部分。

移液管和吸量管用完后应立即用自来水冲洗，再用蒸馏水冲洗干净，放在移液管架上。

移液管和吸量管都不能放在烘箱中烘烤。

3. 滴定管

滴定管是用于准确测量滴定时放出的操作溶液体积的量器，它是具有刻度的细长玻璃管，随其容量及刻度值的不同，分为常量滴定管、半微量滴定管、微量滴定管三种（见表3-5）。按要求不同，有"蓝带"滴定管、棕色滴定管（用于装高锰酸钾、硝酸银、碘等标准溶液）。按其构造不同又分为普通滴定管和自动滴定管。按其用途不同又分为酸式滴定管及碱式滴定管。

微课扫一扫

通用型滴定管的使用

带有玻璃磨口旋塞以控制液滴流出的是酸式滴定管（简称酸管），如图3-9（a），用来盛放酸性或氧化性溶液。但不能装碱性溶液，因为磨口旋塞会被碱腐蚀而黏住不能转动。用带玻璃珠的乳胶管控制液滴，下端再连一尖嘴玻璃管的是碱式滴定管（简称碱管），如图3-9（b），用于盛放碱性溶液和非氧化性溶液，不能装$KMnO_4$、I_2、$AgNO_3$等溶液，以防将胶管氧化而变性。

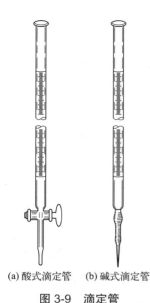

(a)酸式滴定管   (b)碱式滴定管

图 3-9   滴定管

表 3-5   滴定管的容量及刻度值

分类	容量 /mL	刻度值 /mL
常量滴定管	50	0.1
	20	0.1
半微量滴定管	10	0.05
微量滴定管	5	0.01 或 0.05
	2	
	1	

（1）使用前的准备

① 洗涤。

a. 酸式滴定管的洗涤：无明显油污不太脏的酸式滴定管，可用肥皂水或洗涤剂冲洗，若较脏而又不易洗净时，则用铬酸洗液浸泡洗涤，每次倒入 10 ～ 15 mL 洗液于滴定管中，两手平端滴定管，并不断转动；直至洗液布满全管为止，洗净后将一部分洗液从管口放回原瓶，然后打开旋塞，将剩余的洗液从出口管放回原瓶中。滴定管先用自来水冲洗，再用蒸馏水润洗几次，若油污严重，可倒入温洗液浸泡一段时间（或根据具体情况，使用针对性洗涤液进行清洗），然后按上述程序洗涤干净。洗涤时，应注意保护玻璃旋塞，防止碰坏。洗净的滴定管内壁应完全被水均匀润湿，不挂水珠。

b. 碱式滴定管的洗涤：碱式滴定管的洗涤方法与酸管相同，但在需用洗液洗涤时要注意洗液不能直接接触乳胶管。为此，可取下乳胶管，将碱式滴定管倒立夹在滴定管架上，管口插入装有洗液的烧杯中，用洗耳球插在管口上反复吸取洗液进行洗涤，然后用自来水冲洗滴定管，并用蒸馏水润洗几次。

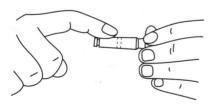

图 3-10   旋塞涂油操作

② 涂油、试漏。酸式滴定管使用前应检查旋塞转动是否灵活，与滴定管是否密合，如不符合要求，则取下旋塞，用滤纸片擦干净旋塞和旋塞槽，用手指蘸少量凡士林（或真空活塞油脂）在旋塞的两头涂上薄薄的一层，在离旋塞孔的两旁少涂凡士林，以免凡士林堵住旋塞孔，如图 3-10 所示（如果凡士林堵塞小孔，可用细铜丝轻轻将其捅出。如果还不能除净，则用热洗液浸泡一定时间，或用有机溶剂除去）。把旋塞直接插入旋塞槽内。插入时，旋塞孔应与滴定管平行，径直插入旋塞槽，此时不要转动旋塞，这样可以避免将油脂挤到旋塞孔中去。然后，向同一方向不断旋转旋塞，直到旋塞和旋塞槽上的油脂全部透明为止。旋转时，应有一定的向旋塞小头方向挤压的力，以免来回移动旋塞，使孔受堵。最后用小乳胶圈套在玻璃旋塞小头槽内，以防塞子滑出而损坏。

经上述处理后，旋塞应转动灵活，油脂层没有纹路，旋塞呈均匀透明状态，可进行试漏。检查滴定管是否漏水时，可将酸式滴定管旋塞关闭用水充满至 "0" 刻度，把滴定管直立夹在滴定管架上静置 2 min，观察刻度线液面是否下降，滴定管下端管口及旋塞两端是否有水渗出，可用滤纸在旋塞两端查看，将旋塞转动 180°，再静置 2 min，查看是否有水渗出。若前后两次均无水渗出，旋塞转动也灵活，即可使用。如果漏水，则应该重新进行涂油操作。

碱式滴定管使用前应检查乳胶管是否老化、变质，要求乳胶管的玻璃珠大小合适，能灵活控制液滴，玻璃珠过大，则不便操作；过小，则会漏水。如不符合要求，应重新装配玻璃珠和乳胶管。

③ 装溶液与赶气泡。准备好的滴定管，即可装操作溶液（即标准溶液或被标定的溶液）。

装操作溶液前，应将试剂瓶中的溶液摇匀，使凝结在瓶内壁上的水珠混入溶液，这在天气比较热、室温变化比较大时更有必要。混匀后将操作溶液直接倒入滴定管中，不得用其他容器（如烧杯、漏斗）来转移，此时，左手前三指持滴定管上部无刻度处，并可稍微倾斜，右手拿住细口瓶往滴定管中倒溶液，如用小试剂瓶，可用右手握住瓶身（瓶签朝向手心）倾倒溶液于管中，大试剂瓶则仍放在桌上。手拿瓶颈使瓶慢慢倾斜，让溶液慢慢沿滴定管内壁流下。

先用摇匀的操作溶液将滴定管润洗三次（第一次 10 mL 左右，大部分可由上口放出，第二、三次各 5 mL 左右，可以从出口管放出），以除去管内残留水分，确保操作溶液浓度不变。为此，注入操作溶液 10 mL，然后两手平端滴定管（注意把住玻璃旋塞）慢慢转动溶液，一定要使操作溶液流遍全管内壁，并使溶液接触管壁 1 ～ 2 min。每次都要打开旋塞冲洗出口管，将润洗溶液从出口管放出，并尽量把残留液放尽。最后，关好旋塞，将操作溶液倒入，直到充满至"0"刻度以上为止。

对于碱管，仍要注意玻璃珠下方的洗涤。

装好溶液的滴定管，使用前必须注意检查滴定管的出口管是否充满溶液，旋塞附近或胶管内有无气泡。为使溶液充满出口管和除去气泡，在使用酸管时，右手拿滴定管上部无刻度处，并使滴定管倾斜约 30°，左手迅速打开旋塞使溶液冲出排出气泡（下面用烧杯接收溶液），这时出口管中应不再留有气泡。若气泡仍未排出，可重复操作。也可打开旋塞，同时抖动滴定管，使气泡排出。如仍不能使溶液充满出口管，可能是出口管未洗净，必须重新洗涤。在使用碱管时，装满溶液后，应将其垂直地夹在滴定管架上，左手拇指和食指拿住玻璃珠所在部位，并使乳胶管向上弯曲，出口管斜向上方，然后在玻璃珠部位往一旁轻轻捏挤胶管，使溶液从管口喷出（如图 3-11 所示），气泡即随之排出，再一边捏乳胶管，一边把乳胶管放直，注意当乳胶管放直后，再松开拇指和食指，否则出口仍会有气泡，最后把管外壁擦干。

排出气泡后，装入操作液至"0"刻度以上，并调节液面处于 0.00 mL 处备用。

（2）滴定管的使用

① 滴定管的操作。进行滴定时，应该将滴定管垂直地夹在滴定管架上。

酸管的使用：左手无名指和小指向手心弯曲，轻轻地贴着出口管，用其余的三指控制活塞的转动（如图 3-12 所示），但应注意不要向外拉旋塞以免推出旋塞造成漏液，也不要过分往里扣，以免造成旋塞转动困难而不能操作自如。

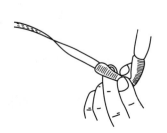

图 3-11　碱式滴定管排出气泡

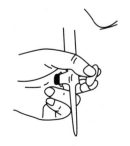

图 3-12　操纵旋塞的姿势

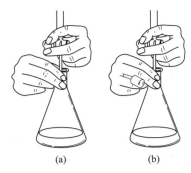

图 3-13　锥形瓶的摇动

在锥形瓶中滴定时，用右手前三指拿住瓶颈，其余两指辅助在下侧，调节滴定管高度，使瓶底离滴定台高 2～3 cm，使滴定管的下端伸入瓶口约 1 cm，左手按前述方法控制滴定管旋塞滴加溶液，右手运用腕力摇动锥形瓶，边滴加边摇动使溶液随时混合均匀，反应及时进行完全，两手操作姿势如图 3-13（a）所示。

若使用碘瓶等具塞锥形瓶滴定，瓶塞要夹在右手的中指与无名指之间［如图 3-13（b）所示］，不要放在其他地方。

滴定操作应注意下述几点。

a. 摇瓶时，应微动腕关节，使溶液向同一方向做圆周运动，但勿使瓶口接触滴定管，溶液也不得溅出。

b. 滴定时左手不能离开旋塞让溶液自行流下。

c. 注意观察液滴落点周围溶液颜色的变化。开始时应边摇边滴，滴定速度可稍快（每秒 3～4 滴为宜），但不要流成水流。接近终点时，应改为加一滴，摇几下，最后，每加半滴，即摇动锥形瓶，直至溶液出现明显的颜色变化。

微课扫一扫

滴定终点的
初步判断

图 3-14　碱式滴
定管使用

碱管的使用：左手无名指及小指夹住出口管，拇指与食指在玻璃珠所在部位往一旁捏挤乳胶管，玻璃珠移至手心一侧，使溶液从玻璃珠旁边空隙处流出（如图 3-14 所示），注意：

a. 不要用力捏玻璃珠，也不能使玻璃珠上下移动；

b. 不要捏到玻璃珠下部的乳胶管，以免空气进入而形成气泡，影响读数；

c. 停止滴定时，应先松开拇指和食指，最后才松开无名指与小指。

无论使用哪种滴定管，都必须掌握三种滴液方法：

a. 逐滴连续滴加，即一般的滴定速度，"见滴成线"的方法；

b. 只加一滴，要做到需加一滴就能只加一滴的熟练操作；

c. 使液滴悬而不落，即只加半滴，甚至不到半滴的方法。

② 滴定操作。滴定前后都要记录读数，终读数与初读数之差就是溶液的体积。

滴定操作一般在锥形瓶中进行，也可在烧杯内进行，最好以白瓷板作背景。滴定开始前用洁净小烧杯内壁轻碰滴定管尖端，以把悬在滴定管尖端的液滴除去。

在锥形瓶中滴定时，用右手前三指拿住瓶颈，准确到达终点为止。滴定时，不要只看滴定管上部的体积，而不顾滴定反应的进行。加半滴溶液的方法如下：微微转动旋塞，使溶液悬挂在出口管嘴上，形成半滴（有时还可控制不到半滴），用锥形瓶内壁将其沾落，再用洗瓶以少量蒸馏水吹洗瓶壁。

用碱管滴加半滴溶液时，应先松开拇指和食指，将悬挂的半滴溶液沾在锥形瓶内壁上，以避免出口管尖端出现气泡。

每次滴定最好都从 "0" mL 处开始（或从 "0" mL 附近的某一固定刻度线开始），这样可固定使用滴定管的某一段，以减少体积误差。

在烧杯中进行滴定时，将烧杯放在白瓷板上，调节滴定管高度，使滴定管伸入烧杯内 1 cm

左右。滴定管下端应在烧杯中心的左后方处，但不要靠壁太近。右手持玻璃棒在右前方搅拌溶液，在左手滴加溶液的同时，搅拌棒应做圆周运动，但不要接触烧杯壁和底。如图 3-15 所示。

当加半滴溶液时，用搅拌棒下端承接悬挂的半滴溶液，不要接触滴定管尖，其他注意点同上。

③ 滴定管的读数。滴定管读数不准确是滴定分析误差的主要来源之一。因此，正确读数应遵循下列原则。

图 3-15 在烧杯中滴定操作

a. 装满或放出溶液后，必须等 1～2 min，待附着在内壁上的溶液流下后，再进行读数。如果放出溶液的速度较慢（例如滴定到最后阶段，每次只加半滴溶液时），等 0.5～1 min 即可读数。每次读数前要检查一下管壁是否挂水珠，管尖是否有气泡，是否挂水珠。若在滴定后挂有水珠读数，是无法读准确的。

b. 读数时应将滴定管从滴定管架上取下，用右手大拇指和食指捏住滴定管上部无刻度处，其他手指从旁辅助，使滴定管保持垂直，然后读数。若把滴定管夹在滴定管架上读数，应使滴定管保持垂直（一般不采用，因为很难确保滴定管垂直）。

c. 由于水的附着力和内聚力的作用，滴定管内的液面呈弯月形，无色或浅色溶液的弯月面比较清晰，读数时，应读弯月面下缘实线的最低点，即视线在弯月面下缘实线最低处且与液面保持水平，如图 3-16 所示。对于有色溶液，其弯月面是不清晰的，读数时，可读液面两侧最高点，即视线应与液面两侧最高点保持水平。例如对 $KMnO_4$、I_2 等有色溶液的读数就应如此。注意初读数与终读数应采用同一标准。

d. 读数要求读到小数点后第二位，即估计到 ±0.01 mL，如读数为 25.33 mL，数据应立刻记录在本上。

e. 为了便于读数，可以在滴定管后衬一黑白两色的读数卡。读数时，使黑色部分在弯月面下约 1 mm，弯月面的反射层即全部成为黑色，如图 3-17 所示。读此黑色弯月面下缘的最低点。但对深色溶液须读两侧最高点，可以用白色卡作为背景。

f. 使用"蓝带"滴定管时，液面呈现三角交叉点，读取交叉点与刻度相交之点的读数，如图 3-18 所示。

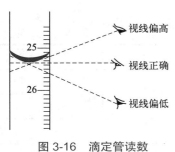

图 3-16 滴定管读数

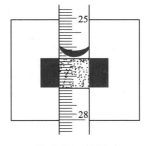

图 3-17 读数卡

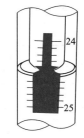

图 3-18 "蓝带"滴定管读数

g. 滴定至终点时应立即关闭旋塞，并注意不要使滴定管中的溶液有少许流出，否则终读数便包括流出的半滴溶液。

滴定结束后，滴定管内剩余的溶液应弃去，不得将其倒回原试剂瓶中，以免污染整瓶操作溶液。随即洗净滴定管，倒置在滴定管架上。

技能训练1 分析天平的使用

一、仪器材料清单

名称	规格	数量
万分之一天平	FA2004N 型、FA2204B 型	2～3 人／台
称量瓶	40×25 mm	若干
表面皿	80～120 mm	若干
纯碱试样（供练习用）	0.1%	1 瓶

其他：小纸条或手套，2～3 人一组

二、训练目标

1. 学会正确使用分析天平。

2. 掌握差减法称量的一般程序。

3. 学会正确记录实验原始数据。

三、差减法称量步骤

1. 取下天平罩，叠好放于天平上面。

2. 检查天平内及周围是否干净并清扫。

3. 检查天平并调至水平。

4. 开启天平，预热 30 min。

5. 正确称量：

① 称量装好药品的称量瓶＋样品的质量 m_1；

② 取出称量瓶，用称量瓶盖敲击瓶口上沿，将药品敲入干净的表面皿上，然后用盖子把称量瓶壁上的样品敲回称量瓶；

③ 再次称量称量瓶＋样品的质量 m_2，$m_样＝m_1-m_2$；

④ 平行准确称量（0.1±0.01）g 和（0.2±0.01）g 各 3 份。

6. 复原天平，切断电源，盖上天平罩。

7. 数据记录及处理。

差减法称量

项目	1	2	3
称量瓶加试样质量，m_1/g			
倾出试样后称量瓶加试样质量，m_2/g			
试样质量 $m_样$，（m_1-m_2）/g			

四、结束工作

1. 仪器设备、药品试剂归位。

2. 整理实验台。

3. 按规定处理废物。

五、评价表

序号	考核内容	操作内容	分值	评分要求	分值	得分
1	操作前准备、安全与环保意识	检查仪器、试剂是否齐全	20	1. 穿实验服，双手洁净，不染指甲，不留长指甲，不披发	10	
				2. 检查所用仪器是否齐全	10	
2	差减法称量固体样品	分析天平的开机、预热、清扫、检查水平、正确称量、记录原始数据、天平复原、关闭电源等	60	1. 取下天平罩，叠好放于天平上面	5	
				2. 检查天平内及周围是否干净并清扫	3	
				3. 检查天平并调至水平	5	
				4. 开启天平，预热	5	
				5. 天平开关动作轻、缓、匀；称量时被测物品轻拿轻放（小纸条夹着称量瓶）	5	
				6. 正确称量：称量瓶放在称盘中的中间位置；试样的倾出与回磕操作标准	20	
				7. 读数时天平侧门关闭，天平稳定后正确读数	7	
				8. 称量值在规定范围内，称取三份样品，称量结束后关机，复原天平	10	
3	文明操作、职业素养	实验过程当中台面、纸屑等的处理；实验后台面、试剂、纸屑等的处理，玻璃仪器的清洗	20	1. 操作过程中物品摆放有序，干净整洁	5	
				2. 爱护仪器，不浪费药品、试剂，及时记录实验数据	5	
				3. 操作完毕后将仪器、药品、试剂等清理复位，整理实验台	10	

技能训练 2　容量瓶和移液管的使用

一、仪器材料清单

名称	规格	数量
万分之一天平	FA2004 型、FA2204B 型	2～3 人／台
容量瓶	250 mL、100 mL	若干
移液管（吸量管）	10 mL、25 mL、50 mL 等	若干
基准试剂邻苯二甲酸氢钾	分析纯 /500 g	1 瓶

其他：小纸条或手套、滤纸条、洗耳球、玻璃棒、小烧杯，2～3 人一组

二、训练目标

1. 学会正确使用容量瓶、移液管。

2. 能够用容量瓶配制一定准确浓度的溶液。

3. 学会用移液管移取一定准确体积的溶液。

三、移液管的使用

1. 吸量管分类

① 单标线吸量管——移液管，规格有 5.00 mL、10.00 mL、25.00 mL、50.00 mL、100.0 mL 等；

② 分度吸量管——吸量管，规格有 1.00 mL、2.00 mL、5.00 mL、10.00 mL、20.00 mL 等。

2. 作用

准确移取一定体积的溶液。

3. 操作步骤

（1）检查　检查移液管的管口和尖嘴有无破损，若有破损则不能使用。

（2）清洗　先用自来水淋洗后，用铬酸洗涤液浸泡，将洗涤液放回原瓶。并用自来水冲洗移液管（吸量管）内、外壁至不挂水珠，再用蒸馏水洗涤 2～3 次（左手拿洗耳球，右手拿移液管，吸液量为 1/4 到 1/3 之间），控干水备用，最后用待移液润洗 2～3 次。

（3）正确吸液　当管内液面上升至标线以上 1～2 cm 处时，迅速用右手食指堵住管口（此时若溶液下落至标准线以下，应重新吸取），将移液管提出待吸液面，并使管尖端接触待吸液容器内壁片刻后提起，用滤纸擦干移液管或吸量管下端沾附的少量溶液（在移动移液管或吸量管时，应将移液管或吸量管保持垂直，不能倾斜）。

（4）调节液面　左手另取一干净小烧杯，将移液管管尖紧靠小烧杯内壁，小烧杯保持倾斜，使移液管保持垂直，刻度线和视线保持水平（左手不能接触移液管）。稍稍松开食指（可微微转动移液管或吸量管），使管内溶液慢慢从下口流出，液面将至刻度线时，按紧右手食指，停顿片刻，再按上法将溶液的弯月面底线放至与标线上缘相切为止，立即用食指压紧管口。将尖口处紧靠烧杯内壁，向烧杯口移动少许，去掉尖口处的液滴。将移液管或吸量管小心移至承接溶液的容器中。

（5）放出溶液　将移液管或吸量管直立，接收器倾斜，管下端紧靠接收器内壁，放开食指，让溶液沿接收器内壁流下，管内溶液流完后，保持放液状态停留 15s，将移液管或吸量管尖端在接收器靠点处靠壁前后小距离滑动几下（或将移液管尖端靠接收器内壁旋转一周），移走移液管。

四、容量瓶的使用

1. 规格

颜色有无色和棕色两种，大小有 10.00 mL、25.00 mL、100.0 mL、250.0 mL、500.0 mL、1000 mL 等。

2. 作用

配制标准溶液，定量稀释溶液。

3. 操作步骤

① 检查、试漏：检查容量瓶容积与所要求的是否一致，瓶塞是否严密。在瓶中放水到标线附近，塞紧瓶塞，使其倒立 2 min，用干滤纸片沿瓶口缝处检查，看有无水珠渗出。如果不漏，再把塞子旋转 180°，塞紧，倒置，试验这个方向有无渗漏。

② 洗涤：蒸馏水润洗。

　　③ 小烧杯溶样并转移：把准确称量好的固体溶质放在烧杯中，用少量溶剂溶解，然后把溶液沿玻璃棒转移到容量瓶里，润洗小烧杯、玻璃棒 2～3 次再转移。

　　④ 加水至 2/3 处，平摇，初步混匀。

　　⑤ 定容，摇匀备用。向容量瓶内加入的液体液面离标线 1～2 cm 左右时，应改用滴管小心滴加，最后使液体的弯月面（凹液面）与刻度线正好相切。盖紧瓶塞，用倒转和摇动的方法使瓶内的液体混合均匀。

五、结束工作

1. 仪器设备、药品试剂归位。

2. 清洗玻璃仪器并整理实验台。

3. 按规定处理废液、废纸。

六、评价表

序号	考核内容	操作内容	分值	评分要求	分值	得分
1	操作前准备、安全与环保意识	检查仪器、试剂是否齐全，玻璃仪器洗涤方法正确	20	1. 穿实验服，双手洁净，不染指甲，不留长指甲，不披发	5	
				2. 检查所用仪器是否齐全	5	
				3. 洗涤所用仪器，以玻璃仪器不挂水珠、为均匀的水膜为洗净标准	10	
2	移液管使用	移液管的选择、检查等，移液管使用手法、清洗、润洗、取液，吸、擦、调等，放液	30	1. 根据所移溶液的体积和要求选择合适规格的移液管使用	2	
				2. 检查其管口和尖嘴有无破损	2	
				3. 润洗 2～3 次，操作方法正确	5	
				4. 吸取溶液，手法正确，不触底，无气泡	10	
				5. 擦去外壁溶液	3	
				6. 调零，平视，无色、浅色液凹面相切，有色液上缘相切		
				7. 放液，承接器倾斜 45°，移液管与地面垂直，停留 15s	3	
3	容量瓶的使用	容量瓶的选择、检查、试漏等，清洗、溶样、转移、洗涤、平摇、定容、摇匀	30	1. 检查有无破损	2	
				2. 正确检漏	2	
				3. 蒸馏水清洗，溶解邻苯二甲酸氢钾（全溶，若加热溶解，溶解反应冷至室温）	8	
				4. 定量转移入 250 mL 容量瓶（转移溶液操作，冲洗烧杯、不溅湿）	8	
				5.2/3 至 3/4 处平摇	5	
				6. 稀释至标线（最后用滴管加水）	3	
				7. 摇匀（混匀 10+2 次）	2	
4	文明操作、职业素养	实验过程当中台面、废液、纸屑等的处理；实验后台面、试剂、废液、纸屑等的处理，玻璃仪器的清洗	20	1. 操作过程中物品摆放有序，干净整洁	5	
				2. 废液处理得当，倒在指定位置	5	
				3. 结束后，废纸处理，仪器清洗归位，整理实验台	10	

技能训练 3　滴定管的使用

一、仪器材料清单

名称	规格	数量
通用型滴定管	50.00 mL	1 支
锥形瓶	250 mL	3 个
移液管（吸量管）	25.00 mL	1 支
0.1 mol·L^{-1} HCl 溶液	1 L	1 瓶
0.1 mol·L^{-1} NaOH 溶液	1 L	1 瓶
甲基橙	0.1%	1 瓶
酚酞	1%	1 瓶

其他：滤纸条、洗耳球、小烧杯等，2～3 人一组

二、训练目标

1. 学会正确使用滴定管。

2. 初步掌握滴定操作技术。

3. 学会正确判断滴定终点。

滴定基本操作

三、滴定管的使用

1. 规格及分类

颜色有无色和棕色两种，常量滴定管体积为 25.00 mL、50.00 mL 和 100.00 mL，最常用的是 50.00 mL，最小刻度 0.1 mL，可估读至 0.01 mL。分为酸式和碱式滴定管，还有酸碱通用型滴定管。

2. 作用

准确滴加标液。

3. 通用型滴定操作步骤

① 检查、试漏。

② 洗涤。

③ 用待装 HCl 溶液润洗滴定管、装液，排气泡、调零点。

④ 用纯水润洗移液管，待移 NaOH 溶液润洗移液管，移取 25.00 mL NaOH 溶液置于锥形瓶中，滴加 1～2 甲基橙指示剂。

⑤ 正确滴定，控制好滴定速度。左手控制滴定管，手势为拇指在前，食指、中指在后，轻拿旋柄，无名指、小指略微弯曲，向里旋转旋塞使溶液滴出。右手控制锥形瓶，摇锥形瓶时，液体做圆周运动。滴定速度开始的时候快些，成串不成线，边滴边摇，近终点逐滴滴加，滴时不摇，摇时不滴，注意半滴（悬而不落）的加入。

⑥ 正确判断终点，滴定至溶液由黄色至橙色，记录 HCl 消耗的体积，平行测定三次，正确读数，记录数据。

四、结束工作

1. 仪器设备、药品试剂归位。

2. 清洗玻璃仪器并整理实验台。

3.按规定处理废液、废纸。

五、评价表

序号	考核内容	操作内容	分值	评分要求	分值	得分
1	操作前准备、安全与环保意识	检查仪器、试剂是否齐全，玻璃仪器洗涤方法正确	20	1. 穿实验服，双手洁净，不染指甲，不留长指甲，不披发	5	
				2. 检查所用仪器是否齐全	5	
				3. 洗涤所用玻璃仪器，以玻璃仪器不挂水珠、为均匀的水膜为洗净标准	10	
2	滴定管的使用	滴定管检查、检漏、排气泡、调零、管尖残液处理、滴定操作手法、滴定与振摇锥形瓶操作配合、接近终点半滴控制、滴定结束等待30s读数	60	1. 选择合适的滴定管，检查有无破损，活塞转动是否灵活	3	
				2. 正确检漏及漏液处理方法	5	
				3. 滴定管的正确润洗	5	
				4. 装液，装液时不得洒到外面，正确排气泡	10	
				5. 调零，手持管位置在液面上方，眼睛平视	5	
				6. 滴定操作手法正确，滴定与摇瓶操作的配合、协调、熟练	10	
				7. 终点控制（半滴技术）熟练	10	
				8. 读数手持管位置应在液面上方，视线高度正确，读数正确	5	
				9. 正确记录、处理数据，平行测定三次	7	
3	文明操作、职业素养	实验过程当中台面、废液、纸屑等的处理；实验后台面、试剂、废液、纸屑等的处理，玻璃仪器的清洗	20	1. 操作过程中物品摆放有序，干净整洁	5	
				2. 废液处理得当，倒在指定位置	5	
				3. 结束后，废纸处理，仪器清洗归位，整理实验台	10	

【思考与练习】

一、选择题

1.用万分之一分析天平称量样品质量正确的读数是（　　）。

A. 0.2340 g

B. 0.234 g

C. 0.23400 g

D. 2.340 g

2.定量分析工作要求测定结果的误差（　　）。

A. 没有要求

B. 等于零

C. 略大于允许误差

D. 在允许误差范围内

3.某试剂为优级纯，则其标签颜色应为（　　）。

A. 绿色　　　　　　　B. 红色　　　　　　　C. 蓝色　　　　　　　D. 棕色

4.洗涤下列仪器时，能使用去污粉洗刷的是（　　）。

A. 移液管　　　　　　B. 锥形瓶　　　　　　C. 容量瓶　　　　　　D. 滴定管

玻璃量器的校准

5.酸式滴定管一般用来盛装（　　　）。

A.酸性或氧化性物质　B.碱性物质　　　　C.还原性物质　　　　D.沉淀性物质

二、判断题

1.容量瓶和移液管不配套会引起偶然误差。（　　　）

2.用纯水洗涤玻璃仪器时，使其既干净又节约用水的方法原则是少量水冲洗多次。（　　　）

3.滴定管、移液管和容量瓶在使用之前都要用试剂溶液进行润洗。（　　　）

4.实验中应该优先使用纯度较高的试剂以提高测定的准确度。（　　　）

5.移液管是能够准确移取一定体积液体的仪器。（　　　）

三、问答题

1.滴定管是否洗涤干净应怎样检查？使用未洗净的滴定管对滴定有什么影响？

2.酸式滴定管的玻璃旋塞，应怎样涂油脂？为什么要这样涂？

3.滴定管中存在气泡对滴定有什么影响？应怎样赶去气泡？

4.容量瓶可否烘干、加热？

5.使用移液管的操作要领是什么？为何要垂直流下液体？为何放完液体后要停一定时间？最后留于管尖的半滴液体应如何处理？为什么？

项目二　认识滴定分析

【案例导入】

　　滴定分析是常量分析中常用到的检测方法，比如水中酸碱度的测定、奶粉中蛋白质含量的测定、水中钙镁离子含量的测定都是利用滴定分析法。你了解什么是滴定分析法吗？你知道滴定分析法的分类和滴定方式都有哪些吗？下面让我们详细来学习相关的知识吧。

【知识探究】

一、滴定分析法（难度系数：★★）

微课扫一扫

滴定分析法
概述

　　将一种已知准确浓度的试剂溶液即标准溶液，通过滴定管滴加到待测组分的溶液中，直到标准溶液和待测组分恰好完全定量反应为止。这时加入标准溶液物质的量与待测组分的物质的量符合反应式的化学计量关系，然后根据标准溶液的浓度和所消耗的体积，算出待测组分的含量。这一类分析方法称为滴定分析法。滴加的溶液称为滴定剂，滴加溶液的操作过程称为滴定。滴加的标准溶液与待测组分恰好定量反应完全时的一点，称为化学计量点。

　　通常利用指示剂颜色的突变或仪器测试来判断化学计量点的到达而停止滴定操作的一点称为滴定终点。实际分析操作中滴定终点与理论上的化学计量点常常不能恰好吻合，它们之间往往存在很小的差别，由此而引起的误差称为终点误差。

　　滴定分析法是分析化学中重要的一类分析方法，它常用于测定含量≥1%的常量组分。此方法快速，简便，准确度高，在生产实际和科学研究中应用非常广泛。

二、滴定分析法的分类（难度系数：★★★）

根据滴定时反应类型的不同，滴定分析法主要包括酸碱滴定法、配位滴定法、氧化还原滴定法及沉淀滴定法等。

1. 酸碱滴定法

这是以酸碱反应为基础的滴定分析法，其基本反应是：

$$H^+ + OH^- \Longrightarrow H_2O$$

酸碱滴定法可用于测定酸性物质和碱性物质。

2. 配位滴定法

这是以配位反应为基础的滴定分析法，滴定产物是配合物。常用的是以乙二胺四乙酸的钠盐（简称 EDTA）制成标准滴定溶液，测定各种金属离子。

$$M^{2+} + Y^{4-} \Longrightarrow MY^{2-}$$

3. 氧化还原滴定法

这是以氧化还原反应为基础的滴定分析法，可以测定具有氧化性或还原性的物质及间接测定某些不具有氧化性或还原性的物质。例如高锰酸钾标准滴定溶液测定亚铁盐。

$$5Fe^{2+} + MnO_4^- + 8H^+ \Longrightarrow 5Fe^{3+} + Mn^{2+} + 4H_2O$$

4. 沉淀滴定法

这是以沉淀反应为基础的滴定分析法。例如银量法，可以测定 Ag^+、CN^-、SCN^- 及卤素离子等。

$$Cl^- + Ag^+ \Longrightarrow AgCl\downarrow$$

三、滴定反应的条件（难度系数：★★）

适用于滴定分析法的化学反应必须具备下列条件：

① 反应必须定量地完成。即反应按一定的反应式进行完全，通常要求达到 99.9% 以上，无副反应发生。这是定量计算的基础。

② 反应速率要快。对于速率慢的反应，应采取适当措施提高反应速率。

③ 能用比较简便的方法确定滴定终点。

凡能满足上述要求的反应均可适用于滴定分析。

四、滴定方式（难度系数：★★★）

1. 直接滴定法

用标准溶液直接进行滴定，利用指示剂或仪器测试指示化学计量点到达的滴定方式，称为直接滴定法。通过标准溶液的浓度及所消耗滴定剂的体积，计算出待测物质的含量。例如，用 HCl 溶液滴定 NaOH 溶液，用 $K_2Cr_2O_7$ 溶液滴定 Fe^{2+} 等。直接滴定法是最常用和最基本的滴定方式。如果反应不能完全符合上述滴定反应的条件时，可以采用下述几种方式进行滴定。

2. 返滴定法

通常是在待测试液中准确加入适当过量的标准溶液，待反应完全后，再用另一种标准溶液返滴剩余的第一种标准溶液，从而测定待测组分的含量，这种方式称为返滴定法。例如，Al^{3+} 与乙二胺四乙酸二钠盐（EDTA）溶液反应速率慢，不能直接滴定，常采用返滴定法，即在一定的 pH 条件下，于待测的 Al^{3+} 试液中加入过量的 EDTA 溶液，加热至 $50 \sim 60$ ℃，促使反应完全。溶液冷却后加入二甲酚橙指示剂，用标准锌溶液返滴剩余的 EDTA 溶液，从而计算试样中铝的含量。

3. 置换滴定法

此方法是先加入适当的试剂与待测组分定量反应，生成另一种可被滴定的物质，再用标准溶液滴定反应产物，然后由滴定剂消耗量、反应生成的物质与待测组分的关系计算出待测组分的含量，这种方法称为置换滴定法。例如，用 $K_2Cr_2O_7$ 标定 $Na_2S_2O_3$ 溶液的浓度时，是以一定量的 $K_2Cr_2O_7$ 在酸性溶液中与过量 KI 作用，析出相当量的 I_2，以淀粉为指示剂，用 $Na_2S_2O_3$ 溶液滴定析出的 I_2，进而求得 $Na_2S_2O_3$ 溶液的浓度。

4. 间接滴定法

某些待测组分不能直接与滴定剂反应，但可通过其他的化学反应间接测定其含量。例如，溶液中 Ca^{2+} 没有氧化还原的性质，但利用它与 $C_2O_4^{2-}$ 作用形成 CaC_2O_4 沉淀，过滤后，加入 H_2SO_4 使沉淀物溶解，用 $KMnO_4$ 标准溶液与 $C_2O_4^{2-}$ 作用，采用氧化还原滴定法可间接测定 Ca^{2+} 的含量。

返滴定法、置换滴定法、间接滴定法的应用，进一步拓展了滴定分析的应用范围。

微课扫一扫

基准物质和
标准溶液

五、基准物质和标准溶液（难度系数：★★★）

1. 基准物质

能用于直接配制或标定标准溶液的物质，称为基准物质。在实际应用中大多数标准溶液是先配制成近似浓度，然后用基准物质来标定其准确的浓度。

基准物质应符合下列要求：

① 物质必须具有足够的纯度，其纯度要求 ≥ 99.9%，通常用基准试剂或优级纯物质；

② 物质的组成（包括其结晶水含量）应与化学式相符合；

③ 试剂性质稳定；

④ 基准物质的摩尔质量应尽可能大，这样称量的相对误差就较小。

能够满足上述要求的物质称为基准物质。在滴定分析法中常用的基准物质有邻苯二甲酸氢钾（$KHC_8H_4O_4$）、$Na_2B_4O_7 \cdot 10H_2O$、无水 Na_2CO_3、$CaCO_3$、锌、铜、$K_2Cr_2O_7$、KIO_3、As_2O_3、NaCl 等，如表 3-6 所示。

表 3-6　常用基准物质的干燥条件及其应用

基准物质		干燥后的组成	干燥条件，温度 /℃	标定对象
名称	分子式			
碳酸氢钠	$NaHCO_3$	Na_2CO_3	$270 \sim 300$	酸
无水碳酸钠	Na_2CO_3	Na_2CO_3	$270 \sim 300$	酸
硼砂	$Na_2B_4O_7 \cdot 10H_2O$	$Na_2B_4O_7 \cdot 10H_2O$	放在装有 NaCl 和蔗糖饱和溶液的密闭器皿中	酸
二水合草酸	$H_2C_2O_4 \cdot 2H_2O$	$H_2C_2O_4 \cdot 2H_2O$	室温空气干燥	碱或 $KMnO_4$
邻苯二甲酸氢钾	$KHC_8H_4O_4$	$KHC_8H_4O_4$	$110 \sim 120$	碱

基准物质		干燥后的组成	干燥条件，温度 /℃	标定对象
名称	分子式			
重铬酸钾	$K_2Cr_2O_7$	$K_2Cr_2O_7$	$140 \sim 150$	还原剂
溴酸钾	$KBrO_3$	$KBrO_3$	130	还原剂
碘酸钾	KIO_3	KIO_3	130	还原剂
金属铜	Cu	Cu	室温干燥器中保存	还原剂
三氧化二砷	As_2O_3	As_2O_3	室温干燥器中保存	氧化剂
草酸钠	$Na_2C_2O_4$	$Na_2C_2O_4$	$105 \sim 110$	氧化剂
碳酸钙	$CaCO_3$	$CaCO_3$	110	EDTA
金属锌	Zn	Zn	室温干燥器中保存	EDTA
氧化锌	ZnO	ZnO	$900 \sim 1000$	EDTA
氯化钠	NaCl	NaCl	$500 \sim 600$	$AgNO_3$
氯化钾	KCl	KCl	$500 \sim 600$	$AgNO_3$
硝酸银	$AgNO_3$	$AgNO_3$	$220 \sim 250$	氯化物

2. 标准溶液

配制标准溶液的方法一般有两种，即直接法和间接法。

（1）直接法　准确称取一定量的基准物质，溶解后定量转移至容量瓶中，加蒸馏水稀释至一定刻度，充分摇匀。根据称取基准物的质量和容量瓶的容积，计算其准确浓度。

（2）间接法　对于不符合基准物质条件的试剂，不能直接配制成标准溶液，可采用间接法。即先配制近似于所需浓度的溶液，然后用基准物质或另一种标准溶液来标定它的准确浓度。例如，HCl 易挥发且纯度不高，只能粗略配制成近似浓度的溶液，然后以无水碳酸钠为基准物质，标定 HCl 溶液的准确浓度。

六、滴定分析中的计算（难度系数：★★★★）

滴定分析的
计算

1. 滴定度

滴定度是指 1 mL 滴定剂溶液相当于待测物质的质量（单位为 g），用 $T_{待测物/滴定剂}$ 表示。滴定度的单位为 $g \cdot mL^{-1}$。

在实际生产中，对大批试样进行某组分的例行分析，用 T 表示很方便，如滴定消耗体积为 V（mL）的标准溶液，则被测物质的质量为

$$m = TV$$

例如，氧化还原滴定分析中，用 $K_2Cr_2O_7$ 标准溶液测定 Fe 的含量时，$T_{Fe/K_2Cr_2O_7} = 0.003489 \ g \cdot mL^{-1}$，欲测定一试样中的铁含量，消耗滴定剂为 24.75 mL，则该试样中含铁的质量为

$$m = TV = 0.003489 \ g \cdot mL^{-1} \times 24.75 \ mL = 0.08635 \ g$$

有时滴定度也可用每毫升标准溶液中所含溶质的质量（单位为 g）来表示。例如 $T_{NaOH} = 0.0040 \ g \cdot mL^{-1}$，即每毫升 NaOH 标准溶液中含有 NaOH 0.0040 g。这种表示方法在配制专用标准溶液时广泛应用。

2. 滴定分析计算的依据

在滴定分析中,滴定剂 A 与被滴定组分 B 之间的反应是按化学计量关系进行的。

$$a\,A + b\,B = c\,C + d\,D$$

在确定基本单元后,可根据被滴定组分的物质的量 n_B 与滴定剂的物质的量 n_A 相等的原则进行计算。在实际分析中,基本单元多以反应的具体情况来确定。例如酸碱反应以结合一个 H^+ 或相当滴定一个 H^+ 为依据,氧化还原反应则以给出或接受一个电子的特定组合为依据。按上式:

$$n\left(\frac{1}{b}A\right) = n\left(\frac{1}{a}B\right)$$

例如,在酸性溶液中,用 $H_2C_2O_4$ 作为基准物质标定 $KMnO_4$ 溶液的浓度,其反应为:

$$2MnO_4^- + 5\,C_2O_4^{2-} + 16H^+ === 2Mn^{2+} + 10CO_2 + 8H_2O$$

选择 $1/5\ KMnO_4$ 为 $KMnO_4$ 的基本单元,$1/2H_2C_2O_4$ 为 $H_2C_2O_4$ 的基本单元,在化学计量点时:

$$n\left(\frac{1}{5}KMnO_4\right) = n\left(\frac{1}{2}H_2C_2O_4\right)$$

在置换滴定法和间接滴定法中,涉及两个以上的反应时,也是用待测物的物质的量与滴定剂的物质的量相等的关系计算。

3. 计算示例

(1)两种溶液间的计算   当滴定剂 A 与待测物 B 两种溶液反应到达化学计量点时,两者物质的量相等:

$$n_A = n_B$$

$$c_A V_A = c_B V_B$$

这个关系式也适用于溶液浓度的调整。

【例 3.1】$c(HCl)=0.1217\ mol\cdot L^{-1}$ 的 HCl 溶液 20.00 mL,恰与 21.03 mL NaOH 溶液反应达化学计量点,求 $c(NaOH)$。

解:反应为 $HCl + NaOH === NaCl + H_2O$

达计量点时 $c(HCl)V(HCl)=c(NaOH)V(NaOH)$

$$0.1217\times20.00=21.03\times c(NaOH)$$

$$c(NaOH)=0.1158\ mol\cdot L^{-1}$$

(2)溶液与被滴定物质量之间的计算   当被滴定物质 B 按质量 m_B,与溶液 A 反应的关系式为:

$$\frac{m_B}{M_B} = c_A \times \frac{V_A}{1000}$$

式中,m_B 单位为 g,M_B 单位为 $g\cdot mol^{-1}$,c_A 单位为 $mol\cdot L^{-1}$,V_A 单位为 mL。

利用此公式可进行滴定剂的浓度或待测组分质量的计算。若用于配制标准滴定溶液,则

$$\frac{m_A}{M_A} = c_A \times \frac{V_A}{1000}$$

【例 3.2】称取硼砂 $Na_2B_4O_7 \cdot 10H_2O$ 0.4853 g，用以标定 HCl 溶液，反应达化学计量点时，消耗 HCl 溶液 24.75 mL，求 $c(HCl)$。

解：滴定反应为：

$$Na_2B_4O_7 + 2HCl + 5\ H_2O =\!\!= 2NaCl + 4H_3BO_3$$

硼砂基本单元为 $1/2Na_2B_4O_7 \cdot 10H_2O$。

$$M\left(\frac{1}{2}Na_2B_4O_7 \cdot H_2O\right) = 190.7\ g \cdot mol^{-1}$$

$$24.75 \times c(HCl) = \frac{0.4853}{190.7} \times 1000$$

$$c(HCl) = 0.1028\ mol \cdot L^{-1}$$

（3）待测组分含量的计算　设 G 为试样的质量（g），与试样中待测组分 B 反应的滴定剂体积为 V_A、浓度为 c_A，则待测组分 B 的质量 m_B 为：

$$m_B = c_A \times \frac{V_A}{1000} \times M_B$$

待测组分 B 的含量则为：

$$\omega_B = \frac{c_A \times \dfrac{V_A}{1000} \times M_B}{G}$$

【例 3.3】硫酸试样 1.525 g，于 250 mL 容量瓶中稀释至刻度，摇匀。移取 25.00 mL，用 $c(NaOH)$ 为 0.1044 $mol \cdot L^{-1}$ 的 NaOH 标准滴定溶液滴定，消耗 25.43 mL 达计量点。求试样中 H_2SO_4 的含量。

解　$M\left(\dfrac{1}{2}H_2SO_4\right) = 49.04\ g \cdot mol^{-1}$

被滴定的试样量为

$$G = 1.525 \times \frac{25}{250}$$

H_2SO_4 的含量为：

$$\omega(H_2SO_4) = \frac{0.1044 \times 25.43 \times \dfrac{49.04}{1000}}{1.525 \times \dfrac{25}{250}} \times 100\% = 85.4\%$$

（4）滴定度与物质的量浓度间的换算　滴定度是指 1 mL 标准溶液 A 相当于待测组分 B 的质量。

由式 $\dfrac{m_B}{M_B} \times 1000 = c_A V_A$，当 $V_A = 1$ mL 时，

$$m_A = c_A M_B \times 10^{-3}$$

$$即\ T_{B/A} = c_A M_B \times 10^{-3}$$

$$c_A = \frac{T_{B/A} \times 10^3}{M_B}$$

【例 3.4】计算 $c(\text{HCl})=0.1000 \text{ mol} \cdot \text{L}^{-1}$ 的 HCl 溶液对 Na_2CO_3 的滴定度。已知其反应为

$$2\text{HCl} + \text{Na}_2\text{CO}_3 \Longrightarrow 2\text{NaCl} + \text{CO}_2 + \text{H}_2\text{O}$$

解：根据反应可得：

$$M\left(\frac{1}{2}\text{Na}_2\text{CO}_3\right) = 53.00 \text{ g} \cdot \text{mol}^{-1}$$

$$T_{\text{Na}_2\text{CO}_3/\text{HCl}} = 0.1000 \times 53.00 \times 10^{-3} = 0.005300 \text{ g} \cdot \text{mL}^{-1}$$

【思考与练习】

滴定分析法的
历史起源

滴定分析的
误差

一、选择题

1. 在滴定分析中，一般用指示剂的突变来判断化学计量点的到达，在指示剂变色时停止滴定，这一点称为（　　）。

A. 化学计量点　　　　B. 滴定终点　　　　C. 滴定误差　　　　D. 滴定分析

2. 下列基本单元判断错误的是（　　）。

A. HCl 的基本单元：HCl　　　　　　　　　B. NaOH 的基本单元：NaOH

C. H_2SO_4 的基本单元为：$\frac{1}{2}\text{H}_2\text{SO}_4$　　　　　　D. Na_2CO_3 的基本单元：Na_2CO_3

3. 下列物质能用直接法配制标准溶液的是（　　）。

A. $\text{K}_2\text{Cr}_2\text{O}_7$　　　　　B. H_2SO_4　　　　　C. NaOH　　　　　D. HCl

4. 0.01 $\text{mol} \cdot \text{L}^{-1}$ HCl 溶液的 pH 等于（　　）。

A. 2.0　　　　　B. 12.0　　　　　C. 1.0　　　　　D. 7.0

5. 滴定分析要求相对误差为 $\pm 0.1\%$，若称取试样的绝对误差为 0.0001 g，则一般至少称样（　　）g。

A. 0.1000　　　　　B. 0.2000　　　　　C. 0.3000　　　　　D. 0.4000

二、判断题

1. 终点也就是化学计量点。（　　　）

2. 物质的量就是物质的质量。（　　　）

3. 重量分析法不属于容量分析的范畴。（　　　）

4. 用基准试剂直接配制的标准滴定溶液，无须标定；但可用它标定其他溶液的浓度。（　　　）

5. 分析纯的 NaOH 固体可用于直接配制标准溶液。（　　　）

三、计算题

1. 欲配制 1 $\text{mol} \cdot \text{L}^{-1}$ NaOH 溶液 500 mL，应称取多少克固体 NaOH？

2. 4.18 g Na_2CO_3 溶于 75.0 mL 水中，Na_2CO_3 物质的量浓度为多少？

3. 称取基准物 Na_2CO_3 0.1580 g，标定 HCl 溶液的浓度，消耗 HCl 24.80 mL，此 HCl 溶液的浓度为多少？

4. 称取 0.3280 g $\text{H}_2\text{C}_2\text{O}_4 \cdot 2\text{H}_2\text{O}$ 标定 NaOH 溶液，消耗 NaOH 25.78 mL，c_{NaOH} 为多少？

5. 称取铁矿石试样 $m_s = 0.3669$ g，用 HCl 溶液溶解后，经预处理使铁呈 Fe^{2+} 状态，用 $\text{K}_2\text{Cr}_2\text{O}_7$ 标准溶液标定，消耗 $\text{K}_2\text{Cr}_2\text{O}_7$ 体积为 28.62 mL，以 Fe、Fe_2O_3 和 Fe_3O_4 表示的质量分数各为多少？

模块四
酸碱滴定法

模块说明

　　酸碱滴定法是以酸碱反应为基础的滴定分析方法。酸碱滴定法可用来测定酸、碱及能够与酸、碱起作用的物质，间接的酸碱滴定法可以测定一些既非酸又非碱的物质。在国家标准和有关部门颁布的标准中，许多试样如水样、化学试剂、化工产品、食品添加剂、石油产品等，凡涉及酸度、碱度项目的，多数都采用简便易行的酸碱滴定法。通过本模块的学习，了解并掌握酸碱滴定法的相关理论及其应用。

育心笃行：

　　职业技能竞赛为广大技能人才提供了展示精湛技能、相互切磋技艺的平台，对壮大技术工人队伍、推动经济社会发展具有积极作用。

——习近平致首届全国职业技能大赛的贺信

学习目标

知识目标：

1. 理解酸碱质子理论，根据酸碱质子理论判断酸、碱及两性物质；
2. 理解酸碱指示剂的作用原理；
3. 理解缓冲溶液的构成及其作用原理；
4. 理解酸碱滴定曲线特征，明确准确滴定一元酸碱和分步滴定多元酸碱的条件；
5. 掌握酸碱滴定法的基本原理。

能力目标：

1. 学会常见酸、碱溶液 pH 的计算方法；
2. 学会常见酸、碱标准溶液的配制和标定；
3. 会正确选择指示剂，掌握临近终点的滴定操作并能准确判断终点；
4. 能正确处理数据；
5. 能把酸碱滴定法应用到实际生产过程中。

素质目标：

1. 养成良好的实验室工作习惯；
2. 培养求真务实、科学严谨的工作态度；
3. 提高真发现问题、发现真问题、真解决问题的能力；

4. 建立理论指导实践、实践推动理论发展的科学素养;

5. 树立节约环保意识,提升职业素养。

NaOH 标准溶液的标定是 2023 年全国职业院校技能大赛化学实验技术赛项的竞赛内容。

项目一   认识酸碱滴定法

【案例导入】

人们对于酸、碱的认识是从它们所表现的性质开始的。在我们身边的中国文化元素中,山西老陈醋的名号传播在大街小巷。其实早在公元前,人们就知道了醋的存在,并知道醋是有酸味的。但在当时,人们除了知道它们具有酸味外,并不了解它们更多的性质。你知道什么是酸碱质子理论吗?如何判断共轭酸碱对呢?结构决定性质,下面我们从微观的角度进行分析。

【知识探究】

微课扫一扫

酸碱质子理论

一、酸碱质子理论(难度系数:★★★)

1. 酸碱定义及其共轭关系

1923 年,布朗斯特在酸碱电离理论的基础上,提出了酸碱质子理论。酸碱质子理论认为:凡是能给出质子(H^+)的物质是酸;凡是能接受质子(H^+)的物质是碱。当某种酸 HA 失去质子后形成酸根离子 A^-,它对质子具有一定的亲和力,故 A^- 是碱。由于一个质子的转移,HA 与 A^- 形成一对能互相转化的酸碱,这种关系用下式表示:

$$HA \rightleftharpoons H^+ + A^-$$

$$酸 \qquad 质子 \qquad 碱$$

例如:

$$HCl \rightleftharpoons H^+ + Cl^-$$
$$H_2O + H^+ \rightleftharpoons H_3O^+$$
$$HAc \rightleftharpoons H^+ + Ac^-$$
$$NH_3 + H^+ \rightleftharpoons NH_4^+$$
$$NH_4^+ \rightleftharpoons H^+ + NH_3$$
$$HCO_3^- + H^+ \rightleftharpoons H_2CO_3$$
$$HCO_3^- \rightleftharpoons H^+ + CO_3^{2-}$$
$$HPO_4^{2-} + H^+ \rightleftharpoons H_2PO_4^-$$

可见,对质子酸碱来说,酸内含碱,碱可变酸,所以质子酸碱是相互依存的,又是可以互相转化的。它们之间这种"酸中有碱,碱能变酸"的关系被称为质子酸碱的共轭关系。在上述左侧反应式中,左边的酸是右边碱的共轭酸,而右边的碱则是左边酸的共轭碱;相应的一对酸碱,称为共轭酸碱对。

2. 酸碱反应实质

酸碱质子理论认为,酸碱反应的实质是两个共轭酸碱对之间的质子传递的反应。在水溶液中酸碱的解离是质子转移反应,如 HCl 在水溶液中的解离,HCl 给出质子(H^+)后,生成

其共轭碱 Cl^-；而 H_2O 接受 H^+ 生成其共轭酸 H_3O^+。该反应是由两个酸碱半反应组成的，每一个酸碱半反应中就有一对共轭酸碱对，如下所示

$$HCl \rightleftharpoons H^+ + Cl^-$$
$$\text{酸 1} \qquad\qquad \text{碱 1}$$

$$H^+ + H_2O \rightleftharpoons H_3O^+$$
$$\text{碱 2} \qquad\qquad \text{酸 2}$$

$$HCl + H_2O \rightleftharpoons H_3O^+ + Cl^-$$
$$\text{酸 1 　碱 2} \qquad \text{酸 2 　碱 1}$$

同样，NH_3 在水溶液中的解离反应是由下列两个酸碱半反应组成的

$$H_2O \rightleftharpoons OH^- + H^+$$

$$NH_3 + H^+ \rightleftharpoons NH_4^+$$

在这里，H_2O 给出质子而产生 OH^-，H_2O 是酸，H_2O 与 OH^- 是一对共轭酸碱；而 NH_3 接受了 H_2O 给出的质子，NH_3 是碱，NH_4^+ 与 NH_3 是另一对共轭酸碱。在水溶液中，NH_3 与 H_2O 之间发生的质子转移反应可表示为

$$H_2O + NH_3 \rightleftharpoons OH^- + NH_4^+$$

由上可见，在酸的解离反应中，H_2O 是质子的受体，H_2O 是碱；在碱与水的反应中，H_2O 是质子的给体，H_2O 又是酸。水是两性物质。

$$H_2O + H_2O \rightleftharpoons OH^- + H_3O^+$$
$$\text{酸 1 　碱 2} \qquad \text{碱 1 　酸 2}$$

按照酸碱质子理论，酸碱反应也可以在非水溶剂、无溶剂等条件下进行。由此可见，质子理论不仅扩大了酸碱的范围，而且还扩大了酸碱反应的范围。

酸碱的强弱取决于酸碱本身给出质子或接受质子能力的强弱。物质给出质子的能力越强，其酸性就越强；反之就越弱。同样地，物质接受质子的能力越强，其碱性就越强；反之越弱。

二、酸碱平衡（难度系数：★★★★★）

1. 酸的浓度和酸度

微课扫一扫
酸碱平衡

酸的浓度是指某种酸的物质的量浓度 c，酸度是指溶液中 H^+ 的浓度，以 $[H^+]$ 表示。

强酸和强碱，在水溶液中完全电离为对应的阳离子和阴离子。因此，由强酸或强碱溶液的浓度 c 即可直接得出 $[H^+]$ 或 $[OH^-]$。

对于弱酸和弱碱，其浓度 c 是溶液中已解离酸和未解离酸两部分浓度之和。例如，弱酸 HAc 溶液的浓度为 c，在溶液中解离达平衡时：

$$HAc \rightleftharpoons H^+ + Ac^-$$

平衡浓度：$[HAc]$、$[H^+]$、$[Ac^-]$。

溶液的浓度（分析浓度）：c

$$c = [HAc] + [H^+] = [HAc] + [Ac^-]$$

HAc 溶液的酸度则为 HAc 解离平衡时的 [H$^+$]。

当溶液的酸度数值较小时，常用 pH 表示；碱度则用 pOH 表示。

2. 共轭酸碱对的解离常数间的关系

共轭酸碱对中酸在水溶液中的解离常数为 $K_a^\ominus$，它的共轭碱的解离常数为 $K_b^\ominus$（常见弱酸、弱碱的解离常数见附录一）。共轭酸碱对中的共轭酸 $K_a^\ominus$ 和共轭碱 $K_b^\ominus$ 之间的关系可从下面的公式推导得出。

$$HA + H_2O \rightleftharpoons H_3O^+ + A^- \qquad K_a^\ominus(HA) = \frac{[H_3O^+][A^-]}{[HA]}$$

$$H_2O + A^- \rightleftharpoons HA + OH^- \qquad K_b^\ominus(A^-) = \frac{[HA][OH^-]}{[A^-]}$$

$$K_a^\ominus(HA)K_b^\ominus(A^-) = \frac{[H_3O^+][A^-]}{[HA]} \times \frac{[HA][OH^-]}{[A^-]} = K_w^\ominus$$

$$K_w^\ominus = K_a^\ominus K_b^\ominus$$

在共轭酸碱对中，如果酸愈易给出质子，酸性愈强，则其共轭碱的碱性就愈弱。例如，$HClO_4$、HCl 都是强酸，它们的共轭碱 ClO_4^-、Cl^- 都是极弱的碱。反之，给出质子的能力愈弱，酸性愈弱，则其共轭碱的碱性就愈强。例如 NH_4^+、HS^- 等是弱酸，其共轭碱 NH_3 是较强的碱，S^{2-} 则是强碱。

实际工作中，也常用解离度表示弱酸和弱碱的解离能力。解离度是解离达平衡时弱电解质的解离百分数，常以 α 表示。若以 c_0 表示弱酸或弱碱的原始浓度，c 表示已解离的弱酸或弱碱的浓度，则

$$\alpha = \frac{c}{c_0} \times 100\%$$

α 和 $K^\ominus$ 都能表示弱酸（或弱碱）解离能力的大小。$K^\ominus$ 是平衡常数的一种形式，只与温度有关，不随浓度而变化；解离度是转化率的一种形式，其大小除与弱酸的本身性质有关外，还与溶液的浓度、温度等因素有关。

在温度、浓度相同的条件下，解离度大的酸为较强的酸，解离度小的酸为较弱的酸。

解离常数和解离度之间是相互联系的。以弱酸 HA 的解离平衡为例

$$HA + H_2O \rightleftharpoons H_3O^+ + A^-$$

开始浓度 /（mol·L^{-1}） $\qquad\qquad c \qquad\qquad 0 \qquad 0$

平衡浓度 /（mol·L^{-1}） $\qquad c(1-\alpha) \qquad c\alpha \quad c\alpha$

$$K_a^\ominus(HA) = \frac{[H_3O^+][A^-]}{[HA]} = \frac{(c\alpha)^2}{c(1-\alpha)}$$

当 $c/K_a^\ominus(HA) \geqslant 500$ 时，$\alpha < 10^{-2}$，$1-\alpha \approx 1$，则

$$K_a^\ominus(HA) \approx c\alpha^2, \; \alpha = \sqrt{\frac{K_a^\ominus(HA)}{c}}$$

上式表示了弱酸溶液的浓度、解离度和解离常数间的关系，叫作稀释定律。它表明，在一定温度下，解离常数 $K^\ominus$ 保持不变，溶液被稀释时解离度 α 值将增大。

三、酸碱溶液 pH 的计算（难度系数：★★★★）

微课扫一扫

溶液的 pH 值

1. 一元弱酸（碱）溶液 pH 的计算

实际上，在弱酸溶液中，同时存在着弱酸和水的两种解离平衡。如在 HAc 水溶液中有下列两个解离平衡

$$H_2O + H_2O \Longrightarrow H_3O^+ + OH^-$$

$$HAc + H_2O \Longrightarrow H_3O^+ + Ac^-$$

二者之间相互联系，相互影响，它们都能解离生成 H_3O^+。由于 HAc 是比 H_2O 强的酸，在通常情况下，HAc 浓度并不很稀时，如 $c(HAc) > 1.0 \times 10^{-5}$ mol·L^{-1}，H_3O^+ 主要是由 HAc 解离而产生的，水解离产生的 H_3O^+ 浓度小于 10^{-7} mol·L^{-1}，HAc 解离产生的 $[H_3O^+] \geqslant 10^{-7}$ mol·L^{-1}。这样，计算 HAc 溶液中 $[H_3O^+]$ 时，就可以不考虑水的解离平衡。

【例 4.1】计算 25 ℃时，0.10 mol·L^{-1} HAc 溶液的 pH 及 HAc 的解离度。[已知 $K_a^\ominus(HAc) = 1.75 \times 10^{-5}$。]

解：设已解离的 HAc 浓度为 x mol·L^{-1}

$$HAc + H_2O \Longrightarrow H_3O^+ + Ac^-$$

起始浓度 / (mol·L^{-1})	0.10	0	0
平衡浓度 / (mol·L^{-1})	0.10−x	x	x

$$K_a^\ominus(HAc) = \frac{[H_3O^+][A^-]}{[HAc]}$$

$$K_a^\ominus(HAc) = \frac{x^2}{0.10 - x}$$

求解一元二次方程较麻烦，一般认为，当 $c/K_a^\ominus \geqslant 500$ 时，$c \geqslant x$。此处 0.10−$x \approx 0.10$

$$x = \sqrt{0.10 K_a^\ominus}$$

$$x = 1.3 \times 10^{-3} \text{ mol·}L^{-1}$$

即 $[H_3O^+] = 1.3 \times 10^{-3}$

$$pH = -\lg[H_3O^+] = -\lg(1.3 \times 10^{-3}) = 2.89$$

$$\alpha(HAc) = \frac{1.3 \times 10^{-3}}{0.10} \times 100\%$$

对于一元弱酸，其溶液的 H^+ 浓度计算公式为

$$c(H^+) = \sqrt{cK_a^\ominus}$$

对于一元弱碱，则有

$$c(OH^-) = \sqrt{cK_b^\ominus}$$

2. 酸碱两性物质溶液 pH 的计算

两性物质 $NaHCO_3$、K_2HPO_4、NaH_2PO_4 及邻苯二甲酸氢钾等在水溶液中，既可给出质子显出酸性，又可接受质子显出碱性。以 NaHA 为例，溶液中的质子解离平衡有

$$HA^- \Longrightarrow H^+ + A^{2-}$$
$$HA^- + H_2O \Longrightarrow H_2A + OH^-$$
$$H_2O \Longrightarrow H^+ + OH^-$$

依多重平衡规则和一些假定（推导过程略去），[H⁺] 的近似计算式为

$$[H^+] = \sqrt{K_{a1}^{\ominus} K_{a2}^{\ominus}}$$

两性物质溶液的酸碱性由其共轭酸碱的 $K_a^{\ominus}$ 和 $K_b^{\ominus}$ 的相对大小决定。例如

NH₄F：由于 $K_a^{\ominus}(HF) > K_b^{\ominus}(NH_3 \cdot H_2O)$，所以 NH₄F 溶液显酸性。

NH₄Ac：由于 $K_a^{\ominus}(HAc) \approx K_b^{\ominus}(NH_3 \cdot H_2O)$，所以 NH₄Ac 溶液基本显中性。

NH₄CN：由于 $K_a^{\ominus}(HCN) < K_b^{\ominus}(NH_3 \cdot H_2O)$，所以 NH₄CN 溶液显碱性。

四、缓冲溶液（难度系数：★★）

微课扫一扫
缓冲溶液

1. 缓冲溶液及缓冲作用原理

能够抵抗外加少量强酸、强碱或稍加稀释，其自身 pH 不发生显著变化的性质，称为缓冲作用。具有缓冲作用的溶液称为缓冲溶液。

分析化学中要用到很多种缓冲溶液，大多数是作为控制溶液酸（碱）度用的，有些则是测量其他溶液 pH 时作为参照标准用的，称为标准缓冲溶液。

缓冲溶液通常由浓度较大的弱酸与其共轭碱（或浓度较大的弱碱与其共轭酸）组成。例如 HAc-NaAc、NH₄Cl-NH₃ 等。现以 HAc-NaAc 组成的缓冲溶液为例，说明缓冲作用的原理。此缓冲溶液的特点是：体系中同时含有大量的 HAc 和 Ac⁻，并存在着 HAc 的解离平衡。

外加入少量碱（OH⁻），平衡向右移动

$$HAc(aq) \Longrightarrow H^+(aq) + Ac^-(aq)$$

外加入少量酸（H⁺），平衡向左移动

根据平衡移动原理，当外加适量酸时，溶液中的 Ac⁻ 可与外加的 H⁺ 结合生成 HAc（故 Ac⁻ 被称为抗酸成分）；当外加适量碱时，溶液中未解离的 HAc 就继续解离以补充 H⁺ 的消耗（故 HAc 被称为抗碱成分），从而维持体系的 pH 近似不变。

2. 缓冲溶液 pH 的计算

必须指出的是，缓冲溶液的缓冲作用是有一定限度的。只有当加入的强酸或强碱的量与缓冲溶液中的共轭碱或共轭酸的量相对较小的情况下，溶液才会有缓冲作用。否则，缓冲作用将会受到破坏，甚至失去缓冲作用。

由上述讨论可知，缓冲溶液是一个具有同离子效应的体系。给定的弱酸及其共轭碱所配制的缓冲溶液的 pH 有一定的范围，弱酸存在解离平衡，此时

$$[H^+] = \frac{K_a^{\ominus} c_{\text{酸}}}{c_{\text{共轭碱}}}$$

将其取负对数得：

$$pH = pK_a^{\ominus} - \lg \frac{c_{\text{酸}}}{c_{\text{共轭碱}}}$$

这就是计算缓冲溶液 pH 的最简式，也是常用公式。实际上，这种计算就是同离子效应的平衡组分的计算。

同理，对碱性缓冲溶液有如下计算式

$$pOH = pK_b^{\ominus} - \lg\frac{c_{\text{碱}}}{c_{\text{共轭酸}}}$$

$$pH = 14 - pK_b^{\ominus} + \lg\frac{c_{\text{碱}}}{c_{\text{共轭酸}}}$$

缓冲溶液的 pH 与组成缓冲溶液的弱酸或弱碱的解离常数（$pK_a^{\ominus}$ 或 $pK_b^{\ominus}$）有关，也与弱酸及其共轭碱或弱碱及其共轭酸的浓度比（$\frac{c_{\text{酸}}}{c_{\text{共轭碱}}}$ 或 $\frac{c_{\text{碱}}}{c_{\text{共轭酸}}}$）有关。由于浓度比的对数值相对于 $pK_a^{\ominus}$ 或 $pK_b^{\ominus}$ 来说是一个较小数值，所以缓冲溶液的 pH 主要由 $pK_a^{\ominus}$ 或 $pK_b^{\ominus}$ 决定。

对于同一种缓冲溶液，$pK_a^{\ominus}$ 或 $pK_b^{\ominus}$ 为常数，溶液的 pH 则随溶液的浓度比而改变。因此适当地改变浓度比值，就可以在一定范围内配制不同 pH 的缓冲溶液。

3. 缓冲容量和缓冲范围

缓冲溶液的缓冲作用是有一定限度的。当加入强酸的量接近缓冲体系中弱酸盐的量，或加入强碱的量接近体系中弱碱盐的量时，缓冲溶液的缓冲能力将消失。换句话说，只有在加入有限量的酸或碱时，溶液的 pH 才能基本保持不变。所以，每一种缓冲溶液只具有一定的缓冲能力。

缓冲容量是衡量缓冲溶液缓冲能力大小的尺度，一般以每升缓冲溶液中加入一个单位量的强酸或强碱所引起溶液的 pH 变化（ΔpH）来表示。ΔpH 越小，缓冲容量越大。也有用使 1 L 缓冲溶液的 pH 改变一个单位所需加入强酸或强碱的量来表示。所需酸或碱的量越多，缓冲容量越大。

缓冲容量的大小与缓冲溶液组分的总浓度有关，其浓度越大，缓冲容量就越大。此外，也与缓冲溶液中各组分的浓度比有关，其比值越接近 1，缓冲容量越大。当比值等于 1 时，缓冲能力最大，故在选用缓冲溶液时应注意其缓冲范围。

缓冲溶液的缓冲作用都有一定的范围，缓冲溶液所能控制的 pH 范围称为该缓冲溶液的有效作用范围，简称缓冲范围。在实际应用中，常采用弱酸及其共轭碱的浓度比为 $c_a:c_b=10:1$ 和 $c_a:c_b=1:10$ 作为缓冲溶液 pH 的缓冲范围。由计算可知：

当 $c_a:c_b=10:1$ 时，pH=$pK_a^{\ominus}-1$

当 $c_a:c_b=1:10$ 时，pH=$pK_a^{\ominus}+1$

因而缓冲溶液 pH 的缓冲范围为 pH=$pK_a^{\ominus}\pm1$。例如 HAc-NaAc 缓冲范围为 pH=4.74±1，即 pH=3.74 ～ 5.74 为 HAc-NaAc 溶液的缓冲范围。

常用缓冲溶液种类很多，要根据实际情况，选用不同的缓冲溶液。注意所选用的缓冲溶液应对分析过程没有干扰；所需控制的 pH 应在缓冲溶液的缓冲范围之内，即选择缓冲体系的酸（碱）的 $pK_a^{\ominus}$（$pK_b^{\ominus}$）应等于或接近所要求控制的 pH；缓冲组分的浓度要大一些（一般在 0.01 ～ 1 mol·L^{-1} 之间），以保证足够的缓冲容量；组分浓度比接近 1 较为合适。

4. 缓冲溶液的应用

（1）血液中的缓冲溶液　血液中存在缓冲体系，其中碳酸氢盐缓冲体系在血液中浓度最高。当人体内各组织和细胞在代谢中产生的酸进入血液时，缓冲体系中的共轭碱 HCO_3^- 就会与酸反应起抗酸作用；如果代谢产生的碱进入血液，则 H_2CO_3 起到抗碱作用。

（2）缓冲溶液在医学检测中的应用　在进行许多医学检测时，需要使溶液的 pH 保持在一定范围内，才能使检测正常进行。如进行血清丙氨酸氨基转移酶（ALT）的测定，要用到磷酸盐缓冲体系；血清酸性磷酸酶（ACP）的测定，要用到醋酸缓冲体系；蛋白电泳要用到巴比妥缓冲体系等。

（3）缓冲溶液在药物制备中的应用　维生素 C 的水溶液若直接用于局部注射会产生难受的刺痛，常加入 $NaHCO_3$-H_2CO_3 缓冲溶液调节 pH，以减轻注射的刺痛，并能增加其稳定性；在配制抗生素的注射液时，常加入维生素 C 和甘氨酸钠作为缓冲溶液以减少对机体的刺激，并有利于药物的吸收。

（4）缓冲溶液在印染中的应用　大部分染料对染浴的 pH 很敏感，染浴的 pH 控制不当，便会出现色浅、色差、色花等印染瑕疵。为了使染液的 pH 具有良好的稳定性，染浴中必须配制相应的缓冲溶液。

【思考与练习】

一、选择题

1. $H_2PO_4^-$ 的共轭碱是（　　）。

A. H_3PO_4　　　　　　　B. HPO_4^{2-}

C. $H_2PO_4^-$　　　　　　D. PO_4^{3-}

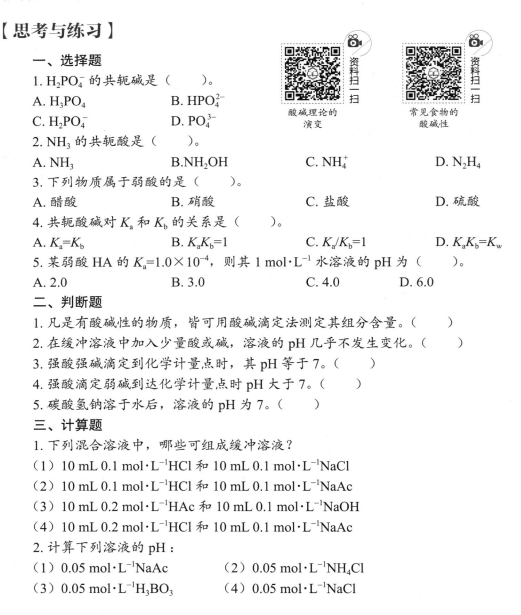

资料扫一扫　酸碱理论的演变

资料扫一扫　常见食物的酸碱性

2. NH_3 的共轭酸是（　　）。

A. NH_3　　　　B. NH_2OH　　　　C. NH_4^+　　　　D. N_2H_4

3. 下列物质属于弱酸的是（　　）。

A. 醋酸　　　　B. 硝酸　　　　C. 盐酸　　　　D. 硫酸

4. 共轭酸碱对 K_a 和 K_b 的关系是（　　）。

A. $K_a=K_b$　　　　B. $K_aK_b=1$　　　　C. $K_a/K_b=1$　　　　D. $K_aK_b=K_w$

5. 某弱酸 HA 的 $K_a=1.0\times10^{-4}$，则其 1 mol·L^{-1} 水溶液的 pH 为（　　）。

A. 2.0　　　　B. 3.0　　　　C. 4.0　　　　D. 6.0

二、判断题

1. 凡是有酸碱性的物质，皆可用酸碱滴定法测定其组分含量。（　　）

2. 在缓冲溶液中加入少量酸或碱，溶液的 pH 几乎不发生变化。（　　）

3. 强酸强碱滴定到化学计量点时，其 pH 等于 7。（　　）

4. 强酸滴定弱碱到达化学计量点时 pH 大于 7。（　　）

5. 碳酸氢钠溶于水后，溶液的 pH 为 7。（　　）

三、计算题

1. 下列混合溶液中，哪些可组成缓冲溶液？

（1）10 mL 0.1 mol·L^{-1}HCl 和 10 mL 0.1 mol·L^{-1}NaCl

（2）10 mL 0.1 mol·L^{-1}HCl 和 10 mL 0.1 mol·L^{-1}NaAc

（3）10 mL 0.2 mol·L^{-1}HAc 和 10 mL 0.1 mol·L^{-1}NaOH

（4）10 mL 0.2 mol·L^{-1}HCl 和 10 mL 0.1 mol·L^{-1}NaAc

2. 计算下列溶液的 pH：

（1）0.05 mol·L^{-1}NaAc　　　　（2）0.05 mol·L^{-1}NH$_4$Cl

（3）0.05 mol·L^{-1}H$_3$BO$_3$　　　　（4）0.05 mol·L^{-1}NaCl

（5）0.05 mol·L⁻¹NaHCO₃

3. 欲配制 500 mL pH 为 5.00，且 Ac⁻ 浓度为 1.00 mol·L⁻¹ 的 HAc-NaAc 缓冲溶液，需密度为 1.05 g·L⁻¹ 含 HAc 98.5% 的乙酸多少毫升？固体 NaAc 多少克？

4. 若配制 pH=10.0 的缓冲溶液 1.0 L，用去 15 mol·L⁻¹ 氨水 350 mL，需要 NH₄Cl 多少克？

5. 欲配制 1 mol·L⁻¹NaOH 溶液 500 mL，应称取多少克固体 NaOH？

项目二　常见标准溶液的配制与标定

【案例导入】

石灰石是生产玻璃的原料，某研究学习小组为了测定当地矿山石灰石中碳酸钙的含量，取来了矿石样品，并采用盐酸标准溶液进行实验。你知道盐酸和氢氧化钠标准溶液是如何配制和标定的吗？

【知识探究】

一、酸碱指示剂（难度系数：★★★）

微课扫一扫
酸碱指示剂

动画扫一扫
酸碱指示剂的选择

1. 指示剂的作用原理

酸碱滴定一般是借助酸碱指示剂的颜色变化来指示反应的化学计量点。酸碱指示剂大多是结构复杂的有机弱酸或弱碱，其酸式和碱式结构不同，颜色也不同。当溶液的 pH 改变时，指示剂失去质子由酸式结构变为碱式结构，或得到质子由碱式结构变为酸式结构，它们的酸式及碱式具有不同的颜色。因此，结构上的变化将引起溶液的颜色发生变化。例如，酚酞是一种有机弱酸，在溶液中有如下平衡：

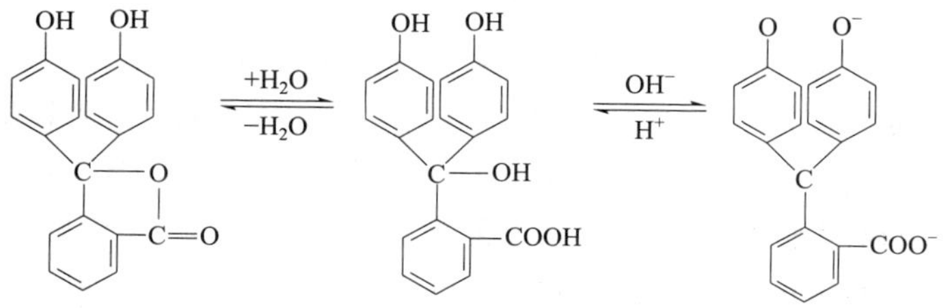

无色(酸型内酯式)　　　无色(酸型)　　　红色(碱型醌式)

酚酞在酸性溶液中无色，在碱性溶液中平衡向右移动，溶液由无色变为红色；反之，溶液则由红色变为无色。酚酞的醌式结构在浓碱溶液中会转变为无色的羧酸盐结构。

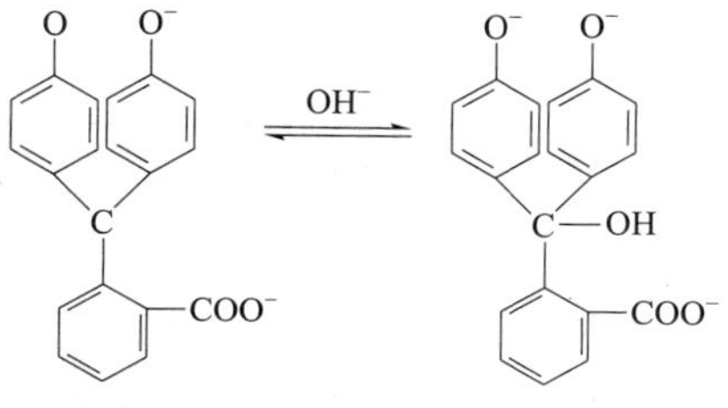

红色　　　　　　　无色

酚酞指示剂在 pH=8.0～10.0 时，由无色逐渐变为红色。常见指示剂颜色变化的 pH 区间称为"变色范围"。

甲基橙是一种有机弱碱，在水溶液中有如下解离平衡：

$$(CH_3)_2N-\!\!\!\!\fbox{}\!\!\!\!-N\!\!=\!\!N-\!\!\!\!\fbox{}\!\!\!\!-SO_3^- \underset{OH^-}{\overset{H^+}{\rightleftharpoons}} (CH_3)_2\overset{+}{N}\!\!=\!\!\fbox{}\!\!=\!\!N-\overset{H}{N}-\!\!\!\!\fbox{}\!\!\!\!-SO_3^-$$

黄色(碱型偶氮式)　　　　　　　　　　　　　红色(酸型醌式)

由平衡关系可见，当溶液中 H^+ 浓度增大时，反应向右移动，甲基橙主要以醌式存在，呈现红色；当溶液中 OH^- 浓度增大时，则平衡向左移动，以偶氮式存在，呈现黄色。当溶液的 pH < 3.1 时甲基橙为红色，pH > 4.4 则为黄色。因此 pH=3.1～4.4 为甲基橙的变色范围。

2. 指示剂的变色范围

为了进一步说明指示剂颜色变化与酸度的关系，现以 HIn 表示指示剂酸式结构，以 In^- 代表指示剂碱式结构，在溶液中指示剂的解离平衡用下式表示：

$$HIn \rightleftharpoons H^+ + In^-$$

$$K_{HIn} = \frac{[H^+][In^-]}{[HIn]}$$

或

$$\frac{K_{HIn}}{[H^+]} = \frac{[In^-]}{[HIn]}$$

当 $[H^+]=K_{HIn}$，式中 $\frac{[In^-]}{[HIn]}=1$，两者浓度相等，溶液表现出酸式色和碱式色的中间颜色，此时 pH=pK_{HIn}，称为指示剂的理论变色点。

一般来说，如果 $\frac{[In^-]}{[HIn]}>\frac{10}{1}$，观察到的是 In^- 的颜色；当 $\frac{[In^-]}{[HIn]}=\frac{10}{1}$ 时，可在 In^- 颜色中勉强看出 HIn 的颜色，此时 pH=pK_{HIn}+1；当 $\frac{[In^-]}{[HIn]}<\frac{1}{10}$ 时，观察到的是 HIn 的颜色；当 $\frac{[In^-]}{[HIn]}=\frac{1}{10}$ 时，可在 HIn 颜色中勉强看出 In^- 的颜色，此时 pH=pK_{HIn}-1。

由上述讨论可知，指示剂的理论变色范围为 pH=$pK_{HIn}\pm1$，为 2 个 pH 单位。但实际观察到的大多数指示剂的变化范围小于 2 个 pH 单位，且指示剂的理论变色点不是变色范围的中间点。这是由人们对不同颜色的敏感程度的差别造成的。另外溶液的温度也会影响指示剂的变色范围。例如甲基橙的变色范围理论值 pH=$pK_{HIn}\pm1$=3.4±1，但实际上视觉可观察的范围是 3.1～4.4。表 4-1 中列出的是常用酸碱指示剂及其变色范围。

表 4-1　常用的酸碱指示剂及其变色范围

指示剂	酸式色	碱式色	pK_a	变色范围（pH）	用法
百里酚蓝（第一次变色）	红色	黄色	1.6	1.2～2.8	0.1% 的 20% 乙醇
甲基黄	红色	黄色	3.3	2.9～4.0	0.1% 的 90% 乙醇
甲基橙	红色	黄色	3.4	3.1～4.4	0.05% 的水溶液
溴酚蓝	黄色	紫色	4.1	3.1～4.6	0.1% 的 20% 乙醇或其钠盐
溴甲酚绿	黄色	蓝色	4.9	3.8～5.4	0.1% 水溶液，每 100 mg 指示剂加 0.05 mol·L⁻¹ NaOH 9 mL
甲基红	红色	黄色	5.2	4.4～6.2	0.1% 的 60% 乙醇或其钠盐水溶液

续表

指示剂	酸式色	碱式色	pK_a	变色范围（pH）	用法
溴百里酚蓝	黄色	蓝色	7.3	6.0 ~ 7.6	0.1% 的 20% 乙醇或其钠盐水溶液
中性红	红色	黄橙色	7.4	6.8 ~ 8.0	0.1% 的 60% 乙醇
酚红	黄色	红色	8.0	6.7 ~ 8.4	0.1% 的 60% 乙醇或其钠盐水溶液
百里酚蓝（第二次变色）	黄色	蓝色	8.9	8.0 ~ 9.6	0.1% 的 20% 乙醇
酚酞	无色	红色	9.1	8.0 ~ 9.6	0.1% 的 90% 乙醇
百里酚酞	无色	蓝色	10.0	9.4 ~ 10.6	0.1% 的 90% 乙醇

3. 混合指示剂

在酸碱滴定中，有时需要将滴定终点控制在很窄的 pH 范围内，此时可采用混合指示剂。混合指示剂是用一种酸碱指示剂和另一种不随 pH 变化而改变颜色的染料，或者用两种指示剂混合配制而成。混合指示剂的特点是变色范围窄，变色更敏锐，有利于判断终点，减少滴定误差，提高分析的准确度。

例如，溴甲酚绿（pK_a=4.9）和甲基红（pK_a=5.2）两者按 3:1 混合后，在 pH < 5.1 的溶液中呈酒红色，而在 pH > 5.1 的溶液中呈绿色，且变色非常敏锐。又如甲基橙和靛蓝二磺酸钠组成的混合指示剂，靛蓝二磺酸钠为蓝色染料，对甲基橙颜色起衬托作用。该混合指示剂与甲基橙比较，颜色变化见表 4-2。

表 4-2 混合指示剂与甲基橙在不同溶液酸度下呈现颜色比较

溶液酸度	甲基橙 + 靛蓝二磺酸钠	甲基橙
pH ≥ 4.4	绿色	黄
pH = 4.0	浅灰色	橙
pH ≤ 3.1	紫色	红

在配制混合指示剂时，应严格控制两种组分的比例，否则颜色变化将不显著。实验室中使用的 pH 试纸，就是基于混合指示剂的原理制成的。

还应指出，滴定分析中指示剂加入量的多少也会影响变色的敏锐程度。况且，指示剂本身就是有机弱酸或弱碱，也要消耗滴定剂，影响分析结果的准确度。因此，一般来讲，指示剂应适当少用，变色会明显一些，引入的误差也小一些。

常用的几种混合指示剂列于表 4-3。

表 4-3 几种常用的混合指示剂

指示剂组成	变色点（pH）	酸式色	碱式色	备注
1 份 0.1% 甲基橙水溶液 1 份 0.25% 靛蓝磺酸钠水溶液	4.1	紫	黄绿	pH=4.1 灰色
3 份 0.1% 溴甲酚绿乙醇溶液 1 份 0.2% 甲基红乙醇溶液	5.1	酒红	绿	pH=5.1 灰色
1 份 0.1% 溴甲酚绿钠盐水溶液 1 份 0.1% 氯酚红钠盐水溶液	6.1	黄绿	蓝紫	
1 份 0.1% 中性红乙醇溶液 1 份 0.1% 亚甲基蓝乙醇溶液	7.0	蓝紫	绿	

指示剂组成	变色点（pH）	酸式色	碱式色	备注
1 份 0.1% 甲酚红钠盐水溶液 3 份 0.1% 百里酚蓝钠盐水溶液	8.3	黄	紫	
1 份 0.1% 百里酚蓝的 50% 乙醇溶液 3 份 0.1% 酚酞的 50% 乙醇溶液	9.0	黄	紫	黄→绿→紫

二、酸碱滴定曲线（难度系数：★★★★）

酸碱滴定过程中，随着滴定剂不断地加入被滴定溶液中，溶液的 pH 不断地变化，根据滴定过程中溶液 pH 的变化规律，只有选择合适的指示剂，才能正确地指示滴定终点。表示滴定过程中溶液 pH 随标准滴定溶液用量变化而改变的曲线称为滴定曲线。下面讨论各种类型的酸碱滴定过程中 pH 的变化规律和指示剂的选择原则。

1. 强碱滴定强酸或强酸滴定强碱

现以浓度为 $0.1000\ mol \cdot L^{-1}$ 的 NaOH 溶液滴定 20.00 mL 浓度为 $0.1000\ mol \cdot L^{-1}$ 的 HCl 溶液为例，讨论强碱强酸滴定曲线和指示剂的选择。

（1）滴定开始前　溶液的酸度即为 HCl 溶液的酸度。

$$[H^+]=0.1000\ mol \cdot L^{-1} \qquad pH=1.00$$

（2）滴定开始至化学计量点前　随着 NaOH 溶液的加入，溶液中 H^+ 浓度减小，溶液的酸度取决于剩余 HCl 的量。例如，当滴入 NaOH 溶液 19.98 mL 时

$$[H^+]=\frac{20.00-19.98}{20.00+19.98}\times0.1000=5\times10^{-5}(mol \cdot L^{-1})$$

$$pH=4.3$$

其他各点的 pH 仍按上述方法计算。

（3）化学计量点时　当加入 NaOH 溶液 20.00 mL 时，NaOH 与 HCl 恰好完全反应达化学计量点，溶液呈中性。

$$[H^+]=[OH^-]=1.00\times10^{-7}mol \cdot L^{-1}$$

$$pH=7.00$$

（4）化学计量点后　化学计量点后，NaOH 溶液过量，溶液的 pH 由过量的 NaOH 决定。当加入 NaOH 溶液 20.02 mL 时，已有 0.02 mL 过量。

$$[OH^-]=\frac{20.02-20.00}{20.02+20.00}\times0.1000=5.00\times10^{-5}(mol \cdot L^{-1})$$

$$pOH=4.30 \qquad pH=9.70$$

化学计量点后的各点，均可按此方法逐一计算。

将滴定过程中 pH 变化数据列于表 4-4 中。

以溶液的 pH 为纵坐标，以加入 NaOH 溶液的体积（mL）为横坐标，可描绘出滴定曲线，如图 4-1 所示。

从表 4-4 的数据和图 4-1 的滴定曲线可以看出：从滴定开始到加入 19.80 mL NaOH 溶液时，溶液的 pH 变化缓慢，只改变 2.3 个单位；再加入 0.18 mL（共 19.98 mL）NaOH 溶液，pH 就改变一个单位，变化速度加快了。再滴入 0.02 mL（约半滴，共 20.00 mL）NaOH 溶液，

表 4-4 用 0.1000 mol·L^{-1}NaOH 溶液滴定 20.00 mL 0.1000 mol·L^{-1}HCl 溶液

α[1]/%	加入 NaOH 溶液 /mL	过量 NaOH 溶液 /mL	剩余 HCl 溶液 /mL	pH	
0	0.00		20.00	1.00	
90.0	18.00		2.00	2.28	
99.0	19.80		0.20	3.30	
99.9	19.98		0.02	4.3 A	
100.0	20.00		0.00	7.00	⎫ 滴定突跃
100.1	20.02	0.02		9.7 B	⎭
101.0	20.20	0.20		10.70	
110.0	22.00	2.00		11.70	
200.0	40.00	20.00		12.50	

① 符号 α 为滴定度，其定义为：$\alpha = \dfrac{\text{加入碱的物质的量}}{\text{酸起始的物质的量}}$。

正好是化学计量点，此时 pH 迅速增至 7.00。若再滴入 0.02 mL NaOH 溶液，pH 变为 9.70。此后过量 NaOH 溶液所引起的 pH 变化又越来越小。

因此，1 滴溶液就使溶液 pH 增加 5 个多 pH 单位，从图 4-1 和表 4-4 的 A 至 B 点可知，在化学计量点前后 0.1%，滴定曲线上出现了一段垂直线，这种现象称为滴定突跃。指示剂的选择主要以滴定突跃为依据，凡在 pH=4.3～9.7 突跃范围内变色的，如甲基橙、甲基红、酚酞、溴百里酚蓝、苯酚红等，均能作为此类滴定的指示剂。

例如，当滴定至甲基橙由红色突变为橙色时，溶液的 pH 约为 4.4，这时加入 NaOH 的量与化学

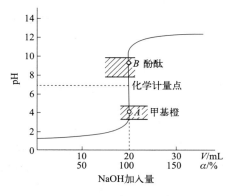

图 4-1 0.1000 moL·L^{-1}NaOH 滴定 20.00 mL 0.1000 moL·L^{-1}HCl 溶液

计量点时应加入量的差值不足 0.02 mL，终点误差小于 −0.1%，符合滴定分析的要求。若改用酚酞为指示剂，溶液呈微红色时 pH 略大于 8.0，此时 NaOH 的加入量超过化学计量点时应加入的量也不到 0.02 mL，终点误差也小于 +0.1%，仍然符合滴定分析的要求。因此，选择变色范围完全处于或部分处于滴定突跃范围内的指示剂，都能够准确地指示滴定终点，这是正确选择指示剂的原则。

以上讨论的是 0.1000 mol·L^{-1}NaOH 溶液滴定 0.1000 mol·L^{-1}HCl 溶液的情况。如改变 NaOH 溶液浓度，化学计量点的 pH 仍然是 7.0，但滴定突跃的范围却不同，如图 4-2 所示，滴定剂浓度越大，滴定曲线化学计量点附近的滴定突跃范围越大，可供选择的指示剂越多。滴定剂的浓度越小，则化学计量点附近的滴定突跃范围就越小，可供选择的指示剂就越少，指示剂的选择就受到限制。例如，若用 0.01000 mol·L^{-1}NaOH 溶液滴定 0.01000 mol·L^{-1}HCl 溶液，滴定突跃范围减小为 5.3～8.7，若仍用甲基橙作指示剂，终点误差将＞1%，只能用酚酞、甲基红等才符合滴定分析的要求。用 NaOH 溶液滴定其他强酸溶液（如 HNO$_3$ 溶液），情况相似，指示剂的选择也相似。

2. 强碱滴定一元弱酸

现以 0.1000 mol·L^{-1}NaOH 溶液滴定 20.00 mL 0.1000 mol·L^{-1}HAc 溶液为例，讨论强碱滴定弱酸的情况，滴定过程中溶液 pH 可计算如下。已知 HAc 的解离常数 $K_a^{\ominus}=1.8 \times 10^{-5}$。

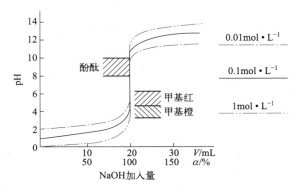

图 4-2   不同浓度 NaOH 溶液滴定不同浓度 HCl 溶液的滴定曲线

（1）滴定开始前   溶液的 pH 根据 HAc 解离平衡来计算：

$$[H^+] = \sqrt{cK_a^\ominus} = 1.35 \times 10^{-3} \text{ mol} \cdot L^{-1}$$

$$pH = 2.87$$

（2）滴定开始至化学计量点前   这阶段溶液的 pH 应根据剩余的 HAc 及反应产物 Ac^- 所组成的缓冲溶液计算。现设滴入 NaOH 19.98 mL，与 HAc 中和后形成 NaAc，剩余 HAc 0.02 mL 未被中和。pH 计算如下：

溶液中剩余的 HAc 浓度为

$$c(酸) = \frac{0.02 \times 0.1000}{20.00 + 19.98} = 5.00 \times 10^{-5} (\text{mol} \cdot L^{-1})$$

同理可得反应生成的 Ac^- 浓度为

$$c(碱) = \frac{0.1000 \times 19.98}{20.00 + 19.98} = 5.00 \times 10^{-2} (\text{mol} \cdot L^{-1})$$

$$[H^+] = K_a^\ominus \frac{c(酸)}{c(共轭碱)}$$

$$= \frac{5.00 \times 10^{-5}}{5.00 \times 10^{-2}} \times 1.8 \times 10^{-5}$$

$$= 2 \times 10^{-8} (\text{mol} \cdot L^{-1})$$

$$pH = 7.7$$

（3）化学计量点时   NaOH 与 HAc 完全中和，反应产物为 NaAc，根据共轭碱的解离平衡计算如下：

$$Ac^- + H_2O \rightleftharpoons HAc + OH^-$$

$$c_{Ac^-} = \frac{0.1000 \times 20.00}{20.00 + 20.00} = 5.000 \times 10^{-2} (\text{mol} \cdot L^{-1})$$

$$[OH^-] = \sqrt{K_b^\ominus c_{Ac^-}} = \sqrt{\frac{K_w^\theta}{K_a^\ominus} c_{Ac^-}}$$

$$= \sqrt{\frac{1.0 \times 10^{-14}}{1.8 \times 10^{-5}} \times 5.000 \times 10^{-2}}$$

$$= 5.3 \times 10^{-6} (\text{mol} \cdot L^{-1})$$

$$pOH=5.28 \qquad pH=8.72$$

（4）化学计量点后 此时根据过量的 NaOH 溶液计算 pH，设加入 20.02 mL NaOH，溶液中 OH^- 浓度为：

$$[OH^-] = \frac{0.02 \times 0.1000}{20.00 + 20.02}$$

$$= 5 \times 10^{-5} (mol \cdot L^{-1})$$

$$pOH=4.3 \qquad pH=9.7$$

上述计算结果列于表 4-5。根据表 4-5 值绘制的滴定曲线，如图 4-3 所示。图中的虚线是强碱滴定强酸曲线的前半部分。

表 4-5 0.1000 mol·L⁻¹NaOH 溶液滴定 20.00 mL 0.1000 mol·L⁻¹HAc 溶液

α/%	加入 NaOH 溶液 /mL	过量 NaOH 溶液 /mL	剩余 HAc 溶液 /mL	pH
0	0.00			2.87
50.0	10.00			4.74
90.0	18.00		20.00	5.70
99.0	19.80		10.00	6.74
99.9	19.98		2.00	7.7 A
100.0	20.00		0.20	8.72
100.1	20.02	0.02	0.02	9.7 B
101.0	20.20	0.20	0.00	10.70
110.0	22.00	2.00		11.70
200.0	40.00	20.00		12.50

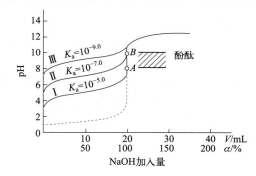

图 4-3 NaOH 溶液滴定不同弱酸溶液的滴定曲线

将 NaOH 滴定 HAc 的滴定曲线与 NaOH 滴定 HCl 的滴定曲线相比较，可以看到它们有以下不同点：

第一，由于 HAc 是弱酸，滴定前，溶液中的 H^+ 浓度比同浓度的 HCl 的 H^+ 浓度要低，因此起始的 pH 要高一些。

第二，化学计量点之前，溶液中未反应的 HAc 与反应产物 NaAc 组成了 HAc-Ac^- 缓冲体系，溶液的 pH 由该缓冲体系决定，缓冲溶液导致 pH 的变化相对较缓。

第三，化学计量点附近，溶液的 pH 发生突变，滴定突跃为 pH=7.7 ～ 9.7，相对滴定 HCl 而言，滴定突跃小得多。

第四，化学计量点时，溶液中仅含 NaAc，为一碱性物质，pH 为 8.72，因而在滴定达化学计量点时溶液呈碱性。

需着重注意两个问题：

　　第一，强碱滴定弱酸时，滴定突跃范围较小，指示剂的选择受到限制，只能选择在弱碱性范围内变色的指示剂，如酚酞、百里酚酞等。若仍选择在酸性范围内变色的指示剂，如甲基橙，溶液变色时，HAc 被中和的百分数还不到 50%，显然，指示剂选择错误。滴定弱酸，一般都是先计算出化学计量点时的 pH，选择那些变色点尽可能接近化学计量点的指示剂来确定终点，而不必计算整个滴定过程的 pH 变化。

　　第二，强碱滴定弱酸时滴定突跃的大小，决定于弱酸溶液的浓度和它的解离常数 $K_a^\ominus$ 两个因素。如要求滴定误差 ≤ 0.1%，必须使滴定突跃超过 0.3 个 pH 单位，此时人眼才可以辨别出指示剂颜色的变化，滴定就可以顺利地进行。由图 4-3 可以看出，浓度为 0.1000 mol·L^{-1}，$K_a^\ominus$ =10^{-7} 的弱酸还能出现 0.3 个 pH 单位的滴定突跃。对于 $K_a^\ominus$ = 10^{-8} 的弱酸，其浓度若为 0.1000 mol·L^{-1} 将不能通过目视直接滴定。通常，以 $cK_a^\ominus$ ≥ 10^{-8} 作为弱酸能被强碱溶液直接目视准确滴定的判据。这是本小节的另一个重要结论。

　　对于那些 $cK_a^\ominus$ < 10^{-8}，即在水溶液中不能直接滴定的弱酸，可以利用化学反应使其转化为解离常数较大的弱酸后再测定，也可以采用非水滴定法测定。

三、盐酸标准溶液的配制和标定（难度系数：★★）

微课扫一扫

盐酸标准溶液
的配制和标定

　　酸碱滴定法中常用的酸标准滴定溶液有 HCl 和 H$_2$SO$_4$。H$_2$SO$_4$ 标准滴定溶液稳定性较好，但它的二级解离常数较小，因而滴定突跃相应也小些；在需要较浓的溶液或分析过程中需要加热时使用 H$_2$SO$_4$ 溶液。HNO$_3$ 具有氧化性，本身稳定性也较差，所以应用很少。盐酸溶液，因其价格低廉，易于得到，并且稀盐酸溶液无氧化还原性质，酸性强且稳定，因此用得较多。但市售盐酸中 HCl 含量不稳定，且常含有杂质，应采用间接法配制，再用基准物质标定，确定其准确浓度。常用无水 Na$_2$CO$_3$ 或硼砂（Na$_2$B$_4$O$_7$·10H$_2$O）等基准物质进行标定。

　　市售盐酸，密度为 1.19 g·L^{-1}，含 HCl 约 37%，其物质的量浓度约为 12 mol·L^{-1}。因此，需将浓 HCl 稀释成所需近似浓度，然后用基准物质进行标定。考虑到浓盐酸中 HCl 的挥发性，配制时所取浓 HCl 的量应适当多一些。

　　1. 无水 Na$_2$CO$_3$

　　Na$_2$CO$_3$ 标定 HCl 的反应为：

$$\text{Na}_2\text{CO}_3 + 2\text{HCl} =\!=\!= 2\text{NaCl} + \text{CO}_2 + \text{H}_2\text{O}$$

　　在多元碱的滴定中已述及化学计量点时 pH3.89，选甲基橙作指示剂，近终点时应煮沸赶除 CO$_2$，冷后继续滴定至终点。若用甲基红和溴甲酚绿混合指示剂，变色点 pH 约 5.1，终点时溶液由绿变为暗红色。近终点时也应煮沸赶除 CO$_2$。

　　Na$_2$CO$_3$ 易吸潮，使用前应放在坩埚中于 270 ～ 300 ℃加热至质量恒定，然后置干燥器中备用。

　　例如，设欲标定的盐酸浓度约为 0.1 mol·L^{-1}，欲使消耗盐酸体积 20 ～ 30 mL，根据滴定反应可算出称取 Na$_2$CO$_3$ 的质量应为 0.11 ～ 0.16 g。滴定时可采用甲基橙为指示剂，溶液由黄色变为橙色即为终点。

　　2. 硼砂（Na$_2$B$_4$O$_7$·10H$_2$O）

　　硼砂标定 HCl 的原理也在多元碱的滴定中有讨论。硼砂不易吸潮，容易精制，但湿度低于 39% 时能风化失去部分结晶水，所以，作为标定用的硼砂应保存在盛有 NaCl 和蔗糖的饱和溶液保持相对湿度为 60% ～ 70% 的恒湿容器中，以确保其所含的结晶水数量与计算时所用的化学式相符。硼砂的摩尔质量较大，称量误差小，此点优于 Na_2CO_3。

硼砂标定 HCl 的反应：

$$B_4O_7^{2-} + 5H_2O == 2H_3BO_3 + 2H_2BO_3^-$$

$$2H_2BO_3^- + 2HCl == 2H_3BO_3 + 2Cl^-$$

总反应：$B_4O_7^{2-} + 5H_2O + 2HCl == 4H_3BO_3 + 2Cl^-$

1 个 $B_4O_7^{2-}$ 与水作用产生 $2H_2BO_3^-$ 和 $2H_3BO_3$，其中仅有 2 个 $H_2BO_3^-$ 能被 HCl 作用，故 $1\ B_4O_7^{2-} \sim 2\ H_2BO_3^- \sim 2H^+$。

反应产物为 H_3BO_3，若化学计量点时 H_3BO_3 的浓度为 $5.0\times10^{-2}\ mol\cdot L^{-1}$，已知 H_3BO_3 的 $K_a=5.7\times10^{-10}$，则化学计量点时 $[H^+]$ 计算式为：

$$[H^+] = \sqrt{cK_a} = \sqrt{5.0\times10^{-2} \times 5.7\times10^{-10}}$$

$$= 5.3\times10^{-6}\ mol\cdot L^{-1}$$

$$pH=5.28$$

滴定时可选择甲基红为指示剂，溶液由黄色变为红色即为终点。

例如，设待标定的盐酸浓度约为 $0.1\ mol\cdot L^{-1}$，欲使消耗的盐酸溶液体积为 20 ～ 30 mL，可算出应称取硼砂的质量为 0.38 ～ 0.57 g。由于硼砂的摩尔质量（$381.4\ g\cdot mol^{-1}$）较 Na_2CO_3 大，标定同样浓度的盐酸所需的硼砂质量也比 Na_2CO_3 多，因而称量的相对误差就小，所以硼砂作为标定盐酸的基准物优于 Na_2CO_3。

除上述两种基准物质外，还有 $KHCO_3$、酒石酸氢钾等基准物质可用于标定盐酸。

四、氢氧化钠标准溶液的配制和标定（难度系数：★★）

微课扫一扫

氢氧化钠标准溶液的配制和标定

氢氧化钠是最常用的碱溶液。固体氢氧化钠具有很强的吸湿性，易吸收 CO_2 和水分，生成少量 Na_2CO_3，且含少量的硅酸盐、硫酸盐和氯化物等，因而不能直接配制成标准溶液，只能用间接法配制，再以基准物质标定其浓度，常用邻苯二甲酸氢钾基准物质标定。

邻苯二甲酸氢钾的分子式为 $C_8H_4O_4HK$，摩尔质量为 $204.2\ g\cdot mol^{-1}$，属有机弱酸盐，在水溶液中呈酸性，因 $cK_{a2} > 10^{-8}$，故可用 NaOH 溶液滴定。滴定的产物是邻苯二甲酸钾钠，它在水溶液中能接受质子，显示碱的性质。滴定反应为：

$$\text{—COOH} \atop \text{—COOK} + NaOH == {\text{—COONa} \atop \text{—COOK}} + H_2O$$

例如，设邻苯二甲酸氢钾溶液开始时浓度为 $0.10\ mol\cdot L^{-1}$，到达化学计量点时，体积增加一倍，邻苯二甲酸钾钠的浓度 $c=0.050\ mol\cdot L^{-1}$。化学计量点时 pH 应按下式计算：

$$[OH^-] = \sqrt{cK_{b1}} = \sqrt{\frac{cK_w}{K_{a2}}} = \sqrt{\frac{0.050\times1.0\times10^{-14}}{2.9\times10^{-6}}}$$

$$= 1.3\times10^{-5}(mol\cdot L^{-1})$$

$$pOH=4.88 \qquad pH=9.12$$

此时溶液呈碱性，可选用酚酞或百里酚蓝为指示剂。除邻苯二甲酸氢钾外，还有草酸、苯甲酸、硫酸肼（$N_2H_4\cdot H_2SO_4$）等基准物质可用于标定 NaOH 溶液。

技能训练1   盐酸标准溶液的配制与标定

一、仪器材料清单

盐酸标准溶液配制与标定所需的仪器、试剂如下表所示。

盐酸标准溶液的配制			盐酸标准溶液的标定		
仪器名称	规格	数量	仪器名称	规格	数量
玻璃烧杯	500 mL	1个	分析天平	0.1 mg	1台
磨口试剂瓶	500 mL	1个	酸式滴定管	50.00 mL	1支
橡胶手套	大码	1双	锥形瓶	250 mL	4个
量筒	10 mL	1个			

其他：称量瓶、滴瓶、小烧杯、玻璃棒、洗耳球、洗瓶、胶头滴管、滤纸等

试剂	规格	数量
（1+1）盐酸	6 mol·L^{-1}	1瓶
无水碳酸钠	分析纯/500 g	1瓶
甲基橙	0.1%	1瓶

其他：三级蒸馏水，2～3人一组

二、0.1 mol·L^{-1} 盐酸标准溶液的配制

1. 根据稀释公式 $c_{(浓)}V_{(浓)}=c_{(稀)}V_{(稀)}$，计算需量取 6 mol·L^{-1} 盐酸的体积。

2. 量取 500 mL 蒸馏水于烧杯中。

3. 用洁净的量筒量取计算好体积的浓盐酸倾入水中，搅匀。

4. 将溶液转入试剂瓶，盖好瓶塞，摇匀，贴上标签备用。

注意：浓盐酸具有极强的挥发性、强烈的刺鼻气味和腐蚀性，在使用时需佩戴防护口罩和手套，在通风橱中操作。

三、盐酸标准溶液的标定

1. 用递减法准确称取无水碳酸钠三份，每份 0.15～0.2 g，放入 250 mL 锥形瓶内。

2. 加 50 mL 水溶解，摇匀，加 1 滴甲基橙指示剂。

3. 用待标定的 HCl 溶液滴定到溶液刚好由黄色变为橙色即为终点。记下所消耗的 HCl 溶液体积，平行滴定三次。

4. 根据如下公式计算 HCl 溶液的浓度。

计算公式：$n(HCl)=n(\frac{1}{2} Na_2CO_3)$

$$c(HCl)=\frac{m(Na_2CO_3)}{M \frac{1}{2}Na_2CO_3 \times V(HCl)\times 10^{-3}}$$

5. 数据记录及处理。

用无水碳酸钠作基准物质标定盐酸

项目	1	2	3
称量瓶 +Na_2CO_3（倾样前）/g			
称量瓶 +Na_2CO_3（倾样后）/g			
Na_2CO_3 质量 /g			
HCl 溶液用量 /mL			
c(HCl)/（mol·L^{-1}）			
平均浓度 /（mol·L^{-1}）			
相对极差 / %			

四、结束工作

1. 仪器设备、药品试剂归位。

2. 清洗玻璃仪器并整理实验台。

3. 按规定处理废液、废纸。

五、评价表

序号	考核内容	操作内容	分值	评分要求	分值	得分
1	操作前准备、安全与环保意识	检查仪器、试剂是否齐全，玻璃仪器洗涤方法正确	20	1. 穿实验服，双手洁净，不染指甲，不留长指甲，不披发	5	
				2. 检查所用仪器是否齐全	5	
				3. 洗涤所用仪器，以玻璃仪器不挂水珠、为均匀的水膜为洗净标准	10	
2	溶液的配制	0.1 mol·L^{-1}HCl 的稀释及无水 Na_2CO_3 称量、溶解	20	1. 根据稀释公式正确计算	2	
				2. 正确使用量筒取浓盐酸溶液	1	
				3. 正确稀释到 500 mL	3	
				4. 用差减法正确称量基准试剂无水 Na_2CO_3 三份于锥形瓶中	10	
				5. 向锥形瓶中加 30 mL 水，使无水 Na_2CO_3 溶解	4	
3	盐酸的标定	酸式滴定管润洗、装液、排气泡、调零、正确滴定、半滴控制、终点判断等	40	1. 向已溶解 Na_2CO_3 的锥形瓶中滴加 1～2 滴甲基橙	3	
				2. 酸式滴定管的正确检漏、清洗、润洗	2	
				3. 装液、定液、赶气泡、调零	5	
				4. 正确滴定，滴定过程左右手操作正确，滴定速度的控制恰当	5	
				5. 滴定终点的正确判断	3	
				6. 正确读数，平行测定三次	10	
				7. 根据公式正确计算	12	
4	文明操作、职业素养	实验过程当中台面、废液、纸屑等的处理；实验后台面、试剂、废液、纸屑等的处理，玻璃仪器的清洗	20	1. 操作过程中物品摆放有序，干净整洁	5	
				2. 废液处理得当，倒在指定位置	5	
				3. 结束后，废纸处理，仪器清洗归位，整理实验台	10	

技能训练 2　氢氧化钠标准溶液的配制与标定

一、仪器材料清单

氢氧化钠标准溶液配制与标定所需的仪器、试剂如下表所示。

氢氧化钠标准溶液的配制			氢氧化钠标准溶液的标定		
仪器名称	规格	数量	仪器名称	规格	数量
玻璃烧杯	500 mL	1 个	分析天平	0.1 mg	1 台
试剂瓶（具橡皮塞）	500 mL	1 个	碱式滴定管	50.00 mL	1 支
橡胶手套	大码	1 双	锥形瓶	250 mL	4 个
托盘天平	0.1 g	1 台	电炉	1kW	1 台

其他：称量瓶、滴瓶、小烧杯、玻璃棒、洗耳球、洗瓶、胶头滴管、滤纸等

试剂	规格	数量
氢氧化钠	分析纯 /500 g	1 瓶
邻苯二甲酸氢钾	分析纯 /500 g	1 瓶
酚酞	1%	1 瓶

其他：三级蒸馏水，2～3 人一组

二、0.1 mol·L^{-1} 氢氧化钠标准溶液的配制

1. 计算：根据 $m=cVM$ 计算出配制 0.1 mol·L^{-1} 500 mL 氢氧化钠标准溶液所需要称取的固体质量。

2. 用托盘天平称取计算好质量的氢氧化钠固体于烧杯中（比理论值略多一点儿）。

3. 加新煮沸的冷蒸馏水溶解，稀释到 500 mL，摇匀倒入具有橡皮塞的试剂瓶中，贴上标签备用。

三、氢氧化钠标准溶液的标定

1. 用递减法在分析天平上准确称量邻苯二甲酸氢钾三份，每份约 0.4～0.5 g，分别置于 250 mL 锥形瓶中。

2. 加 50 mL 温热水溶解，冷却后加 1～2 滴酚酞指示剂。

3. 用 NaOH 溶液滴定至溶液刚好由无色变为淡粉色，并保持半分钟不褪色，记下所消耗的 NaOH 溶液体积，平行测定三次。

4. 根据如下公式计算 NaOH 溶液的浓度；

邻苯二甲酸氢钾与 NaOH 的反应如下：

$$c(NaOH)=\frac{m(KHC_8H_4O_4)}{M(KHC_8H_4O_4)\times V(NaOH)\times 10^{-3}}$$

5. 数据记录及处理。

用邻苯二甲酸氢钾作基准物质标定氢氧化钠

项目	1	2	3
称量瓶 +KHC$_8$H$_4$O$_4$（倾样前）/g			
称量瓶 + KHC$_8$H$_4$O$_4$（倾样后）/g			
KHC$_8$H$_4$O$_4$ 质量 /g			
NaOH 溶液用量 /mL			
c(NaOH)/（mol·L^{-1}）			
平均浓度 /（mol·L^{-1}）			
相对极差 / %			

四、结束工作

1. 仪器设备、药品试剂归位。
2. 清洗玻璃仪器并整理实验台。
3. 按规定处理废液、废纸。

五、评价表

序号	考核内容	操作内容	分值	评分要求	分值	得分
1	操作前准备、安全与环保意识	检查仪器、试剂是否齐全，玻璃仪器洗涤方法正确	20	1. 穿实验服，双手洁净，不染指甲，不留长指甲，不披发	5	
				2. 检查所用仪器是否齐全	5	
				3. 洗涤所用仪器，以玻璃仪器不挂水珠、为均匀的水膜为洗净标准	10	
2	氢氧化钠标液的配制与标定	托盘天平、分析天平的使用，碱式滴定管润洗、装液、排气泡、调零、正确滴定、半滴控制、终点判断等	60	1. 使用托盘天平进行称量，正确溶解稀释到 500 mL	5	
				2. 用差减法正确称量基准试剂邻苯二甲酸氢钾三份于锥形瓶中	10	
				3. 碱式滴定管的正确检漏、清洗、润洗	3	
				4. 装液、定液、赶气泡、调零	5	
				5. 加指示剂、正确滴定、滴定过程左右手操作正确、滴定速度控制恰当	7	
				6. 滴定终点的正确判断	5	
				7. 正确读数，平行测定三次	15	
				8. 根据公式正确计算	10	
3	文明操作、职业素养	实验过程当中台面、废液、纸屑等的处理；实验后台面、试剂、废液、纸屑等的处理，玻璃仪器的清洗	20	1. 操作过程中物品摆放有序、干净整洁	5	
				2. 废液处理得当，倒在指定位置	5	
				3. 结束后，废纸处理，仪器清洗归位，整理实验台	10	

【思考与练习】

一、选择题

1. 在酸碱滴定中，选择强酸强碱作为滴定剂的理由是（   ）。

A. 强酸强碱可以直接配制标准溶液

B. 使滴定突跃尽可能大

C. 加快滴定反应速率

D. 使滴定曲线较完美

2. 酚酞的变色范围 pH 为（   ）。

A. 3.1 ～ 4.4   B. 8.0 ～ 10.0   C. 7.0 ～ 10.0   D. 9.0 ～ 10.0

3. 甲基橙的变色范围 pH 为（   ）。

A. 3.1 ～ 4.4   B. 3.0 ～ 4.5   C. 4.0 ～ 5.0   D. 4.4 ～ 6.2

4. 标定氢氧化钠溶液选取的基准物质是（   ）。

A. 邻苯二甲酸氢钾   B. 无水碳酸钠   C. 硼砂   D. 碳酸氢钠

5. 标定盐酸溶液选取的基准物质是（   ）。

A. 碳酸钙   B. 邻苯二甲酸氢钾   C. 草酸   D. 无水碳酸钠

二、判断题

1. 配制 HCl 标准溶液可以采用直接法配制。（   ）

2. 滴定分析中一般利用指示剂颜色的突变来判断计量点的到达，在指示剂变色时停止滴定，这一点称为计量点。（   ）

3. 酸碱滴定法只能用来测定具有酸碱性的物质。（   ）

4. 强碱滴定弱酸常用的指示剂是酚酞。（   ）

5. 常用的酸碱指示剂是有机弱酸或弱碱。（   ）

三、问答题

1. 找出下列物质中的共轭酸碱对，用质子理论分析下列物质中哪种物质为最强的酸，哪种物质碱性最强。

HAc，HF，HCl，$(CH_2)_6N_4$，$NaAc$，NH_3，H_3PO_4，F^-，Cl^-，$(CH_2)_6N_4H^+$

2. 什么是滴定突跃？滴定突跃的范围与哪些因素有关？酸碱滴定中指示剂的选择原则是什么？

3. 若用已吸收少量水的无水碳酸钠标定 HCl 溶液的浓度，所标出的浓度偏高还是偏低？

4. 酸碱指示剂为什么能指示酸碱滴定终点的到达？

5. 举例说明缓冲溶液的作用原理。

项目三　酸碱滴定法的应用

【案例导入】

食醋是一种酸性液态调味品，在清洁除垢及空气净化等方面也有广泛应用。在食品工业生产中，会根据食醋总酸含量的不同将食醋分为不同种类。某食品企业为新购置的食醋进行分类，拟测定这批食醋的总酸度。该企业的检测员小王用滴定法对食醋的总酸度进行测定。你知道测定食醋中总酸度的原理是什么吗？测定的步骤又有哪些呢？

【知识探究】

酸碱滴定法可用来测定各种酸、碱以及能够与酸碱起作用的物质，还可以间接测定一些既非酸又非碱的物质，下面举几个常见的例子加以说明。

一、混合碱的分析（难度系数：★★★★）

混合碱的测定

混合碱是指 NaOH 与 Na_2CO_3 或 Na_2CO_3 与 $NaHCO_3$ 的混合物。分析方法有氯化钡法和双指示剂法。本小节主要讲述双指示剂法。双指示剂法是利用两种指示剂进行连续滴定，根据两个终点所消耗酸标准滴定溶液的体积，计算各组分的含量。

1. 烧碱中 NaOH 和 Na_2CO_3 含量的测定

NaOH 俗称烧碱，在生产和贮存过程中，常因吸收空气中的 CO_2 而含有少量 Na_2CO_3。用酸碱滴定法测定 NaOH 含量的同时，Na_2CO_3 也参与反应，因而称为混合碱分析。

在烧碱试液中，先以酚酞为指示剂，用 HCl 标准滴定溶液滴定至终点（近于无色），消耗体积为 V_1。这时溶液中 NaOH 全部被中和，Na_2CO_3 被中和至 $NaHCO_3$。

$$NaOH + HCl == NaCl + H_2O$$

$$Na_2CO_3 + HCl == NaHCO_3 + NaCl$$

再以甲基橙为指示剂，继续用 HCl 标准滴定溶液滴定，消耗体积为 V_2，溶液中 $NaHCO_3$ 被中和。

$$NaHCO_3 + HCl == NaCl + CO_2 + H_2O$$

滴定过程和 HCl 标准滴定溶液用量可见图 4-4。

因此，中和 NaOH 用 HCl 溶液体积为 V_1-V_2；中和 Na_2CO_3 用 HCl 溶液体积为 $2V_2$。

双指示剂法操作简便，但滴定至第一化学计量点时，终点不明显，约有 1% 的误差。工业分析中多用此法进行测定。

2. 纯碱中 Na_2CO_3 和 $NaHCO_3$ 含量的测定

纯碱俗称苏打，是由 $NaHCO_3$ 转化而得，所以 Na_2CO_3 中往往含有少量 $NaHCO_3$。

测定方法与测定烧碱方法相同。以酚酞为指示剂时，用 HCl 标准溶液滴定时消耗体积为 V_1；再加甲基橙作指示剂，继续用 HCl 滴定时消耗体积为 V_2，则滴定过程和 HCl 标准滴定溶液用量可见图 4-5。

因此，中和 Na_2CO_3 用 HCl 溶液体积为 $2V_1$；中和 $NaHCO_3$ 用 HCl 溶液体积为 V_2-V_1。

二、食醋中总酸的测定（难度系数：★★★）

白醋中总酸含量的测定

醋酸又名乙酸，在自然界分布广泛，例如在水果或者植物油中以酯的形式存在，在动物的组织内和血液中以游离酸的形式存在。许多微生物都可以通过发酵作用将不同的有机物转化为醋酸。醋酸是醋的主要成分，而醋几乎贯穿了整个人类文明史。醋酸发酵细菌（醋酸杆菌）能在世界的每个角落发现，每个民族在酿酒的时候，自然而然就会发现醋是酒精饮料暴

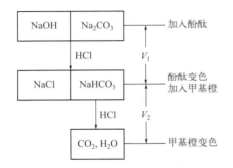

图 4-4　HCl 滴定混合碱（NaOH 和 Na$_2$CO$_3$）
过程及 HCl 用量

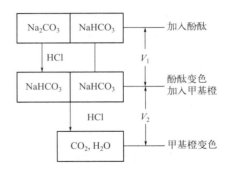

图 4-5　HCl 滴定混合碱（Na$_2$CO$_3$ 和 NaHCO$_3$）
过程及 HCl 用量

露于空气后的自然产物。

醋酸的羧基氢原子能够部分电离变成质子释放出来，导致羧酸呈酸性。醋酸在水中是一元弱酸，解离常数 $K_a=1.8\times10^{-5}$，$pK_a=4.74$（25 ℃）。食醋中的主要成分是醋酸，此外还含有少量的其他有机酸等，用 NaOH 标准溶液滴定，在化学计量点时呈弱碱性，选用酚酞作指示剂，测得的是总酸度。

$$CH_3COOH + NaOH \xlongequal{\quad} CH_3COONa + H_2O（化学计量点 pH \approx 8.7）$$

根据 NaOH 标准溶液的浓度和消耗的体积，计算食醋样品中总酸含量。

三、铵盐的测定（难度系数：★★★）

常见的铵盐有硫酸铵、氯化铵、硝酸铵和碳酸氢铵等。这些铵盐中 NH$_4$HCO$_3$ 可以用酸标准滴定溶液直接滴定。其他铵盐是强酸弱碱盐，其对应的弱碱 NH$_3$ 的解离常数 $K_b=1.8\times10^{-5}$，比较大，不能用酸直接滴定，可用蒸馏法或甲醛法进行测定。

1. 蒸馏法

在铵盐试样的溶液中，加入过量浓碱溶液，加热将释放出来的 NH$_3$ 用 H$_3$BO$_3$ 溶液吸收。然后用酸标准溶液滴定硼酸吸收液。其反应为：

$$NH_4^+ + OH^- \xlongequal{\quad} NH_3 \uparrow + H_2O$$

$$NH_3 + H_3BO_3 \xlongequal{\quad} H_2BO_3^- + NH_4^+$$

$$H_2BO_3^- + H^+ \xlongequal{\quad} H_3BO_3$$

H$_3$BO$_3$ 是极弱的酸（$K_{a1}=5.8\times10^{-10}$），不影响滴定。选用甲基红 - 溴甲酚绿混合指示剂，终点为粉红色（绿色→蓝灰色→粉红色，终点控制到蓝灰色更好）。

除用硼酸吸收外，还可用过量的酸标准滴定溶液吸收 NH$_3$，然后以甲基红或甲基橙作指示剂，用碱标准滴定溶液回滴。

土壤和有机化合物中的氮，常用此方法测定。试样在催化剂（如 HgO）存在下，经浓 H$_2$SO$_4$ 处理使试样中的氮转化为 NH$_4^+$，然后按上述方法测定。

蒸馏法操作较费时，仪器装置也较复杂，不如甲醛法简便。

2. 甲醛法

甲醛与铵盐反应，生成质子化六亚甲基四胺和酸，用碱标准滴定溶液滴定。反应为：

$$4NH_4^+ + 6HCHO \xlongequal{\quad} (CH_2)_6N_4H^+ + 3H^+ + 6H_2O$$

$$(CH_2)_6N_4H^+ + 3H^+ + 4OH^- \rlap{=}{=} (CH_2)_6N_4 + 4H_2O$$

六亚甲基四胺为弱碱，$K_b=1.4\times10^{-9}$，应选酚酞作指示剂。

市售 40% 甲醛常含有微量酸，必须预先用碱中和至酚酞指示剂呈现微红色，再用它与铵盐试样作用。

甲醛法简便快速，多用于工农业中氮或铵盐的测定。

四、硅酸盐中 SiO_2 的测定（难度系数：★★★）

矿石、岩石、水泥、玻璃、陶瓷等都是硅酸盐，可用重量法测定其中 SiO_2 的含量，准确度较高，但十分费时。目前生产上的控制分析常常采用氟硅酸钾容量法，它是一种酸碱滴定法，简便、快速，只要操作规范细心，也可以得到比较准确的结果。

试样用 KOH 熔融，使之转化为可溶性硅酸盐 K_2SiO_3，并在钾盐存在下与 HF 作用（或在强酸性溶液中加 KF），形成微溶的氟硅酸钾（K_2SiF_6），反应式如下：

$$K_2SiO_3 + 6HF \rlap{=}{=} K_2SiF_6\downarrow + 3H_2O$$

由于沉淀的溶解度较大，利用同离子效应，常加入固体 KCl 以降低其溶解度。将沉淀物过滤，用 KCl- 乙醇溶液洗涤沉淀，然后将沉淀转入原烧杯中，加入 KCl- 乙醇溶液，以 NaOH 中和游离酸（酚酞指示剂呈现淡红色）。加入沸水，使沉淀物水解释放出 HF：

$$K_2SiF_6 + 3H_2O \rlap{=}{=} 2KF + H_2SiO_3\downarrow + 4\,HF$$

HF 的 $K_a=3.5\times10^{-4}$，可用 NaOH 标准溶液直接滴定释放出来的 HF，由所消耗的 NaOH 溶液的体积间接计算出 SiO_2 的含量。注意 SiO_2 与 NaOH 的计量关系是 1:4。

由于 HF 腐蚀玻璃容器，且对人体健康有害，操作必须在塑料容器中进行，在整个分析过程中应特别注意安全。

五、计算示例

【例 4.2】称取混合碱试样 1.200 g 溶于水，用 0.5000 mol·L^{-1} HCl 溶液 15.00 mL 滴定至酚酞恰好褪色。继续加甲基橙指示剂，又用 HCl 标准滴定溶液 22.00 mL 滴定至橙色。判断混合碱中的组分是什么，并计算各组分的含量。

解：根据两种指示剂用 HCl 溶液体积不同，可判断出该试样含有两种成分；而 $V_1 < V_2$，只能是 Na_2CO_3 与 $NaHCO_3$ 的混合物。

$$M\left(\frac{1}{2}Na_2CO_3\right) = 53.00\,g\cdot mol^{-1} \qquad M(NaHCO_3) = 84.01\,g\cdot mol^{-1}$$

Na_2CO_3 消耗 HCl 体积为 2×15.00 mL

$NaHCO_3$ 消耗 HCl 体积为 $22.00-15.00$ mL

$$\omega(Na_2CO_3) = \frac{0.5000\times2\times15.00\times53.00\times10^{-3}}{1.200}\times100\%$$
$$= 66.25\%$$

$$\omega(NaHCO_3) = \frac{0.5000\times(22.00-15.00)\times84.01\times10^{-3}}{1.200}\times100\%$$
$$= 24.50\%$$

技能训练1　混合碱的测定

一、仪器材料清单

混合碱测定所需的仪器、试剂如下表所示。

名称	规格	数量
分析天平	0.1 mg	1台
酸式滴定管	50.00 mL	1支
容量瓶	250 mL	1个
锥形瓶	250 mL	3个
小烧杯	100 mL	1个
移液管	25.00 mL	1支
盐酸标准溶液	0.1 mol·L^{-1}（已标定）	1瓶
甲基橙	0.1%	1瓶
酚酞	1%	1瓶
混合碱样品	100 g	1瓶

其他：称量瓶、滴瓶、玻璃棒、洗耳球、洗瓶、胶头滴管、滤纸、三级蒸馏水等，2～3人一组

二、测定混合碱

1. 用称量瓶以递减法准确称取混合碱试样 1.3～1.5 g 于 100 mL 小烧杯中，加少量新煮沸的冷蒸馏水，搅拌使其完全溶解。

2. 转移定容到一洁净的 250 mL 容量瓶中，用新煮沸冷却蒸馏水稀释至刻度，摇匀。

3. 用移液管吸取 25.00 mL 上述试液三份，分别置于 250 mL 锥形瓶中，再加 1～2 滴酚酞指示剂。

4. 用标定好的 HCl 标准溶液滴定至溶液由红色刚变为无色，即为第一终点，记下 V_1。

5. 再加入 1～2 滴甲基橙指示剂于此溶液中，此时溶液呈黄色。

6. 继续用 HCl 标准溶液滴定，直至溶液出现橙色，即为第二终点，记下 V_2。

7. 平行测定三份，根据 V_1 和 V_2 计算混合碱的含量。

$$\omega(\mathrm{Na_2CO_3}) = \frac{c(\mathrm{HCl}) \times 2V_1 \times M\left(\frac{1}{2}\mathrm{Na_2CO_3}\right)}{m(样品) \times \dfrac{25.00}{250.0}} \times 100\%$$

$$\omega(\mathrm{NaHCO_3}) = \frac{c(\mathrm{HCl}) \times (V_2 - V_1) \times M(\mathrm{NaHCO_3})}{m(样品) \times \dfrac{25.00}{250.0}} \times 100\%$$

8. 数据记录及处理。

用双指示剂法测定混合碱中 NaHCO₃ 和 Na₂CO₃ 的含量

项目	1		2		3	
称量瓶＋样品（倾样前）/g						
称量瓶＋样品（倾样后）/g						
样品质量 /g						
HCl 溶液用量 /mL	V_1	V_2	V_1	V_2	V_1	V_2
NaHCO₃ 含量 /%						
Na₂CO₃ 含量 /%						
平均值 /%						
相对极差 /%						

三、结束工作

1. 仪器设备、药品试剂归位。

2. 清洗玻璃仪器并整理实验台。

3. 按规定处理废液、废纸。

四、评价表

序号	考核内容	操作内容	分值	评分要求	分值	得分
1	操作前准备、安全与环保意识	检查仪器、试剂是否齐全，玻璃仪器洗涤方法正确	20	1. 穿实验服，双手洁净，不染指甲，不留长指甲，不披发	5	
				2. 检查所用仪器是否齐全	5	
				3. 洗涤所用仪器，以玻璃仪器不挂水珠、为均匀的水膜为洗净标准	10	
2	混合碱的测定	移液管移取溶液，酸式滴定管润洗、装液、排气泡、调零、正确滴定、半滴控制，依次加入两种指示剂、两个终点的正确判断等	60	1. 用容量瓶正确配制待测混合碱试液	5	
				2. 用移液管准确移取 25.00 mL 待测液于锥形瓶中	3	
				3. 酸式滴定管的正确检漏、清洗、润洗、装液、定液、赶气泡、调零	10	
				4. 依次加入酚酞和甲基橙指示剂、正确滴定、滴定过程左右手操作正确、滴定速度的控制恰当	10	
				5. 两个滴定终点的正确判断	5	
				6. 正确读数，平行测定三次	15	
				7. 根据公式正确计算	12	
3	文明操作、职业素养	实验过程当中台面、废液、纸屑等的处理；实验后台面、试剂、废液、纸屑等的处理，玻璃仪器的清洗	20	1. 操作过程中物品摆放有序，干净整洁	5	
				2. 废液处理得当，倒在指定位置	5	
				3. 结束后，废纸处理，仪器清洗归位，整理实验台	10	

技能训练2　食醋中总酸的测定

一、仪器材料清单

食醋中总酸测定所需的仪器、试剂如下表所示。

名称	规格	数量
碱式滴定管	50.00 mL	1 支
锥形瓶	250 mL	3 个
分刻度吸量管	5.00 mL	1 支
氢氧化钠标准溶液	0.1 mol·L^{-1}（已标定）	1 瓶
酚酞	1%	1 瓶
白醋样品	500 mL	1 瓶

其他：称量瓶、烧杯、滴瓶、玻璃棒、洗耳球、洗瓶、胶头滴管、滤纸、三级蒸馏水等，2～3 人一组

二、总酸的测定

1. 准确移取白醋样品 5.00 mL 于 250 mL 锥形瓶中，加入 25 mL 无二氧化碳的蒸馏水，再加 1～2 滴酚酞指示剂。

2. 用标定好的 NaOH 标准溶液滴定至溶液呈淡粉色且 30 秒内不褪色，即为终点。平行测定三份；根据公式计算食醋中醋酸含量（g·100 mL^{-1}）。

$$\rho(HAc)=\frac{c(NaOH)\times V(NaOH)\times M(HAc)}{V(样品)\times 10}$$

3. 数据记录及处理。

食醋中总酸含量的测定

项目	1	2	3
食醋样品 /mL	5.00	5.00	5.00
NaOH 溶液用量 /mL			
$c(NaOH)/(mol·L^{-1})$			
总酸度 $\rho_{HAc}/(g·100\ mL^{-1})$			
总酸度平均值 $\bar{\rho}_{HAc}/(g·100\ mL^{-1})$			
相对极差 /%			

三、结束工作

1. 仪器设备、药品试剂归位。

2. 清洗玻璃仪器并整理实验台。

3. 按规定处理废液、废纸。

四、评价表

序号	考核内容	操作内容	分值	评分要求	分值	得分
1	操作前准备、安全与环保意识	检查仪器、试剂是否齐全，玻璃仪器洗涤方法正确	20	1. 穿实验服，双手洁净，不染指甲，不留长指甲，不披发	5	
				2. 检查所用仪器是否齐全	5	
				3. 洗涤所用仪器，以玻璃仪器不挂水珠、为均匀的水膜为洗净标准	10	
2	食醋中总酸的测定	吸量管移取溶液，碱式滴定管润洗、装液、排气泡、调零、正确滴定、半滴控制，依次加入两种指示剂、两个终点的正确判断等	60	1. 用分刻度吸量管准确移取 5.00 mL 待测液于锥形瓶中	8	
				2. 碱式滴定管的正确检漏、清洗、润洗、装液、定液、赶气泡、调零	10	
				3. 加入酚酞指示剂、正确滴定、滴定过程左右手操作正确、滴定速度的控制恰当	10	
				4. 滴定终点的正确判断	5	
				5. 正确读数，平行测定三次	15	
				6. 根据公式正确计算	12	
3	文明操作、职业素养	实验过程当中台面、废液、纸屑等的处理；实验后台面、试剂、废液、纸屑等的处理，玻璃仪器的清洗	20	1. 操作过程中物品摆放有序，干净整洁	5	
				2. 废液处理得当，倒在指定位置	5	
				3. 结束后，废纸处理，仪器清洗归位，整理实验台	10	

【思考与练习】

一、选择题

清洁小天使——食用醋的妙用　　非水滴定

1. 摩尔质量的单位是（　　）。

A. g·mol　　　　　　　B. mol·g^{-1}

C. g·mol^{-1}　　　　　　D. g·L^{-1}

2. 下列属于基准物质的是（　　）。

A. 氢氧化钠　　　B. 盐酸　　　C. 醋酸　　　D. 无水碳酸钠

3. 工业混合碱的组成不可能存在的是（　　）。

A. NaOH + Na$_2$CO$_3$　　　　　　B. NaHCO$_3$ + Na$_2$CO$_3$

C. NaOH + NaHCO$_3$　　　　　　D. Na$_2$CO$_3$

4. 下列弱酸或弱碱（设浓度为 0.1 mol·L^{-1}）能用酸碱滴定法直接准确滴定的是（　　）。

A. 氨水（K_b=1.8×10^{-5}）　　　　B. 苯酚（K_a=1.1×10^{-10}）

C. NH$_4^+$（K_a=5.6×10^{-10}）　　　D. 硼酸（K_a=5.8×10^{-10}）

5. NaOH 溶液标签浓度为 0.300 mol·L^{-1}，该溶液从空气中吸收了少量 CO$_2$，现以酚酞为指示剂，用 HCl 标准溶液标定，标定结果比标签浓度（　　）。

A. 高　　　　　B. 低　　　　　C. 不变　　　　　D. 无法确定

二、判断题

1. 稀释浓硫酸时，应将水慢慢地倒入浓硫酸中。（   ）

2. 物质的量浓度会随基本单元的不同而不同。（   ）

3. 根据等物质的量规则，只要两种物质完全反应，它们的物质的量就相等。（   ）

4. 只要具有酸碱性的物质都可以用酸碱滴定法进行测定。（   ）

5. 测定食醋总酸时，用甲基橙为指示剂，用 NaOH 标准溶液滴定。（   ）

三、计算题

1. 称取无水 Na_2CO_3 基准物 0.1500 g，标定时消耗 HCl 溶液 25.60 mL，计算 HCl 溶液的浓度。

2. 称取混合碱试样 0.6800 g，以酚酞为指示剂，用 0.1800 $mol \cdot L^{-1}$ HCl 标准溶液滴定至终点，消耗 HCl 溶液 V_1=23.00 mL，然后加甲基橙指示剂滴定至终点，消耗 HCl 溶液 V_2=26.80 mL，判断混合碱的组分，并计算试样中各组分的含量。

3. 若 $T_{Na_2CO_3/HCl}$=0.005300 $g \cdot mL^{-1}$，试计算 HCl 标准溶液物质的量浓度。

4. 称取硼砂（$Na_2B_4O_7 \cdot 10H_2O$）0.4853 g，用以标定盐酸溶液。已知化学计量点时消耗盐酸溶液 24.75 mL，求此盐酸溶液的物质的量浓度。

5. 将 0.2497 g CaO 试样溶于 25.00 mL 0.2803 $mol \cdot L^{-1}$ HCl 标准滴定溶液中，剩余酸用 0.2786 $mol \cdot L^{-1}$ NaOH 标准滴定溶液返滴定，消耗 11.64 mL，试计算试样中 CaO 的质量分数。

模块五
配位滴定法

模块说明

配位滴定法是以配位反应为基础的滴定分析方法，亦称络合滴定法。

金属离子与无机配位剂生成的配合物稳定性不高，且多数没有确定的计量关系，故无机配位剂一般不能用于配位滴定。而大多数有机配位剂与金属离子的配位反应迅速并按确定的化学计量关系进行，其中应用最广泛的是乙二胺四乙酸（EDTA），它与大多数金属离子生成的配合物易溶于水，且具有足够的稳定性。因此配位滴定法可用于水硬度的测定，钙片中钙含量的测定，硅酸盐物料中氧化铁、氧化铝、氧化钙和氧化镁等的测定。通过本模块的学习，了解并掌握配位滴定法的相关理论及其应用。

配位滴定法
概述

育心笃行：滴定误差——细节里的工匠精神

《诗经》：如切如磋，如琢如磨。世界上没有什么是十全十美的，误差在我们日常生活中也随处可见，无法避免。在滴定分析体系中，一滴滴定剂大约为 0.04 mL，多加一滴，溶液的 pH 值可能从酸性突跃到碱性，滴定的颜色也会有明显变化，只有精益求精，才能不断接近滴定终点。

学习目标

知识目标：

1. 了解 EDTA 及 EDTA 与金属离子反应的特点；
2. 理解配位滴定的复杂性及配合物稳定常数和条件稳定常数的区别；
3. 理解金属指示剂的变色原理、金属指示剂的封闭现象及消除方法；
4. 了解影响滴定突跃的因素，掌握准确滴定的条件；
5. 掌握配位滴定法的原理；
6. 熟悉配位滴定的应用范围。

能力目标：

1. 能够正确配制 EDTA 标准溶液并正确选择标定的基准物质；
2. 学会酸度的控制方法；
3. 能够正确选择和使用金属指示剂来判断滴定终点；
4. 能够正确处理数据；
5. 会利用配位滴定分析技术解决实际生产生活中常量金属离子测定的问题。

素质目标：

1. 养成严格遵守规章制度的习惯；
2. 养成自主学习的学习习惯。
3. 增强理论联系实际的应用能力；
4. 树立安全操作意识和环保意识。

> EDTA 标准溶液的标定是 2021 年全国职业院校技能大赛化学实验技术赛项的竞赛内容。

项目一　认识配位滴定和 EDTA

【案例导入】

乙二胺四乙酸（ethylene diamine tetraacetic acid，EDTA）及其二钠盐为白色结晶粉末，在我们日常生活中用到的多种洗涤剂、护肤品、烫发护发剂中都添加有 EDTA。你了解 EDTA 的性质和用途吗？你知道它在水质检测中的具体应用吗？下面我们来共同学习相关的知识。

【知识探究】

一、配位滴定反应具备的条件（难度系数：★★）

1. 配位滴定法

配位滴定法是以形成配合物的反应为基础的滴定分析法。例如，用 $AgNO_3$ 标准溶液滴定 CN^- 时，其反应如下：

$$Ag^+ + 2CN^- \rightleftharpoons [Ag(CN_2)]^-$$

当滴定达到化学计量点时，稍过量的 Ag^+ 便与 $[Ag(CN)_2]^-$ 反应生成 $Ag[Ag(CN)_2]$ 沉淀，使溶液呈现浑浊而指示滴定终点。

$$Ag^+ + [Ag(CN_2)]^- \rightleftharpoons Ag[Ag(CN_2)] \downarrow$$

配位反应具有极大的普遍性。通过配位反应形成的配合物按照配体的类型不同可分为简单配合物和螯合物。只有一个原子提供孤对电子与中心原子键合，即只含有一个配位原子的配体统称为单齿配体，如 F^-、CN^-、Cl^-、NH_3、I^-、SCN^- 等，它们多属无机配位剂。这些配体与中心原子配位形成的配合物（或配离子）称为简单配合物，如 Cu^{2+} 与 NH_3、Ag^+ 与 CN^- 配位形成的配离子即属简单配合物。

有两个或两个以上的原子提供孤对电子与中心原子键合，即含有两个或两个以上配位原子的配体称为多齿配体，如乙二胺、酒石酸、邻二氮菲及各种氨羧配位剂等，它们多属有机配位剂，又称螯合剂。这类配位剂与中心原子配位形成的配合物具有环状结构，称为螯合物。

配位反应虽然很多，但是，并不是所有的配位反应都能用于配位滴定。能用于配位滴定的配位反应必须具备下列条件：

① 反应必须完全。即生成的配合物必须相当稳定。

② 在一定条件下配位数必须固定，即只形成一种配位数的配合物。

③ 配位反应速率要快。

④ 要有适当的方法确定滴定终点。

由于大多数无机配位剂与金属离子形成简单配合物的反应多是分级配位，稳定性都不高，并存在逐级配位现象，不能满足滴定分析对反应的要求。因此，无机配位剂能用于定量分析的并不多，目前除氰量法测 Ag^+、Co^{2+}、Ni^{2+} 和汞量法测卤离子外，一般不能用于配位滴定。

形成螯合物的配位反应无分级配位现象，螯合物的稳定性较好，能满足上述配位滴定对反应的要求，因此在分析化学中得到广泛的应用。目前使用最多的是氨羧配位剂，在医学检验、卫生检验、药物分析、化工、地质、冶金等领域用以测定多种金属离子。

2. 氨羧配位剂

氨羧配位剂是一类多基配位体，含有氨基二乙酸 $\left(-N\underset{CH_2COOH}{\overset{CH_2COOH}{\big\langle}}\right)$ 基团的有机化合物，其分子中含有配位能力很强的氨氮 $\left(:N-\right)$ 和羧氧 $\left(-C\underset{O^-}{\overset{O}{\big\langle}}\right)$ 两种配位原子，它们能与许多金属离子形成稳定的环状结构配合物。

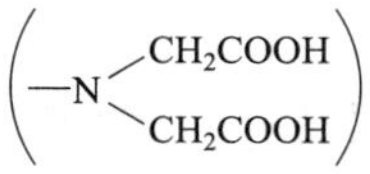

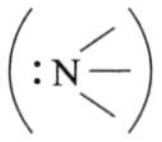

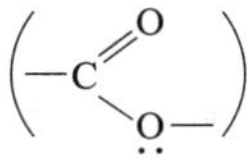

常见的用于配位滴定的氨羧配位剂有以下几种：

（1）乙二胺四乙酸及其二钠盐

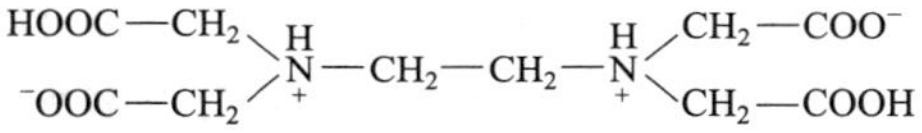

乙二胺四乙酸为无臭无味、白色结晶性粉末，在室温时溶解度很小，难溶于酸和一般有机溶剂，但易溶于氢氧化钠、碳酸钠及氨的溶液中，生成相应的盐溶液。

由于乙二胺四乙酸在水中溶解度很小，不适于作滴定剂。在分析工作中多用其二钠盐作滴定剂。乙二胺四乙酸二钠（含二分子结晶水，一般也简称为 EDTA）也是白色结晶性粉末，在水中的溶解度较大（室温下 100 mL 水中可溶解约 11 g，其水溶液呈弱酸性），适合配制标准滴定溶液，使用较为方便。

（2）氨三乙酸（NTA）

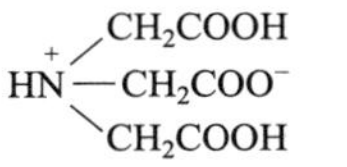

氨三乙酸微溶于水，其饱和水溶液 pH 为 2.7，若用 NaOH 溶液调节 pH 至 6 ～ 7，则相当于 NTA 二钠盐水溶液的酸度。

（3）环己二胺四乙酸（DCTA 或 CyDTA）

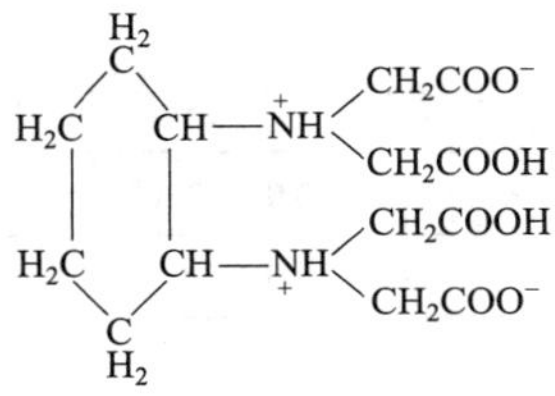

环己二胺四乙酸的性质与 EDTA 相近，它与 Fe^{3+}、Al^{3+}、Co^{2+}、Ni^{2+}、Cu^{2+}、Zn^{2+}、Cd^{2+}

等形成配合物的稳定性比这些离子与 EDTA 形成配合物的稳定性大。

（4）乙二醇二乙醚二胺四乙酸（EGTA）

$$CH_2-O-CH_2-CH_2-\overset{+}{N}H\underset{CH_2COOH}{\overset{CH_2COO^-}{\big<}}$$

$$CH_2-O-CH_2-CH_2-\underset{+}{N}H\underset{CH_2COO^-}{\overset{CH_2COOH}{\big<}}$$

EGTA 对碱土金属配位能力强，与金属离子形成配合物的稳定性比 EDTA 配合物的稳定性小。

其他还有乙二胺四丙酸（EDTP）、三乙基四胺六乙酸（TTHA）等。在这些配位剂中应用最多的是 EDTA。一般的配位滴定法主要是指 EDTA 滴定法。

二、EDTA 性质及配合物（难度系数：★★）

1. EDTA 的性质

乙二胺四乙酸是一种四元酸，用 H_4Y 表示，两个羧基上的 H^+ 转移到氮原子上形成双偶极离子。其结构式为：

微课扫一扫

EDTA 的性质及配合物特点

$$HOOC-CH_2\diagdown\overset{+}{\underset{H}{N}}-CH_2-CH_2-\overset{+}{\underset{H}{N}}\diagup CH_2-COO^-$$
$$^-OOC-CH_2\diagup \qquad\qquad\qquad \diagdown CH_2-COOH$$

EDTA 在水中的溶解度较小（20 ℃，每 100 g 水可溶解 0.02 g），难溶于酸和有机溶剂，易溶于 NaOH 或氨水，形成相应的盐溶液。由于其在水中溶解度很小，故通常使用 EDTA 二钠盐，用 $Na_2H_2Y\cdot 2H_2O$ 表示，也简称为 EDTA。EDTA 二钠盐的溶解度较大，22 ℃时，每 100 g 水可溶解约 11 g，此饱和溶液的浓度约为 0.3 $mol\cdot L^{-1}$，pH 约为 4.4。

EDTA 的两个羧基上的 H^+ 转移至 N 原子上，形成双偶极离子。其中，在羧基上的两个 H^+ 容易释出，与氮原子结合的两个 H^+ 不易释出。此外，当 H_4Y 溶解于水时，如果溶液的酸度很高，它的两个羧基可以再接受质子，形成 H_6Y^{2+}。这样，EDTA 就相当于六元酸（EDTA 本身为四元酸），在水溶液中存在着以下六级酸碱平衡。

$$H_6Y^{2+}\Longrightarrow H^+ + H_5Y^+ \qquad\qquad K_{a1}=1.3\times 10^{-1}=10^{-0.9}$$
$$H_5Y^+ \Longrightarrow H^+ + H_4Y \qquad\qquad K_{a2}=2.5\times 10^{-2}=10^{-1.6}$$
$$H_4Y \Longrightarrow H^+ + H_3Y^- \qquad\qquad K_{a3}=1.0\times 10^{-2}=10^{-2}$$
$$H_3Y^- \Longrightarrow H^+ + H_2Y^{2-} \qquad\qquad K_{a4}=2.16\times 10^{-3}=10^{-2.67}$$
$$H_2Y^{2-} \Longrightarrow H^+ + HY^{3-} \qquad\qquad K_{a5}=6.92\times 10^{-7}=10^{-6.16}$$
$$HY^{3-} \Longrightarrow H^+ + Y^{4-} \qquad\qquad K_{a6}=5.5\times 10^{-11}=10^{-10.26}$$

在任何水溶液中，EDTA 总是以上述七种形式存在，在不同 pH 下，EDTA 的主要存在形式不同，如表 5-1 所示。

表 5-1　不同 pH 时 EDTA 的主要存在形式

pH	< 1	1～1.6	> 1.6～2.0	> 2.0～2.67	> 2.67～6.16	> 6.16～10.26	> 10.26
主要存在形式	H_6Y^{2+}	H_5Y^+	H_4Y	H_3Y^-	H_2Y^{2-}	HY^{3-}	Y^{4-}

2. EDTA 的配位特点

EDTA 阴离子 Y 的结构具有两个氨基和四个羧基，其氮、氧原子都有孤对电子，能与金属离子形成配位键，可作为六基配体。它可以和大多数金属离子形成稳定的配合物。

　　EDTA 与金属离子发生配位反应具有以下特点。

　　（1）广泛性　由于 EDTA 分子中具有 6 个可提供孤对电子的配位原子（两个氨基氮和四个羧基氧），它既可以作为四基配体，也可以作为六基配体。因此，周期表中绝大多数的金属离子均能与 EDTA 形成多个五元环结构、配位比为 1:1 的稳定的配合物（螯合物）。EDTA 与金属离子形成配合物的立体结构如图 5-1 所示。

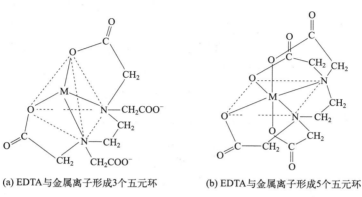

(a) EDTA 与金属离子形成 3 个五元环　　　(b) EDTA 与金属离子形成 5 个五元环

图 5-1　EDTA 与金属离子形成配合物的立体结构

　　（2）稳定性　螯合物的稳定性与成环的数目有关，当配位原子相同时，成环数越多，则螯合物越稳定。

　　螯合物的稳定性还与螯环的大小有关，一般以五元环或六元环最为稳定。EDTA 与金属离子形成的螯合物均为五元环，除 Na^+ 和 Li^+ 外，其他金属离子的 EDTA 螯合物稳定性都比较大。其稳定性可以用稳定常数表示。

　　（3）组成一定　由于 EDTA 具有 6 个配位原子，而且这 6 个配位原子在空间位置上均能与金属离子配位，通常金属离子的配位数为 4 或 6，因此 EDTA 和金属离子配位时，无论金属离子的配位数是多少，一般都能满足金属离子配位数的要求，生成配位比为 1:1 的配合物，其配位反应为：

$$M^{2+} + H_2Y^{2-} \rightleftharpoons MY^{2-} + 2H^+$$

$$M^{3+} + H_2Y^{2-} \rightleftharpoons MY^- + 2H^+$$

$$M^{4+} + H_2Y^{2-} \rightleftharpoons MY + 2H^+$$

微课扫一扫

配位平衡的
最适酸度

　　但有极少数高价金属离子，如 $Mo(V)$、$Zr(IV)$ 与 EDTA 形成 2:1 的配合物。当溶液的酸度或碱度较高时，一些金属离子与 EDTA 还形成酸式（MHY）或碱式（MOHY）配合物。但它们大多数不稳定，不影响金属离子与 EDTA 之间 1:1 的计量关系，可以忽略不计。

　　（4）易溶性　EDTA 与金属离子形成的配合物易溶于水。EDTA 分子中含有四个亲水的羧氧基团，且形成的配合物多带有电荷，因而能溶于水中。因此，配位反应可在水溶液中进行，而且大多数配位反应速率较快，瞬时可完成。

　　（5）颜色变化　EDTA 与无色的金属离子配位时，生成无色的螯合物，有利于用指示剂确定滴定终点。有色金属离子与 EDTA 配位时，一般生成与金属离子颜色一致，但颜色更深的螯合物。如果螯合物的颜色太深，将使目测终点发生困难。那么，滴定时溶液浓度应稀一些，以免用指示剂确定终点时带来困难。但是大多数金属离子是无色的，因此有利于滴定终点的判断。几种 EDTA 螯合物的颜色如下：

螯合物	CoY^-	CrY^-	CuY^{2-}	FeY^-	MnY^{2-}	NiY^{2-}
颜色	紫红	深紫	蓝	黄	紫红	蓝绿

三、配合物稳定常数（难度系数：★★★★）

微课扫一扫

绝对稳定常
数和条件稳
定常数

1. 稳定常数

在配位反应中，配合物的形成和解离处于相对平衡的状态中，配合物的稳定性常用稳定常数来表示。

（1）ML（1:1）型配合物　在配位反应中，金属离子 M 与配位剂 L 形成 1:1 的配合物 ML 的反应，如下所示：

$$M + L \rightleftharpoons ML$$

当反应达到平衡后，平衡常数 K 常以稳定常数 $K_稳$ 来表示：

$$K_稳 = \frac{[ML]}{[M][L]}$$

式中，[ML]、[M]、[L] 分别为平衡状态时 ML、M、L 的平衡浓度；$K_稳$ 为配合物的稳定常数。

金属离子和 EDTA 生成配合物的稳定性大小，可以用它们的 $K_稳$ 来衡量。$K_稳$ 值越大，表示生成配合物的倾向越大，解离倾向就越小，即配合物越稳定。EDTA 与部分金属离子形成配合物的 $\lg K_稳$ 列于表 5-2 中。

表 5-2　常见金属离子与 EDTA 所形成配合物的 $\lg K_稳$ 值

金属离子	$\lg K_稳$	金属离子	$\lg K_稳$
Ag^+	7.32	Ce^{3+}	16.0
Al^{3+}	16.30	Co^{2+}	16.31
Ba^{2+}	7.86	Co^{3+}	36.0
Be^{2+}	9.20	Cr^{3+}	23.4
Bi^{3+}	27.94	Cu^{2+}	18.80
Ca^{2+}	10.69	Fe^{2+}	14.32
Cd^{2+}	16.46	Fe^{3+}	25.10
Li^+	2.79	Pt^{3+}	16.4
Mg^{2+}	8.7	Sn^{2+}	22.11
Mn^{2+}	13.87	Sn^{4+}	7.23
Na^+	1.66	Sr^{2+}	8.73
Pb^{2+}	18.04	Zn^{2+}	16.50

需要指出的是：稳定常数只考虑金属离子和配位剂阴离子及形成的酸碱间的浓度关系，并未考虑酸度及其他配位剂（掩蔽剂、缓冲剂）等因素的影响。

（2）ML_n（1:n）型配合物

① 逐级稳定常数。M 与 L 逐级配位反应及其稳定常数为：

$$M + L \Longleftrightarrow ML \qquad \text{第一级稳定常数} \qquad K_1 = \frac{[ML]}{[M][L]}$$

$$ML + L \Longleftrightarrow ML_2 \qquad \text{第二级稳定常数} \qquad K_2 = \frac{[ML_2]}{[ML][L]}$$

$$ML_{n-1} + L \Longleftrightarrow ML_n \qquad \text{第 } n \text{ 级稳定常数} \qquad K_n = \frac{[ML_n]}{[ML_{n-1}][L]}$$

② 累积稳定常数及总稳定常数。在许多配位平衡的计算中，常用到 $K_1 \times K_2 \times K_3$ 等数值，这样将逐级稳定常数依次相乘所得到的积称为累积稳定常数，以 β 表示。

第一级累积稳定常数：$\beta_1 = K_1$ $\lg\beta_1 = \lg K_1$

第二级累积稳定常数：$\beta_2 = K_1 \times K_2$ $\lg\beta_2 = \lg K_1 + \lg K_2$

第 n 级累积稳定常数：$\beta_n = K_1 \times K_2 \times \cdots \times K_n$ $\lg\beta_n = \lg K_1 + \lg K_2 + \cdots + \lg K_n$

总稳定常数就是最后一级累积稳定常数。

$$K_{总} = K_1 \times K_2 \times K_3 \times \cdots \times K_n = \beta_n$$

2. 影响配合物稳定性的因素

配位滴定中，涉及的化学平衡是很复杂的，通常把被测金属离子 M 与标准溶液 Y 生成 MY 的配位反应称为主反应，但是，溶液中调节酸度加入的缓冲溶液、消除干扰离子加入的掩蔽剂及溶液中的 H^+、OH^- 和其他金属离子等，常会和 M、Y 及 MY 发生副反应，影响主反应的进行。除主反应外，其他反应一律称为副反应。如果反应物 M 或 Y 发生了副反应，就不利于主反应的进行；如果反应物 MY 发生了副反应，则有利于主反应的进行。下面着重讨论影响较大的酸效应和副反应的配位效应。

（1）EDTA 的酸效应与酸效应系数   酸度对 EDTA 配合物 MY 稳定性的影响，可用下式表示：

$$
\begin{array}{c}
M + Y \Longleftrightarrow MY \\
H^+ \Updownarrow \quad\quad\quad \\
HY \quad\quad \\
H^+ \Updownarrow \quad\quad\quad \\
H_2Y \quad\quad \\
\vdots \quad\quad\quad
\end{array}
$$

M 与 Y 进行配位反应时，溶液中的 H^+ 也会与 Y 结合，形成 Y 的各级型体。这一副反应的发生，使溶液中 Y 的平衡浓度下降，与 M 配位的程度减小。这种由 H^+ 引起的对配位剂 Y 的副反应，影响主反应进行程度的现象，称为 EDTA 的酸效应。酸效应影响程度的大小用酸效应系数 $\alpha_{Y(H)}$ 衡量。$\alpha_{Y(H)}$ 表示未与 M 配位的 EDTA 的总浓度 $[Y']$ 是 Y 的平衡浓度 $[Y]$ 的多少倍：

$$\alpha_{Y(H)} = \frac{[Y']}{[Y]} = \frac{[Y] + [HY] + [H_2Y] + \cdots + [H_6Y]}{[Y]} = 1/x_Y$$

式中，$[Y]$ 表示溶液中 EDTA 的 Y 型体的平衡浓度；$[Y']$ 表示未与 M 配位的 EDTA 各种型体的总浓度。

若 $\alpha_{Y(H)} > 1$，即 $[Y'] > [Y]$，说明有酸效应。$\alpha_{Y(H)}$ 值越大，酸效应对主反应的影响程度也越大。若 $\alpha_{Y(H)} = 1$，即 $[Y'] = [Y]$，说明 EDTA 只以 Y 型体存在，没有酸效应。在不同酸度条件

下的 $\alpha_{Y(H)}$ 值可通过计算求出。

在配位滴定中，$\alpha_{Y(H)}$ 是很重要的数值，其变化范围很大，因此常用其对数值。为方便应用。将不同 pH 条件下的 $lg\alpha_{Y(H)}$ 值计算出来列于表 5-3。

表 5-3　不同 pH 条件下 EDTA 的 $lg\alpha_{Y(H)}$ 值

pH	$lg\alpha_{Y(H)}$	pH	$lg\alpha_{Y(H)}$	pH	$lg\alpha_{Y(H)}$
0.0	23.64	4.5	7.44	9.0	1.28
0.5	20.75	5.0	6.45	9.5	0.83
1.0	18.01	5.5	5.51	10.0	0.45
1.5	15.55	6.0	4.65	10.5	0.20
2.0	13.51	6.5	3.92	11.0	0.07
2.5	11.90	7.0	3.32	11.5	0.02
3.0	10.60	7.5	2.78	12.0	0.01
3.5	9.48	8.0	2.27	13.0	0.00
4.0	8.44	8.5	1.77		

由于不同的 MY 配合物的稳定性不同，H^+ 引起的配位剂 Y 的副反应对主反应影响的程度也不相同。稳定性较低的 MY 配合物，在酸性较弱的情况下即可发生解离；而稳定性较强的 MY 配合物，只有在酸性较强的情况下才会解离。不同的 MY 配合物保持稳定时所允许的最高酸度是不同的，这种能够保持 MY 配合物稳定存在的最高酸度称为 EDTA 滴定的最低 pH。

根据不同金属离子的 EDTA 配合物最低 pH 不同的性质，EDTA 滴定中可以利用调节溶液 pH 的方法，在多种离子混合物中分别滴定各金属离子。例如，Fe^{3+}（最低 pH 为 1.0）和 Mg^{2+}（最低 pH 为 9.7）共存时，可先调节溶液呈酸性，用 EDTA 滴定，Fe^{3+} 与 EDTA 结合成稳定的 FeY^- 配合物，而此时 Mg^{2+} 不会形成稳定的 MgY^{2-} 配合物，从而不干扰滴定。当 Fe^{3+} 被滴定完全后，再调节溶液至呈碱性，就可以滴定 Mg^{2+}。

（2）配位效应和配位效应系数　如果溶液中有能与 M 配位的另一种配位剂 L 存在，M 与 Y 配位的同时也能与 L 配位，这是金属离子 M 的一种副反应。由于这一副反应的发生，溶液中 M 离子的平衡浓度下降，与 Y 配位的程度减弱。这种由于其他配位剂 L 与金属离子 M 发生副反应而影响主反应进行程度的现象称为金属离子的配位效应。

$$M + Y \rightleftharpoons MY$$
$$\Updownarrow L$$
$$ML$$
$$\Updownarrow L$$
$$ML_2$$
$$\vdots$$

配位效应对主反应影响程度的大小用配位效应系数 $\alpha_{M(L)}$ 衡量。

$$\alpha_{M(L)} = \frac{[M']}{[M]} = \frac{[M]+[ML]+[ML_2]+\cdots+[ML_n]}{[M]}$$

$$\alpha_{M(L)} = 1 + [L]\beta_1 + [L]^2\beta_2 + \cdots + [L]^n\beta_n$$

$\alpha_{M(L)}$ 表示未与 Y 配位的金属离子 M 总浓度 [M'] 是游离金属离子平衡浓度 [M] 的多少倍。$\alpha_{M(L)}$ 值越大，表明其他配位剂 L 对主反应的影响越大。当 $\alpha_{M(L)}=1$ 时，[M']=[M]。即表示该金属离子不存在配位效应。

除上述 EDTA 酸效应和金属离子配位效应两种副反应效应外，滴定体系中还存在着共存离子效应和水解效应。共存离子效应通常可以采取掩蔽的方法消除。水解效应在酸性、中性溶液中可以忽略。在 EDTA 滴定中，前两种副反应效应，尤其酸效应是主要的。在综合考虑副反应效应对主反应影响的情况下，MY 稳定性用条件稳定常数（K'_{MY}）描述比较切合实际。

（3）条件稳定常数　　条件稳定常数又称表观稳定常数，它是将各种副反应如酸效应、配位效应、共存离子效应、羟基化效应等因素考虑进去以后的实际稳定常数。它表示在发生副反应的情况下，配位反应进行的程度。在一定条件下 $\alpha_{M(L)}$、$\alpha_{Y(H)}$ 为定值。因此，当条件一定时，K'_{MY} 为一常数。

M 与 Y 配位反应达到平衡时，平衡关系可用下式表示：

$$M + Y \Longleftrightarrow MY \qquad\qquad K_{MY} = \frac{[MY]}{[M][Y]}$$

但如果 M、Y 有副反应，M、Y 的平衡浓度将受到副反应的影响。此时未参加主反应的金属离子总浓度为 [M']，配位剂总浓度为 [Y']，反应的平衡关系式应改为：

$$K'_{MY} = \frac{[MY]}{[M'][Y']}$$

当忽略其他副反应时，

$$\alpha_{M(L)} = \frac{[M']}{[M]} \qquad\qquad [M'] = \alpha_{M(L)}[M]$$

$$\alpha_{Y(H)} = \frac{[Y']}{[Y]} \qquad\qquad [Y'] = \alpha_{Y(H)}[Y]$$

则：

$$K'_{MY} = \frac{[MY]}{\alpha_{M(L)}[M]\alpha_{Y(H)}[Y]} = K_{MY} \times \frac{1}{\alpha_{M(L)}\alpha_{Y(H)}}$$

取对数，得到：$\qquad\qquad \lg K'_{MY} = \lg K_{MY} - \lg \alpha_{M(L)} - \lg \alpha_{Y(H)}$

式中，$\lg K_{MY}$ 值和 $\lg \alpha_{Y(H)}$ 值可以直接从表中查出，$\lg \alpha_{M(L)}$ 值需要先查表然后计算得出，但一般情况下可以忽略。

条件改变时，$\alpha_{M(L)}$、$\alpha_{Y(H)}$ 值改变，K'_{MY} 也变化。所以，条件稳定常数 K'_{MY} 是在一定条件下，有副反应存在时的主反应进行程度的标志，是对稳定常数 K_{MY} 的校正。K'_{MY} 越大，EDTA 与 M 的配位反应进行得越完全。

根据以上计算式及查表，可以得知，随着酸度的升高，$\alpha_{Y(H)}$ 值增加得很快，EDTA 配合物的实际稳定性降低得很显著。当 pH > 12 时，溶液酸度影响极小，此时 EDTA 的配位能力最强，生成的配合物最稳定。

【例 5.1】分别计算 pH=10.00 和 pH=2.00 时，ZnY 的条件稳定常数。

解：查表得：

$lgK_{ZnY}=16.50$

pH=10.0 时，$lg\alpha_{Y(H)}=0.45$

$$lgK'_{ZnY} = 16.50 - 0.45 = 16.05$$
$$pH = 2.0 \text{ 时，} lg\alpha_{Y(H)} = 13.51$$
$$lgK'_{ZnY} = 16.50 - 13.51 = 2.99$$

可见，条件稳定常数是判断配合物的稳定性及配位反应进行程度的一个重要依据。

【思考与练习】

一、选择题

1. 一般情况下，EDTA 与金属离子形成的配合物的配位比是（　　）。

A. 1:1　　　　　　　　　　B. 2:1

C. 1:3　　　　　　　　　　D. 1:2

2. 在 EDTA 滴定中，下列有关酸效应的叙述中，正确的是（　　）。

A. pH 越大，酸效应系数越大

B. 酸效应系数越大，配合物的稳定性越大

C. 酸效应系数越小，配合物的稳定性越大

D. 酸效应系数越大，滴定曲线的突跃范围越大

3. EDTA 在水溶液中以（　　）种形式存在。

A. 5　　　　　　　　B. 6　　　　　　　　C. 7　　　　　　　　D. 8

4. 直接与金属离子配位的 EDTA 型体为（　　）。

A. H_6Y^{2+}　　　　　　B. H_4Y　　　　　　C. H_2Y^{2-}　　　　　　D. Y^{4-}

5. $\alpha_{M(L)} = 1$ 表示（　　）。

A. M 与 L 没有副反应　　　　　　　　B. M 与 L 的副反应相当严重

C. M 的副反应较小　　　　　　　　　D. [M]=[L]

二、判断题

1. EDTA 标准溶液可以用直接法配制。（　　）

2. EDTA 与有色金属离子配位螯合物颜色会加深。（　　）

3. 金属离子与 EDTA 形成配合物 MY 的条件稳定常数越大，配合物就越稳定。（　　）

4. K′ 表示的是配合物 MY 的条件稳定常数。（　　）

5. EDTA 在酸性溶液中的配位能力最强。（　　）

三、问答题

1. EDTA 与金属离子形成的配合物具有哪些特点？

2. 配合物的稳定常数和条件稳定常数有何区别和联系？

3. 什么叫酸效应？什么叫酸效应系数？

4. 无色和有色的金属离子都能与 EDTA 形成有色配合物吗？

5. 影响配位平衡的主要因素有哪些？

项目二　EDTA 标准溶液的配制与标定法

【案例导入】

　　某检测公司接到一批检样，需测定某一厂家所生产钙片中的钙含量，检测员小陈选用钙指示剂（NN），用 EDTA 标准溶液来测定该钙片中的钙含量，终点变色从酒红色到纯蓝色。你知道 EDTA 标准溶液与被测物钙离子发生反应的机理吗？ EDTA 标准溶液又是如何配制和标定的呢？

【知识探究】

一、金属指示剂（难度系数：★★★）

　　配位滴定中用于指示滴定终点的方法有多种，但最重要的还是使用金属指示剂（metal indicator）来判断终点。在配位滴定中，金属指示剂是一种能和金属离子形成有色配合物，并指示理论终点到达的显色剂。

　　1. 金属指示剂的作用原理

　　金属指示剂本身是一种弱的配位剂，也是一种多元酸碱。在一定条件下，指示剂先解离为某一形式的离子，然后与金属离子配位形成具有一定稳定性的配合物。配位滴定时，滴定前在金属离子溶液中加入金属指示剂，以 M 代表金属离子，In 代表指示剂，两者形成的配合物以 MIn 表示。先发生下列变化：

动画扫一扫

铬黑 T 变色
原理

$$M + In \rightleftharpoons MIn$$
$$\text{甲色} \qquad \text{乙色}$$

　　可见，用 EDTA 滴定金属离子（M）时，滴定前，少量指示剂与溶液中的 M 配位，形成了与 In 本身颜色不同的一种配合物。

　　滴定过程中，EDTA 与游离的金属离子逐渐配位形成稳定配合物，当达计量点时，已与指示剂配位的金属离子被 EDTA 夺取出来，同时，释放出指示剂而引起溶液颜色发生变化，呈现指示剂本身颜色。

$$MIn + Y \rightleftharpoons MY + In$$
$$\text{乙色} \qquad\qquad \text{甲色}$$

此时，溶液的颜色由乙色又变为甲色，指示终点到达。

　　2. 金属指示剂应具备的条件

　　一般都采用实验的方法来选择指示剂，实验滴定终点时颜色变化是否敏锐，再检查滴定结果是否准确，这样就可以确定该指示剂是否符合要求。

　　一般来说，金属指示剂应具备以下条件：

　　① 指示剂与金属离子形成的配合物（MIn）的颜色与指示剂（In）本身的颜色应显著不同，这样才能使终点变色明显。

　　② 指示剂与金属离子的显色反应要灵敏、迅速，具有良好的变色可逆性。

③ 指示剂与金属离子形成配合物的稳定性要适当。它既要有足够的稳定性，又要比金属离子的 EDTA 配合物 MY 的稳定性小，两者相差要在 100 倍以上。只有在此条件下，终点既不会过早出现，当滴定到达计量点时，指示剂又能被 EDTA 置换出来而显示颜色变化。

④ 金属指示剂应比较稳定，便于贮藏和使用。

⑤ 金属离子与指示剂配合物 MIn 应易溶于水，否则反应（与金属生成配合物、配合物中 In 被 Y 置换）为边溶解边反应的过程，太慢，不利于颜色的观察。如果生成胶体溶液或沉淀，则会使变色不明显。

3. 金属指示剂的封闭、僵化、氧化变质及消除方法

动画扫一扫
指示剂的封闭

动画扫一扫
指示剂的僵化

（1）金属指示剂的封闭现象及其消除　有时指示剂与金属离子形成的配合物，在 EDTA 与金属离子反应达到化学计量点时，稍过量的 EDTA 并不能夺取 MIn 有色配合物中的金属离子，使金属指示剂发生颜色变化，这种现象称为金属指示剂的封闭。导致金属指示剂出现封闭现象的原因及消除方法如下：

① 溶液中某些离子的存在，与金属指示剂形成十分稳定的有色配合物，以致不能被 EDTA 置换，产生封闭现象。对于这种情况，一般需要加入适当的掩蔽剂来消除这些离子的干扰。例如，以铬黑 T 为金属指示剂，用 EDTA 滴定 Ca^{2+}、Mg^{2+} 时，Fe^{3+}、Al^{3+} 对指示剂有封闭作用，可用三乙醇胺作掩蔽剂消除干扰。又如，Cu^{2+}、Co^{2+}、Ni^{2+} 等对指示剂的封闭作用，可用 KCN 或 Na_2S 等作掩蔽剂来消除。

② 金属指示剂的封闭现象是由有色配合物的颜色变化为不可逆反应引起的。虽然 MIn 的稳定性不及 MY 的稳定性高，但由于动力学方面的原因，使得有色配合物并不能被 EDTA 破坏，金属指示剂无法游离出来，即颜色变化为不可逆，而产生封闭现象。这时，可用返滴定法予以消除。例如，Al^{3+} 对二甲酚橙有封闭作用，测定 Al^{3+} 时可先加入过量 EDTA 标准滴定溶液，于 pH=3.5 时煮沸使 Al^{3+} 与 EDTA 完全配位后，再调节溶液 pH 为 5.0 ～ 6.0，加入二甲酚橙，用 Zn^{2+} 或 Pb^{2+} 标准滴定溶液返滴定。

（2）金属指示剂的僵化现象及其消除　有些金属指示剂本身及其与金属离子形成的配合物的溶解度很小，因而使终点的颜色变化不明显；有些金属指示剂 MIn 的稳定性只是稍稍小于 MY，因而使 EDTA 与 MIn 之间的置换反应很慢，终点拖后，或使颜色转变很不敏锐。这种现象叫指示剂的僵化。

消除的办法：可以加入适当的有机溶剂或加热，来增大溶解度，加快反应速率，从而使终点变色明显。如果僵化现象不严重，在接近终点时，采取紧摇慢滴的操作，可得到较满意的结果。例如，用 PAN 作指示剂时，可加入少量甲醇或乙醇，或将溶液加热，以加快置换反应速率，使指示剂的变色较明显。

（3）指示剂的氧化变质现象及解决方法　大多数金属指示剂具有双键基团，易被日光、空气、氧化剂等分解，分解变质的速度与试剂的纯度有关。有些金属离子还会对分解起催化作用。例如，铬黑 T 在 Mn^{4+}、Ce^{4+} 存在下，数秒即被分解褪色。由于上述原因，金属指示剂在水溶液中不稳定，日久会变质。因此，一般将指示剂配成固体混合物，或于指示剂溶液中加入还原性物质如抗坏血酸、盐酸羟胺等，也可以用时临时配制。

4. 常用的金属指示剂

（1）铬黑 T　铬黑 T 属偶氮染料，简称 BT 或 EBT，其化学名称是 1-（1- 羟基 -2- 萘偶

氮基）-6- 硝基 -2- 萘酚 -4- 磺酸钠，其结构式如下：

铬黑 T 是带有金属光泽的褐色粉末，溶于水时磺酸基上的 Na^+ 全部解离。铬黑 T 是一个二元弱酸，以 H_2In^- 表示，随溶液 pH 不同，分两步解离，呈三种颜色。

$$H_2In^- \underset{H^+}{\overset{pK_1=6.3}{\rightleftharpoons}} HIn^{2-} \underset{H^+}{\overset{pK_2=11.6}{\rightleftharpoons}} In^{3-}$$

pH<6.3　　　　　pH=8～10　　　　　pH>11.6

紫红色　　　　　蓝色　　　　　橙色

铬黑 T 与二价金属离子形成的配合物显红色。由于指示剂在 pH < 6.3 和 pH > 11.6 的溶液中呈现的颜色与 MIn 颜色相近，滴定终点时颜色变化不明显，所以选用铬黑 T 作指示剂时，使用的最适宜 pH 范围为 8 ～ 10。EDTA 直接滴定 Mg^{2+}、Zn^{2+}、Cd^{2+}、Pb^{2+} 和 Hg^{2+} 等离子时，铬黑 T 是良好的指示剂，但 Al^{3+}、Fe^{3+}、Co^{2+}、Ni^{2+}、Cu^{2+}、Ti^{4+} 等对指示剂有封闭作用。Al^{3+}、Ti^{4+} 可用氯化物掩蔽，Fe^{3+} 可用抗坏血酸还原掩蔽，Co^{2+}、Ni^{2+}、Cu^{2+} 可用邻二氮菲掩蔽，Cu^{2+} 也可用硫化物形成沉淀掩蔽。

固体铬黑 T 性质稳定，但其水溶液不稳定，只能保存几天，这是由于发生了聚合反应和氧化反应。在 pH < 6.5 的溶液中，聚合更为严重。金属指示剂聚合后，不能与金属离子显色，在配制溶液时，加入三乙醇胺可减慢聚合速度。

在碱性溶液中，空气中的 O_2 及 Mn（Ⅳ）和 Ce^{4+} 等能将铬黑 T 氧化使其褪色。加入盐酸羟胺或抗坏血酸等还原剂，可防止其氧化。工作中，常使用铬黑 T 与干燥的纯 NaCl 按 1∶100 混合研细的混合物，密闭保存在棕色瓶中。

（2）二甲酚橙　二甲酚橙（XO）属于三苯甲烷类显色剂，化学名称为 3, 3'- 双 [N, N- 二羧甲基氨甲基] - 邻甲酚磺酞。其结构式如下：

分析用二甲酚橙的四钠盐，为紫色结晶，易溶于水，pH > 6.3 时，呈红色；pH < 6.3 时，呈黄色；pH=6.3 时，呈中间颜色。二甲酚橙与金属离子形成的配合物都是红紫色。因此，它只适用于 pH < 6 的酸性溶液中。通常将其配成 0.5% 的水溶液，可保存 2 ～ 3 周。

许多金属离子，如 ZrO^{2+}（pH＜1）、Bi^{3+}（pH=1～2）、Th^{4+}（pH=2.5～3.5）、Pb^{2+}、Zn^{2+}、Cd^{2+}、Hg^{2+}、Tl^{3+} 等和稀土元素的离子（pH=5～6），都可用二甲酚橙作指示剂，以 EDTA 直接滴定，终点由红色变为亮黄色，很敏锐。Fe^{3+}、Al^{3+}、Ni^{2+} 和 Cu^{2+} 等也可以用二甲酚橙作指示剂，加入过量 EDTA 后用 Zn^{2+} 标准溶液返滴定。

Fe^{3+}、Al^{3+}、Ni^{2+}、Ti^{4+} 等封闭二甲酚橙，如需测定，Fe^{3+} 可用抗坏血酸还原，Al^{3+} 和 Ti^{4+} 可用氟化物掩蔽，Ni^{2+} 可用邻二氮菲掩蔽。

常用金属指示剂列于表 5-4 中。

表 5-4　常用的金属指示剂

指示剂	pH 范围	颜色变化		直接滴定离子	指示剂配制
		In	MIn		
铬黑 T	7～10	蓝	红	pH 为 10 时：Mg^{2+}、Zn^{2+}、Cd^{2+}、Pb^{2+}、Mn^{2+}、Re^{2+}	1∶100NaCl（固体）
二甲酚橙	＜6	黄	红	pH 小于 1 时：ZrO^{2+} pH 为 1～3 时：Bi^{3+}、Th^{4+} pH 为 5～6 时：Zn^{2+}、Cd^{2+}、Hg^{2+}、Pb^{2+}、稀土元素离子	0.5% 水溶液
PAN	2～12	黄	红	pH 为 2～3 时：Bi^{3+}、Th^{4+} pH 为 4～5 时：Gu^{2+}、Ni^{2+}	0.1% 乙醇溶液
酸性铬蓝 K	8～13	蓝	红	pH 为 10 时：Mg^{2+}、Zn^{2+} pH 为 13 时：Ca^{2+}	1∶100NaCl（固体）
钙指示剂	10～13	蓝	红	pH 为 12～13 时：Ca^{2+}	1∶100NaCl（固体）
磺基水杨酸		无色	紫色	pH 为 1.5～3 时：Fe^{3+}（加热）	2% 水溶液

二、配位滴定原理（难度系数：★★★★★）

1. 滴定曲线

在配位滴定法中，随着 EDTA 标准溶液的加入，溶液中被滴定的金属离子不断减少，在计量点附近，溶液中金属离子的浓度发生突变。因此，可以用配位滴定过程中金属离子浓度（pM 值）来表示配位滴定过程中金属离子浓度随加入滴定剂的量而变化的曲线，称为配位滴定曲线。

现以 $0.01000\ mol\cdot L^{-1}$ 的 EDTA 标准溶液滴定 20.00 mL $0.01000\ mol\cdot L^{-1}$ 的 Ca^{2+} 溶液为例，用 $NH_3\cdot H_2O\text{-}NH_4Cl$ 缓冲溶液，保持溶液 pH=10.0，讨论滴定过程中 pCa 值的变化情况。EDTA 与 Ca^{2+} 的反应为：

$$Ca^{2+} + H_2Y^{2-} \rightleftharpoons CaY^{2-} + 2H^+$$

体系的 pH 为 12，$\lg\alpha_{Y(H)}=0$；化学计量点时酸度变化不大，可认为无酸效应。Ca^{2+} 又没有羟基化效应，所以此滴定体系可作为无副反应的滴定体系，计算时用稳定常数即可。

（1）滴定前

$$[Ca^{2+}] = 0.01000\ mol\cdot L^{-1}$$

$$pCa = -\lg 0.01000 = 2.00$$

（2）滴定开始至计量点前　在此阶段，溶液中尚有剩余的 Ca^{2+}，则可根据剩余 Ca^{2+} 的量和溶液的体积来计算 $[Ca^{2+}]$。

例如，当加入 19.80 mL 的 EDTA 溶液时：

$$[Ca^{2+}] = 0.01000 \times \frac{20.00 - 19.80}{20.00 + 19.80} = 5.03 \times 10^{-5}(\text{mol} \cdot \text{L}^{-1})$$

$$pCa = 4.30$$

当加入 19.98 mL 的 EDTA 溶液时：

$$[Ca^{2+}] = 0.01000 \times \frac{20.00 - 19.98}{20.00 + 19.98} = 5.00 \times 10^{-6}(\text{mol} \cdot \text{L}^{-1})$$

$$pCa = 5.30$$

（3）计量点时　这时溶液中既无剩余的 Ca^{2+}，又无过量的 EDTA：

$$[\text{CaY}] = 0.01000 \times \frac{20.00}{20.00 + 20.00} = 5.00 \times 10^{-3}(\text{mol} \cdot \text{L}^{-1})$$

这时溶液中 $[Ca^{2+}]=[Y]$，查表 $\lg K_{\text{CaY}}=10.69$：

$$\frac{[\text{CaY}]}{[Ca^{2+}][Y]} = \frac{[\text{CaY}]}{[Ca^{2+}]^2} = 10^{10.69}$$

$$[Ca^{2+}] = \sqrt{\frac{5.00 \times 10^{-3}}{10^{10.69}}} = 3.20 \times 10^{-7}(\text{mol} \cdot \text{L}^{-1})$$

$$pCa = 6.49$$

（4）计量点后　这时溶液中有过量的 EDTA，可根据过量的 EDTA 和配位平衡常数式来计算 $[Ca^{2+}]$。例如，加入 20.02 mL 的 EDTA 溶液时：

$$[Y] = 0.01000 \times \frac{20.02 - 20.00}{20.02 + 20.00} = 5.00 \times 10^{-6}(\text{mol} \cdot \text{L}^{-1})$$

$$\frac{[\text{CaY}]}{[Ca^{2+}][Y]} = \frac{5.00 \times 10^{-3}}{[Ca^{2+}] \times 5.00 \times 10^{-6}} = 10^{10.69}$$

$$[Ca^{2+}] = 10^{-7.69} = 2.04 \times 10^{-8}(\text{mol} \cdot \text{L}^{-1})$$

$$pCa = 7.69$$

根据以上的计算方法，可以求出整个滴定过程中各点的 pCa 值，其结果见表 5-5。

表 5-5　0.01000 mol·L^{-1} 的 EDTA 滴定 20.00 mL 0.01000 mol·L^{-1} Ca^{2+} 时 pCa 的变化情况

滴入 EDTA 溶液		pCa
体积 /mL	百分率 /%	
0.00	0.0	2.00
18.00	90.0	3.28
19.80	99.0	4.30
19.98	99.9	5.30
20.00	100.0	6.27
20.02	100.1	7.23
20.20	101.0	8.23
22.00	110.0	9.23
40.00	200.0	10.23

以加入的 EDTA 的体积或百分率为横坐标，相应的 pCa 值为纵坐标，可绘制出一条滴定曲线，见图 5-2。曲线突跃范围为 pCa=5.30～7.23。

2. 影响滴定突跃范围的因素

（1）条件稳定常数的影响　当被滴定的金属离子 M 和配位剂 EDTA 的浓度一定时，配合物的条件稳定常数越大，滴定的 pM 突跃范围越大，见图 5-3。

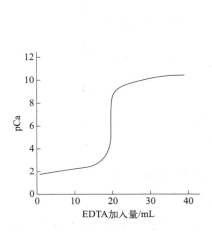

图 5-2　pH=10 的溶液中，0.01000 mol·L^{-1} 的 EDTA
滴定 0.01000 mol·L^{-1}Ca^{2+} 的滴定曲线

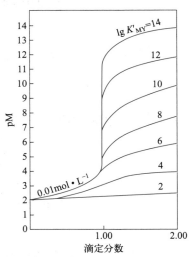

图 5-3　EDTA 滴定 K'_{MY} 不同的金属离子
的滴定曲线

因为 lgK'_{MY}=lgK_{MY}-lgα_Y-lgα_M，即 lgK'_{MY} 的大小受配合物的稳定常数、溶液酸度等影响，所以决定 lgK'_{MY} 大小的三种因素也都对配位滴定的 pM 突跃产生影响。

① 在滴定条件相同的情况下，配合物的稳定常数 K_{MY} 值越大，配位滴定的 pM 突跃范围也越大。

② 溶液的 pH 越大，lg$\alpha_{Y(H)}$ 值越小，lgK'_{MY} 值越大，配位滴定的 pM 突跃范围越大，见图 5-4。

③ 若有其他配位剂存在，则对金属离子产生配位效应。配位效应影响越大，即 lgα_M 越大，lgK'_{MY} 值就越小，配位滴定的 pM 突跃范围也越小。

（2）金属离子浓度的影响　若条件稳定常数值一定，则被滴定金属离子浓度越大，滴定曲线的起点就越低，滴定的突跃范围就越大，见图 5-5。

3. 配位滴定的条件

（1）滴定条件的判断　根据对配位滴定曲线的讨论可知，准确滴定金属离子的条件之一是要有足够大的 K'_{MY} 值，否则突跃不明显而引起误差。条件稳定常数达到多大才能进行配位滴定呢？根据滴定分析的一般要求，滴定误差约为 0.1%。假如金属离子和 EDTA 的原始浓度均为 0.02 mol·L^{-1}，在滴定计量点时，溶液的体积增大了一倍，且金属离子基本上被配位成 MY，即 [MY] ≈ 0.010 mol·L^{-1}，而此时游离的金属离子浓度 c_M 与 c_Y 相等，即 $c_M=c_Y \leqslant 0.1\% \times 0.010$ mol·L$^{-1}=10^{-5}$ mol·L^{-1}，因而可得到：

$$K'_{MY} = \frac{[MY]}{c_M c_Y} \geqslant \frac{0.010}{10^{-5} \times 10^{-5}} = 10^8$$

$$\lg K'_{MY} \geqslant 8$$

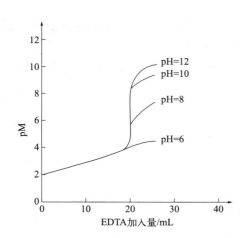

图 5-4　不同 pH 时 EDTA 滴定 Ca^{2+} 时的
滴定曲线

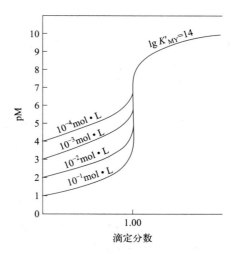

图 5-5　EDTA 滴定不同浓度的金属离子

上式说明在实际配位滴定中，必须要求配合物的 $\lg K'_{MY} \geqslant 8$，才能使滴定误差符合规定的要求，故可作为判断配位滴定能否准确进行的重要参数。

【例 5.2】 $0.020\ mol \cdot L^{-1}$ 的 Zn^{2+} 被 $0.020\ mol \cdot L^{-1}$ 的 EDTA 滴定时，若溶液 pH=2.0，能否进行准确滴定？若溶液 pH=5.0，情况又如何？

解：当 pH = 2.0 时，

$$\lg K'_{ZnY} = \lg K_{ZnY} - \lg \alpha_Y = 16.50 - 13.51 = 2.99 < 8$$

故不能准确滴定。

当 pH=5.0 时，

$$\lg K'_{ZnY} = \lg K_{ZnY} - \lg \alpha_Y = 16.50 - 6.45 = 10.05 > 8$$

故可准确滴定。

（2）配位滴定适宜酸度范围

① 滴定允许的最低 pH。上面已经提到，要使滴定误差约为 0.1%，则要求所形成的配合物的 $\lg K'_{MY}$ 至少为 8，与此相应可得：

$$\lg \alpha_{Y(H)} = \lg K_{MY} - \lg K'_{MY} = \lg K_{MY} - 8$$

查表 5-2 计算得 $\lg \alpha$ 值，并由表 5-3 查得所对应的 pH，就是滴定这种金属离子时所允许的最低 pH。

【例 5.3】 试分别求出 EDTA 滴定 Ca^{2+} 及 Fe^{3+} 时的最低 pH。

解：$\lg \alpha_{Y(H)} = \lg K_{CaY} - 8 = 10.96 - 8 = 2.96$

则　　　　　　　　　　pH $\approx$ 7.6

$\lg \alpha_{Y(H)} = \lg K_{FeY} - 8 = 24.23 - 8 = 16.23$

则　　　　　　　　　　pH $\approx$ 1.3

② 滴定允许的最高 pH。必须指出，滴定时实际上所采用的 pH，要比允许的最低 pH 高一些，这样可以使被滴定的金属离子配位更完全。但是，过高的 pH 会引起金属离子的水解，生成多羟基配合物，从而降低金属离子的配位能力，甚至会生成氢氧化物沉淀，从而阻碍

MY 配合物的形成。

　　至于滴定的最高 pH，则以不产生氢氧化物沉淀以及其他干扰为准。若不考虑其他离子的干扰，则具体数值可根据所产生的氢氧化物的溶度积而求得。

　　【例 5.4】2.00×10^{-2} mol·L^{-1} 的 Fe^{3+} 溶液被 2.00×10^{-2} mol·L^{-1} 的 EDTA 溶液滴定时，允许的最高 pH 是多少？

　　解：已知 $K_{sp[Fe(OH)_3]} = [Fe^{3+}][OH^-]^3 = 4.0 \times 10^{-38}$，则：

$$[OH^-] = \sqrt[3]{\frac{4.0 \times 10^{-38}}{2.00 \times 10^{-2}}} = 1.3 \times 10^{-12} (mol \cdot L^{-1})$$

$$pOH = -lg[OH^-] = 11.89$$

$$pH = 14.00 - pOH = 14.00 - 11.89 = 2.11$$

　　故滴定允许的最高 pH 为 2.11。

　　滴定某一金属离子的允许最低 pH 与允许最高 pH 范围，就是滴定该金属离子的最适宜的酸度范围。一般在最适宜的 pH 范围内滴定，均能获得较准确的结果。为此，在配位滴定时须加入一定量的缓冲溶液以控制溶液的酸度变动。在 pH ＜ 2 或 pH ＞ 12 的溶液中滴定时，可直接用强酸或强碱控制溶液的酸度；在弱酸性溶液中滴定时，可用 HAc-NaAc 或 HAc-NH$_4$Ac 缓冲体系（pH=3.5 ～ 6.0）控制溶液的酸度；在弱碱性溶液中滴定时，常用 NH$_3$-NH$_4$Cl 缓冲体系（pH=8 ～ 11）控制溶液的酸度，但因 NH$_3 \cdot$H$_2$O 与许多金属离子有配位作用，使用时应注意。

三、EDTA 的配制与标定（难度系数：★★★）

微课扫一扫

EDTA 标准溶液的配制与标定

1. 配制

　　EDTA 滴定液常用其二钠盐（Na$_2$H$_2$Y·2H$_2$O）配制。纯度高的 EDTA 二钠盐可用直接法配制，但因它略有吸湿性，所以在配制之前，应先在 80 ℃以下干燥至恒重，由于蒸馏水中含有杂质（Ca^{2+}、Mg^{2+}、Pb^{2+}、Sn^{2+} 等），EDTA 标准溶液的配制大都采用标定的方法，即先配制成近似浓度的溶液，然后用基准物质标定。两种方法中多选用后者。例如，0.01 mol·L^{-1}EDTA 标准溶液的配制：称取分析纯的 EDTA 二钠盐 1.9 g，溶于 200 mL 温水中，必要时过滤，冷却后用蒸馏水稀释至 500 mL，摇匀，保存在试剂瓶内备用。

2. 标定

　　标定 EDTA 的基准物质很多，如金属锌、铜、ZnO、CaCO$_3$ 等。金属锌的纯度高又稳定，Zn^{2+} 及 ZnY 均无色，既能在 pH=5 ～ 6 时以二甲酚橙为指示剂来标定，又可在 pH=10 的氨性缓冲溶液中以铬黑 T 为指示剂来标定，终点均很敏锐。所以，实验室中多采用金属锌或氧化锌为基准物质。

　　操作步骤：取在约 800 ℃灼烧至恒重的基准物质氧化锌 0.12 g，精密称量，加稀盐酸 3 mL 使其溶解，加水 25 mL、氨 - 氯化铵缓冲溶液 10 mL 和铬黑 T 指示剂适量，以颜色深浅合适为宜。用待标定的 EDTA 滴定液滴定，至溶液由红色变成纯蓝色为终点。

　　标定反应式如下：

$$Zn^{2+} + HIn^{2-} \rightleftharpoons ZnIn^- + H^+$$

（紫红色）

$$Zn^{2+} + H_2Y^{2-} \Longrightarrow ZnY^{2-} + 2H^+$$

终点时：

$$\underset{\text{（紫红色）}}{ZnIn^-} + H_2Y^{2-} \Longrightarrow ZnY^{2-} + \underset{\text{（纯蓝色）}}{HIn^{2-}} + H^+$$

计算公式如下：

$$c(EDTA)V(EDTA) = \frac{m(ZnO)}{M(ZnO) \times 10^{-3}}$$

$$c(EDTA) = \frac{m(ZnO)}{M(ZnO) \times 10^{-3} \times V(EDTA)}$$

EDTA 标准溶液若储存时间较长，最好储存在聚乙烯或硬质玻璃瓶中。因为若在软质玻璃瓶中存放，玻璃瓶中的 Ca^{2+} 会被 EDTA 溶解，从而使 EDTA 的浓度不断降低。通常存放时间较长的 EDTA 标准溶液，使用前应重新标定。

技能训练 EDTA 标准溶液的配制与标定

一、仪器材料清单

EDTA 标准溶液配制与标定所需的仪器、试剂如下表所示。

EDTA 标准溶液的配制			EDTA 标准溶液的标定		
仪器名称	规格	数量	仪器名称	规格	数量
玻璃烧杯	500 mL	1 个	分析天平	0.1 mg	1 台
磨口试剂瓶	500 mL	1 个	酸式滴定管	50.00 mL	1 支
橡胶手套	大码	1 双	锥形瓶	250 mL	4 个
量筒	10 mL	1 个	容量瓶	250 mL	1 个

其他：称量瓶、滴瓶、移液管、小烧杯、玻璃棒、洗耳球、洗瓶、胶头滴管、滤纸等

试剂	规格	数量
EDTA 固体	分析纯 /500 g	1 瓶
基准物氧化锌	分析纯 /250 g	1 瓶
NH_3-NH_4Cl 缓冲溶液	pH=10	1 瓶
铬黑 T（EBT）指示剂	0.5%	1 瓶
HCl	1:1	1 瓶
$NH_3 \cdot H_2O$	1:1	1 瓶

其他：三级蒸馏水，2～3 人一组

二、训练目标

1. 能正确配制 EDTA 标准溶液。

2. 掌握 EDTA 标准溶液标定的原理及方法。

3. 学会酸度的控制方法。

4. 掌握铬黑 T 指示剂的使用条件，正确判断滴定终点。

三、实验步骤

1. 配制

0.02 mol·L^{-1} EDTA 标准溶液 400 mL。

根据 $m=cVM$，计算所需 EDTA 的质量，用间接法配制 400 mL。

2. 标定

准确称取基准物 ZnO 0.4 g±0.01 g 于小烧杯中，沿边加入 4 mL（1:1）HCl 溶解，再加少量蒸馏水，转移定容到 250 mL 容量瓶中，摇匀备用。

用润洗过的移液管移取 25.00 mL ZnO 溶液于锥形瓶中，用量筒加入 25 mL 水，滴加（1:1）NH$_3$·H$_2$O 刚好出现浑浊，再加入 10 mL NH$_3$-NH$_4$Cl 缓冲溶液，加 3～4 滴 EBT，用 EDTA 溶液滴定，终点由红色变为纯蓝色，准确记录 V_{EDTA}，平行测定三次，同时做空白试验。

3. 根据如下公式计算 EDTA 溶液的浓度

计算公式：
$$n_{(EDTA)}=n_{(ZnO)}$$

$$c_{(EDTA)} = \frac{m_{(ZnO)} \times \dfrac{25.00}{250.00}}{M_{(ZnO)} \times (V_{EDTA} - V_0) \times 10^{-3}}$$

4. 数据记录及处理。

用氧化锌作基准物质标定 EDTA

项目	1	2	3
称量瓶 +ZnO（倾样前）/g			
称量瓶 +ZnO（倾样后）/g			
ZnO 质量 /g			
EDTA 溶液用量 /mL			
c(EDTA)/（mol·L^{-1}）			
平均浓度 /（mol·L^{-1}）			
相对极差 /%			

四、结束工作

1. 仪器设备、药品试剂归位。

2. 清洗玻璃仪器并整理实验台。

3. 按规定处理废液、废纸。

五、评价表

序号	考核内容	操作内容	分值	评分要求	分值	得分
1	操作前准备、安全与环保意识	检查仪器、试剂是否齐全，玻璃仪器洗涤方法正确	20	1. 穿实验服，双手洁净，不染指甲，不留长指甲，不披发	5	
				2. 检查所用仪器是否齐全	5	
				3. 洗涤所用仪器，以玻璃仪器不挂水珠、为均匀的水膜为洗净标准	10	
2	溶液的配制	$0.02 \ mol \cdot L^{-1}$ EDTA 的配制，基准物 ZnO 称量、溶样、转移定容、摇匀备用	20	1. 根据 $m=cVM$ 正确计算	2	
				2. 正确称量 EDTA 质量	1	
				3. 加水溶解 EDTA，正确稀释到 400 mL	3	
				4. 用差减法正确称量基准试剂 ZnO 于小烧杯中	3	
				5. 向烧杯中加少量水稀释，玻璃棒搅匀	2	
				6. 玻璃棒引流，将稀释液转移至容量瓶中，并用蒸馏水洗涤烧杯和玻璃棒 3 次	5	
				7. 继续加水稀释，当加水至 2/3 容积时混匀，离刻度线 1～2 cm 时改用胶头滴管定容，并充分混匀备用	4	
3	EDTA 的标定	移液管移取溶液，酸式滴定管润洗、装液、排气泡、调零、正确滴定、半滴控制、终点判断等	40	1. 正确使用移液管，准确移取 25.00 mL ZnO 溶液于锥形瓶中	3	
				2. 酸式滴定管的正确检漏、清洗、润洗	2	
				3. 装液、定液、排气泡、调零	5	
				4. 锥形瓶中加氨水调 pH，浑浊后加缓冲溶液，滴加 EBT 指示剂，正确滴定，滴定过程左右手操作正确，滴定速度的控制恰当	5	
				5. 滴定终点的正确判断	3	
				6. 正确读数，平行测定三次，做空白试验	10	
				7. 根据公式正确计算	12	
4	文明操作、职业素养	实验过程当中台面、废液、纸屑等的处理；实验后台面、试剂、废液、纸屑等的处理，玻璃仪器的清洗	20	1. 操作过程中物品摆放有序、干净整洁	5	
				2. 废液处理得当，倒在指定位置	5	
				3. 结束后，废纸处理，仪器清洗归位，整理实验台	10	

【思考与练习】

一、选择题

1. 若在 Ca^{2+}、Mg^{2+} 混合溶液中选择滴定 Ca^{2+} 时，可加入 NaOH 来消除 Mg^{2+} 的干扰，此种使用掩蔽剂选择性滴定属于（　　）。

科学家维尔纳对配位化合物的解释

清洁剂的使用

　　A. 沉淀掩蔽　　　　　B. 氧化还原掩蔽　　　　C. 配位掩蔽　　　　D. 控制酸度

2. 下列试剂不属于金属指示剂的是（   ）。

A. 铬黑 T   B. 二甲酚橙   C. 甲基橙   D. 钙指示剂

3. Fe^{3+}、Al^{3+} 对铬黑 T 有（   ）。

A. 僵化作用   B. 氧化作用   C. 沉淀作用   D. 封闭作用

4. 配位滴定有合适的酸度范围，最小 pH 的确定主要考虑（   ）。

A. 金属离子的水解效应   B. L 的辅助配位效应

C. EDTA 的酸效应   D. 其他因素

5. EDTA 滴定金属离子，终点时的颜色是（   ）。

A. EDTA-M 配合物的颜色   B. 游离指示剂的颜色

C. 指示剂 -M 配合物的颜色   D. 上述 A+B 的混合色

二、判断题

1. 金属离子与 EDTA 形成配合物 MY，条件稳定常数越大，配合物就越不稳定。（   ）

2. 在配位滴定中，通常用 EDTA 二钠盐，这是因为 EDTA 的二钠盐比 EDTA 的溶解度小。（   ）

3. EDTA 滴定中，当溶液中存在某些金属离子与指示剂生成极稳定的配合物时，则易产生指示剂的封闭现象。（   ）

4. 实验室常用的 EDTA 水溶液呈中性。（   ）

5. 标定 EDTA 的基准物有纯金属锌、ZnO、$CaCO_3$ 等。（   ）

三、问答题

1. EDTA 配位滴定过程中，影响滴定曲线突跃范围大小的主要因素是哪些？如何影响？

2. 配位滴定的条件如何选择？主要从哪些方面考虑？

3. 说明金属指示剂的作用原理，并说明金属指示剂应具备的条件和选择金属指示剂的依据。

4. 何为指示剂的封闭现象？怎样消除封闭？

5. 用返滴定法测定 Al^{3+} 含量时，首先在 pH 为 3 左右加入过量 EDTA，并加热，使 Al^{3+} 配位。请说明选择此 pH 的理由。

项目三   配位滴定的应用

【案例导入】

为确保出厂水质符合国家《生活饮用水卫生标准》（GB 5749—2022），自来水厂需定期抽检自来水硬度。检测员小刘以铬黑 T 为指示剂，用 EDTA 标准溶液滴定自来水样测定硬度。你知道自来水硬度的表示方法是什么吗？其基本原理是什么呢？具体的步骤又有哪些呢？

【知识探究】

一、配位滴定的方式（难度系数：★★★）

EDTA 可以滴定大多数的金属离子，如果采用多种滴定方式，不但可以扩大配位滴定的应用范围，而且可以提高配位滴定的选择性。配位滴定方式有直接滴定法、返滴定法、置换滴定法、间接滴定法等类型。

1. 直接滴定法

直接滴定法是配位滴定中的基本方法。这种方法是将试样处理成溶液后，调至所需要的酸度，加入必要的其他试剂和指示剂，直接用 EDTA 滴定，一般情况下引入误差较少，所以在可能范围内应尽量采用直接滴定法。

采用直接滴定法，必须符合下列条件：

① 待测离子与 EDTA 能够反应，且配位速度很快，所形成的配合物稳定性较好。

② 在选定的滴定条件下，有变色敏锐的指示剂指示终点，且无封闭现象。

③ 被滴定的金属离子不发生水解反应、沉淀反应及其他反应。

例如：水的总硬度测定。测定水的总硬度，就是测定水中 Ca^{2+}、Mg^{2+} 的总量，然后换算为相应的硬度单位。取适量水样 $V(H_2O)$（mL）加 NH_3-NH_4Cl 缓冲液，调节溶液的 pH=10，以铬黑 T 为指示剂，用 EDTA 滴定至溶液由酒红色变为纯蓝色即为终点。记下 EDTA 消耗的体积（mL），计算水的总硬度。

$$总硬度 = \frac{c(EDTA)V(EDTA)M(CaO)}{V(H_2O) \times 10} \times 1000$$

2. 返滴定法

返滴定法是在试液中准确加入过量的 EDTA 标准溶液，使待测离子反应完全后，再用另一种金属离子标准溶液回滴过量的 EDTA，根据两种标准溶液的浓度和用量，求待测离子含量的方法。

如下一些情况可采用返滴定：

① 被测离子与 EDTA 反应缓慢；

② 被测离子在滴定的 pH 下会发生副反应，影响测定；

③ 被测离子对指示剂有封闭作用，又找不到合适的指示剂。

例如 Al^{3+} 与 EDTA 配位缓慢，特别是酸度不高时，Al^{3+} 水解成多核羟基配合物，使之与 EDTA 配位更慢，Al^{3+} 又封闭二甲酚橙等指示剂，不能用直接法滴定，而采用返滴定法并控制溶液的 pH，即可解决上述问题。方法是先加入准确已知浓度过量的 EDTA 标准溶液于 Al^{3+} 溶液中，调 pH=3.5，煮沸溶液，冷却后，调 pH=5～6，以二甲酚橙为指示剂，用 Zn^{2+} 标准溶液返滴定过量的 EDTA。

作为返滴定法的金属离子，它与 EDTA 配合物的稳定性要适当。既应有足够的稳定性以保证滴定的准确度，一般又不宜比待测离子与 EDTA 的配合物更为稳定。否则在返滴定的过程中，返滴定剂会将被测离子从其配合物中置换出来，造成测定的误差。

3. 置换滴定法

置换滴定法是利用置换反应置换出等物质的量的 EDTA 或金属离子，然后进行滴定的方法。

（1）置换出 EDTA　用一种配位剂 L 置换待测定离子 M 与 EDTA 配合物中的 EDTA，然后用另一金属离子标准滴定溶液滴定释放出来的 EDTA，从而求得 M 的含量。

$$MY + L \Longrightarrow ML + Y$$

例如，测定合金中 Sn 时，可向试液中加入过量的 EDTA，Sn^{4+} 与共存的 Pb^{2+}、Zn^{2+}、Cd^{2+}、Bi^{3+} 等一起与 EDTA 配位，用 Zn^{2+} 标准溶液滴定过量的 EDTA，加入 NH_4F，F^- 将

SnY 中的 Y 置换出来，再用 Zn^{2+} 标准溶液滴定释放出来的 EDTA 即可求得 Sn 的含量。

（2）置换出金属离子　若被测离子 M 与 EDTA 反应不完全或所形成的配合物不稳定，可用 M 从另一配合物（NL）中置换出金属离子 N，用 EDTA 滴定 N 即可求得 M 的含量。

$$M + NL \Longrightarrow ML + N$$

例如，Ag^+ 与 EDTA 的配合物不稳定，不能用 EDTA 直接滴定，若将 Ag^+ 加入 $Ni(CN)_4^{2-}$ 溶液中反应：

$$2\,Ag^+ + Ni(CN)_4^{2-} \Longrightarrow 2Ag(CN)_2^- + Ni^{2+}$$

在 pH=10 的氨性缓冲溶液中，用 EDTA 滴定置换出来的 Ni^{2+}，即可求得 Ag^+ 的含量。

4. 间接滴定法

有些金属离子与 EDTA 生成的配合物不稳定，非金属离子则不与 EDTA 形成配合物。但利用间接法可以测定它们。通常使被测离子定量地沉淀为有固定组成的沉淀，而沉淀中另一种离子能用 EDTA 滴定，通过滴定间接求出被测离子的含量。

例如，为了测定 SO_4^{2-} 的含量，先向 SO_4^{2-} 溶液中加入过量的标准 Ba^{2+} 溶液，使之生成 $BaSO_4$ 沉淀，分离沉淀。取一定量的溶液，用 EDTA 标准溶液滴定剩余的 Ba^{2+}，间接求得 SO_4^{2-} 的含量。

间接滴定法操作较烦琐，引入误差的机会也较多，所以不是一种理想的方法。

二、应用实例（难度系数：★★★★）

微课扫一扫

自来水中总硬度的测定

1. 自来水中总硬度的测定

水的硬度是指水中除碱金属外的全部金属离子浓度的总和。由于 Ca^{2+}、Mg^{2+} 含量远比其他金属离子含量高，所以水中硬度通常以 Ca^{2+}、Mg^{2+} 含量表示。它们主要以碳酸氢盐、硫酸盐、氯化物等形式存在。含这类盐较多的水称为硬水，它可使锅炉产生锅垢，肥皂不起泡沫。因此，水的硬度是衡量生活用水和工业用水水质的一项重要指标。

表示方法：一种是用每升水中含 $CaCO_3$ 的质量（mg）来表示，蒸汽锅炉用水一般规定不得超过 $5\ mg\cdot L^{-1}$；另一种表示方法是以 1 L 水中含有 10 mg 的 CaO 为 1°，称为 1 个硬度单位。测定水的硬度，实际上就是测定水中钙镁离子的总量，再把 Ca^{2+}、Mg^{2+} 的量折算成 CaO 或 $CaCO_3$ 的质量以计算硬度。

操作步骤：精密吸取水样 100 mL，置 250 mL 锥形瓶中，加 $NH_3\text{-}NH_4Cl$ 缓冲溶液 10 mL、铬黑 T 指示剂少量，用 EDTA 滴定液（$0.01\ mol\cdot L^{-1}$）滴定至溶液由酒红色变为纯蓝色为终点。

反应式如下

滴定前

$$Mg^{2+} + HIn^{2-} \Longrightarrow MgIn^- + H^+$$
$$（酒红色）$$

滴定时

$$Ca^{2+} + H_2Y^{2-} \Longrightarrow CaY^{2-} + 2H^+$$
$$Mg^{2+} + H_2Y^{2-} \Longrightarrow MgY^{2-} + 2H^+$$

终点时

$$MgIn^- + H_2Y^{2-} \Longrightarrow MgY^{2-} + HIn^{2-} + H^+$$
$$（酒红色）\qquad\qquad\qquad （纯蓝色）$$

$$硬度 = \frac{c(DETA)V(EDTA)M(CaCO_3) \times 1000}{V(水样)}$$

$$硬度 = \frac{c(DETA)V(EDTA)M(CaO) \times 100}{V(水样)}$$

式中，V（水样）指分析时所取水样的体积，mL。

2. 钙盐的测定

含钙离子的药物如氯化钙、葡萄糖酸钙等，常用于补钙及过敏性疾病。《中国药典》采用钙紫红素为指示剂，用 EDTA 滴定；也可采用辅助指示剂的方法，即可用铬黑 T 加少量 MgY^{2-} 为指示剂，其作用原理是：

在 Ca^{2+} 试液中加入铬黑 T 与 MgY^{2-} 混合液后，发生下列置换反应：

$$MgY^{2-} + Ca^{2+} \rightleftharpoons CaY^{2-} + Mg^{2+}$$
$$Mg^{2+} + HIn^{2-} \rightleftharpoons MgIn^- + H^+$$
$$（酒红色）$$

用 EDTA 滴定时，EDTA 先与游离的 Ca^{2+} 配合，终点时从 $MgIn^-$ 中置换出铬黑 T 使溶液由酒红色变为纯蓝色。

$$MgIn^- + H_2Y^{2-} \rightleftharpoons MgY^{2-} + HIn^{2-} + H^+$$
$$（酒红色）　　　　　　（纯蓝色）$$

由于在实验中加入的是 MgY^{2-}，滴定至最后仍恢复到 MgY^{2-}，所以它不消耗 EDTA 溶液，而只是起了辅助铬黑 T 指示滴定终点的作用，故称 MgY^{2-} 为辅助指示剂；使用此种指示剂滴定可克服 $CaIn^-$ 不稳定而提前释放指示剂，使终点过早到达的缺点。

操作步骤：取葡萄糖酸钙（$C_{12}H_{22}O_{14}Ca \cdot H_2O$）0.5 g，精密称量后置于锥形瓶中，加蒸馏水 10 mL 微热使之溶解，冷却至室温；另取蒸馏水 10 mL 加氨 - 氯化铵缓冲液（pH=10）10 mL、稀硫酸镁试液 1 滴、铬黑 T 指示剂 3 滴，将此溶液倒入葡萄糖酸钙溶液中，混匀后，用 0.05 mol·L^{-1} 的 EDTA 滴定液滴定至溶液由酒红色恰好变为纯蓝色为终点。记下消耗 EDTA 的体积。葡萄糖酸钙的含量按下式计算：

$$c_{(EDTA)}V_{(EDTA)} = \frac{m_{(C_{12}H_{22}O_{14}Ca \cdot H_2O)}}{M_{(C_{12}H_{22}O_{14}Ca \cdot H_2O)}}$$

$$\omega_{(C_{12}H_{22}O_{14}Ca \cdot H_2O)} = \frac{c_{(EDTA)}V_{(EDTA)} \times 10^{-3} \times M_{(C_{12}H_{22}O_{14}Ca \cdot H_2O)}}{m_{(C_{12}H_{22}O_{14}Ca \cdot H_2O)}} \times 100\%$$

技能训练　　自来水总硬度的测定

一、仪器、材料清单

名称	规格	数量
酸式滴定管	50.00 mL	1 支
EDTA 标准溶液（已标定）	0.02 mol·L^{-1}	1 瓶
NH_3-NH_4Cl 缓冲溶液	pH=10	1 瓶

名称	规格	数量
铬黑 T（EBT）指示剂	0.5%	1 瓶
HCl	1:1	1 瓶
$NH_3 \cdot H_2O$	1:1	1 个
自来水水样	100.0 mL	

其他：移液管、橡胶手套、三级蒸馏水、锥形瓶（3 个 / 组），2～3 人一组

二、训练目标

1. 了解水硬度的表示方法

① 以每升水中含有 $CaCO_3$ 的质量 $p(CaCO_3)$ 来表示，$mg \cdot L^{-1}$。

② 用度（°）来表示，每升水中含有 10 mg CaO 为 1°。

2. 掌握铬黑 T 指示剂的使用条件，正确判断滴定终点。

三、实验原理

在 pH=10 的 NH_3-NH_4Cl 缓冲溶液中，以铬黑 T 为指示剂，用 EDTA 标准溶液滴定水中钙、镁离子的总含量。终点变色：红色到纯蓝色。记录消耗 EDTA 的体积 V，代入公式计算含量 p（$CaCO_3$）。

四、实验步骤

1. 取自来水 100.0 mL 于锥形瓶中，加 NH_3-NH_4Cl 缓冲溶液，加 3 滴 EBT，立即用标定过的 EDTA 溶液进行滴定，溶液由红色到纯蓝色，即为滴定终点，记录消耗标准溶液的体积，求出每升水样中含有 $CaCO_3$ 的质量，平行测定三次。

2. 根据如下公式计算 EDTA 溶液的浓度。

计算公式：$n_{(CaCO_3)} = n_{(EDTA)}$

$$p_{(CaCO_3)} = \frac{c_{(EDTA)} \times V_{(EDTA)} \times M_{(CaCO_3)}}{V_{(水样)}} \times 10^3$$

3. 数据记录及处理。

测定自来水中总硬度

项目	1	2	3
$c(EDTA)/$（$mol \cdot L^{-1}$）（已标定）			
$V(EDTA)/mL$			
$p(CaCO_3)/$（$mg \cdot L^{-1}$）			
平均质量浓度 /（$mg \cdot L^{-1}$）			
相对极差 / %			

五、结束工作

1. 仪器设备、药品试剂归位。

2. 清洗玻璃仪器并整理实验台。

3. 按规定处理废液、废纸。

六、评价表

序号	考核内容	操作内容	分值	评分要求	分值	得分
1	操作前准备、安全与环保意识	检查仪器、试剂是否齐全，玻璃仪器洗涤方法正确	20	1. 穿实验服，双手洁净，不染指甲，不留长指甲，不披发	5	
				2. 检查所用仪器是否齐全	5	
				3. 洗涤所用仪器，以玻璃仪器不挂水珠、为均匀的水膜为洗净标准	10	
2	水样的测定	移液管移取水样，酸式滴定管润洗、装液、排气泡、调零、正确滴定、半滴控制、终点判断等	60	1. 正确使用移液管，准确移取 100.0 mL 水样于锥形瓶中	3	
				2. 酸式滴定管的正确检漏、清洗、润洗	2	
				3. 装液、定液、排气泡、调零	5	
				4. 锥形瓶中加缓冲溶液，滴加 EBT 指示剂，正确滴定，滴定过程左右手操作正确，滴定速度的控制恰当	15	
				5. 滴定终点的正确判断	3	
				6. 正确读数，平行测定三次	20	
				7. 根据公式正确计算	12	
3	文明操作、职业素养	实验过程当中台面、废液、纸屑等的处理；实验后台面、试剂、废液、纸屑等的处理，玻璃仪器的清洗	20	1. 操作过程中物品摆放有序，干净整洁	5	
				2. 废液处理得当，倒在指定位置	5	
				3. 结束后，废纸处理，仪器清洗归位，整理实验台	10	

【思考与练习】

资料扫一扫

汪尔康院士及我国自主研发的水质在线分析仪

一、选择题

1. 水的硬度是指（　　　　）。

A. 钙镁的碳酸盐和酸式碳酸盐　　　　B. 钙镁的硫酸盐

C. 钙镁的硝酸盐和氯化物　　　　D. 以上所有

2. 某溶液主要含有 Ca^{2+}、Mg^{2+} 及少量 Al^{3+}、Fe^{3+}，加入三乙醇胺后，在 pH=10 时，用 EDTA 滴定，用铬黑 T 为指示剂，则测出的是（　　　　）。

A. Mg^{2+} 的含量　　　　B. Ca^{2+}、Mg^{2+} 的含量

C. Al^{3+}、Fe^{3+} 的含量　　　　D. Ca^{2+}、Mg^{2+}、Al^{3+}、Fe^{3+} 的含量

3. 影响 EDTA 配合物稳定常数大小的因素是（　　　　）。

A. 溶液 pH　　　　B. 催化剂　　　　C. 反应物浓度　　　　D. 反应速率

4. 溶液中 H^+ 的存在，使配位剂 EDTA 参加主反应的能力降低的现象称为 EDTA 的（　　　　）。

A. 同离子效应　　　　B. 盐效应　　　　C. 酸效应　　　　D. 共存离子效应

5. 用 EDTA 配位滴定法测定 SO_4^{2-} 时，应采用的方法是（　　　　）。

A. 直接滴定　　　　B. 返滴定　　　　C. 间接滴定　　　　D. 置换滴定

二、判断题

1. 水中钙、镁总硬度的测定属于直接滴定法。（　　　）

2. 只要金属离子能与 EDTA 形成配合物，都能用 EDTA 直接滴定。（　　　）

3. 酸效应曲线的作用就是查找各种金属离子滴定所需的最低酸度。（　　　）

4. 配位滴定法中指示剂是根据配位滴定的突跃范围而选择的。（　　　）

5. 测定水中钙、镁总量时加入 NH_3-NH_4Cl 是为了保持溶液酸度基本不变。（　　　）

三、计算题

1. 测定血清中的 Ca^{2+} 含量，取血清 2.00 mL，加少量水稀释，加 NaOH 溶液使溶液 pH > 12，再加钙指示剂，用 $0.00500\ mol \cdot L^{-1}$ EDTA 标准溶液滴定，当溶液由红变为蓝色时，用去 EDTA 标准溶液 1.06 mL，求血清中 Ca^{2+} 含量（$mg \cdot L^{-1}$）。

2. 测定水的总硬度时，吸取水样 100 mL，加氨性缓冲溶液 10 mL 至溶液 pH 为 10，用 $0.00500\ mol \cdot L^{-1}$ EDTA 标准溶液滴定，终点时用去 EDTA 标准溶液 10.25 mL，计算以 $CaCO_3$ 表示的水的硬度。

3. 在溶液的 pH 为 5.0 时，以 PAN 为指示剂，用分析浓度为 $0.02\ mol \cdot L^{-1}$ 的 EDTA 标准溶液滴定分析浓度均为 $0.02\ mol \cdot L^{-1}$ 的 Cu^{2+} 和 Ca^{2+} 的混合液中的 Cu^{2+}，计算终点误差。并计算化学计量点和终点时 CaY 的平衡浓度。

4. 称取葡萄糖酸钙（$C_{12}H_{22}O_{14}Ca \cdot H_2O$）试样 0.5500 g，溶解后，在 pH=10 的氨性缓冲液中用 EDTA 滴定（铬黑 T 为指示剂），滴定用去 EDTA 溶液（$0.04985\ mol \cdot L^{-1}$）24.50 mL。试计算葡萄糖酸钙的含量。

5. 称取 $Al(OH)_3$ 凝胶 0.2646 g 于 250 mL 容量瓶中溶解后，吸取溶液 25 mL，加入 $0.05000\ mol \cdot L^{-1}$ EDTA 标准溶液 35.00 mL，过量的 EDTA 溶液用标准锌溶液（$0.02500\ mol \cdot L^{-1}$）回滴，用去 36.07 mL。求样品中 Al_2O_3 的质量分数。

模块六
氧化还原滴定法

模块说明

微课扫一扫

氧化还原滴定法概述

氧化还原滴定法是以氧化还原反应为基础的滴定分析方法。氧化还原反应是基于电子转移的反应，反应机理与过程复杂，通常反应速率慢，伴有副反应，介质对反应的影响较大。因此，在氧化还原滴定中，必须严格控制反应条件，才能保证反应定量、快速、完全进行。

氧化还原滴定法主要用来测定具有氧化性或还原性的物质。它的应用非常广泛，不仅可用于无机分析，而且可以用于有机分析，许多具有氧化性或还原性的有机化合物可以用氧化还原滴定法测定。通过本模块的学习，了解并掌握三大氧化还原法（高锰酸钾法、重铬酸钾法、碘量法）的相关理论及其应用。

育心笃行：

弘扬精益求精的工匠精神，激励广大青年走技能成才、技能报国之路。

——习近平祝贺中国技能选手在45届世界技能大赛上取得佳绩

学习目标

知识目标：

1. 了解氧化还原滴定法特点、分类方法及提高反应速率的方法；
2. 理解电极电位的概念；
3. 理解条件电极电位、条件平衡常数的意义；
4. 熟悉氧化还原滴定曲线及指示剂的选择；
5. 掌握高锰酸钾法、重铬酸钾法、碘量法的标准滴定溶液的配制及标定方法；
6. 掌握高锰酸钾法、重铬酸钾法、碘量法的原理和滴定条件及应用。

能力目标：

1. 能用条件电极电位、条件平衡常数判断氧化还原反应完成的程度；
2. 能够正确配制和标定高锰酸钾标准溶液；
3. 能够正确配制重铬酸钾标准溶液；
4. 能够正确配制和标定碘标准溶液和硫代硫酸钠标准溶液；
5. 能够正确选择和使用指示剂来判断滴定终点；
6. 能够正确处理数据；
7. 会正确读取滴定管中消耗深色标准溶液的体积；

8.会利用氧化还原滴定分析技术解决实际生产生活中氧化还原物质测定的问题。

素质目标：

1.培养"浓度-酸度-温度"多因素协同控制能力；

2.形成实事求是的工作作风；

3.养成良好的安全操作行为习惯；

4.践行绿色化学的发展理念。

> 硫代硫酸钠标准溶液的标定是2019年第45届世界技能大赛化学实验室技术赛项全国选拔赛的内容。

项目一　认识氧化还原反应

【案例导入】

氧化还原反应在工农业生产、科学技术和日常生活中有着广泛的应用。例如：在农业生产中，植物的光合作用、呼吸作用都是复杂的氧化还原反应。日常生活中如果衣物上不小心沾上了蓝黑墨水，用一般的洗涤剂很难洗掉，这时可以用一种叫草酸的还原剂来除去，你知道这里面的氧化还原反应机理吗？你还知道哪些氧化还原反应的应用呢？下面让我们来共同学习相关的知识吧。

【知识探究】

一、氧化还原滴定法的特点（难度系数：★★★）

氧化还原反应是化学反应的基本类型之一。其特征是反应前后某些元素的氧化数发生变化。其反应实质是反应物之间发生了电子的转移（电子得失或偏移）。这类反应涉及面广，从冶金工业、化学工业到动植物体内的代谢作用都涉及大量复杂的氧化还原过程。

与酸碱滴定法相比，氧化还原滴定法要复杂得多，因为氧化还原反应机理比较复杂，有些反应的完全程度很高但反应速率很慢，有时副反应的发生使反应物之间没有确定的化学计量关系。因此，控制适当的条件在氧化还原滴定中显得尤为重要。

氧化还原滴定以氧化剂或还原剂作为标准溶液，据此分为高锰酸钾法、重铬酸钾法、碘量法等多种滴定方法。

二、条件电极电位（难度系数：★★★★★）

1.能斯特方程

在氧化还原反应中，氧化剂和还原剂的强弱，可以用有关电对的电极电位（简称电位）来衡量。电对的电位越高，其氧化态的氧化能力越强；电对的电位越低，其还原态的还原能力越强。氧化剂可以氧化电位比它低的还原剂；还原剂可以还原电位比它高的氧化剂。氧化还原电对的电极电位可用能斯特方程求得。例如：下列 Ox/Red 电对（省略离子的电荷）的半反应：

$$氧化态 (Ox) + ne^- \Longrightarrow 还原态（Red）$$

电对电极电位的能斯特方程为：

$$\varphi_{Ox/Red} = \varphi_{Ox/Red}^{\ominus} + \frac{RT}{nF} \ln \frac{[Ox]}{[Red]}$$

式中 $\varphi_{Ox/Red}$——氧化态（Ox）- 还原态（Red）电对的电极电位，V；

$\varphi_{Ox/Red}^{\ominus}$——电对的标准电极电位，V；

R——摩尔气体常数，$8.3145 \, J \cdot mol^{-1} \cdot K^{-1}$；

T——热力学温度，K；

F——法拉第常数，$96486 \, C \cdot mol^{-1}$；

n——半反应中电子转移数。

当 $T=298.15K$（25 ℃）时，将自然对数换算成常用对数，并把各常数项代入上式得：

$$\varphi_{Ox/Red} = \varphi_{Ox/Red}^{\ominus} + \frac{0.0592}{n} \lg \frac{[Ox]}{[Red]}$$

当 [Ox]=[Red]=1 时，这时的电极电位等于标准电极电位。标准电极电位是指在一定温度下（通常为 25 ℃），氧化还原半反应中各组分都处于标准状态，即离子或分子的浓度等于 $1 \, mol \cdot L^{-1}$，反应中如有气体参与则其分压等于 100kPa 时的电极电位。$\varphi_{Ox/Red}^{\ominus}$ 仅随温度变化而变化。

2. 条件电极电位

能斯特方程反映了电极电位和离子浓度的关系，它是以标准电极电位为基础进行计算的。标准电极电位的测定是有条件的，当溶液中离子强度较大时，用浓度来替代活度进行计算就会引起较大偏差，特别是当氧化态或还原态因水解或配位等副反应发生了改变时，可在更大程度上影响电极电位。因此使用标准电极电位 $\varphi^{\ominus}$ 有其局限性。实际工作中，常采用条件电极电位 $\varphi^{\ominus'}$ 代替标准电极电位 $\varphi^{\ominus}$。

若以活度代替浓度，必须引入相应的活度系数 γ_{Ox} 和 γ_{Red}，此时：

$$a_{Ox} = \gamma_{Ox}[Ox], \quad a_{Red} = \gamma_{Red}[Red]$$

此外，当溶液中的介质不同时，氧化态、还原态还会因发生某些副反应（如酸度的影响、沉淀和配合物的形成等）而影响电极电位。所以考虑到副反应的发生，还必须引入相应的副反应系数 α_{Ox} 和 α_{Red}。

$$\alpha_{Ox} = \frac{c(Ox)}{[Ox]} \qquad \alpha_{Red} = \frac{c(Red)}{[Red]}$$

将式子整理后代入，得

$$a_{Ox} = \gamma_{Ox} \frac{c(Ox)}{\alpha_{Ox}} \qquad a_{Red} = \gamma_{Red} \frac{c(Red)}{\alpha_{Red}}$$

例如，计算 HCl 溶液中 Fe^{3+}/Fe^{2+} 的电极电位时，由能斯特方程得到

$$\varphi = \varphi_{Fe^{3+}/Fe^{2+}}^{\ominus} + 0.0592 \lg \frac{\alpha(Fe^{3+})}{\alpha(Fe^{2+})}$$

在 HCl 溶液中，Fe(Ⅲ) 常以 Fe^{3+}、$[FeCl]^{2+}$、$[FeCl_2]^+$、$[FeOH]^{2+}$ 等形式存在，Fe(Ⅱ) 同样以 Fe^{2+}、$[FeCl]^+$、$[FeCl_2]$、$[FeOH]^+$ 等形式存在。若以 $\alpha(Fe^{3+})$ 及 $\alpha(Fe^{2+})$ 分别表示溶液中 Fe(Ⅲ) 和 Fe(Ⅱ) 的副反应系数，$c(Fe^{3+})$、$c(Fe^{2+})$ 分别表示溶液中 Fe(Ⅲ) 和 Fe(Ⅱ) 总浓度，则

$$\alpha_{Fe^{3+}} = \frac{c(Fe^{3+})}{[Fe^{3+}]}$$

$$\alpha_{Fe^{2+}} = \frac{c(Fe^{2+})}{[Fe^{2+}]}$$

综合考虑 γ 和 α，则有

$$\varphi_{Fe^{3+}/Fe^{2+}} = \varphi_{Fe^{3+}/Fe^{2+}}^{\ominus} + 0.0592 \lg \frac{\gamma_{Fe^{3+}} \alpha_{Fe^{2+}} c(Fe^{3+})}{\gamma_{Fe^{2+}} \alpha_{Fe^{3+}} c(Fe^{2+})}$$

当 $c(Fe^{3+}) = c(Fe^{2+}) = 1.0 \text{ mol·L}^{-1}$ 时，得

$$\varphi_{Fe^{3+}/Fe^{2+}} = \varphi_{Fe^{3+}/Fe^{2+}}^{\ominus} + 0.0592 \lg \frac{\gamma_{Fe^{3+}} \alpha_{Fe^{2+}}}{\gamma_{Fe^{2+}} \alpha_{Fe^{3+}}} = \varphi_{Fe^{3+}/Fe^{2+}}^{\ominus'}$$

式中，$\varphi^{\ominus'}$ 为条件电极电位，它校正了离子强度、水解效应、配位效应以及 pH 等因素的影响。

条件电极电位指在特定条件下，氧化态和还原态总浓度均为 1 mol·L^{-1}，校正了各种外界因素后的实际电位。

引入了条件电极电位后，能斯特方程的表达式为

$$\varphi_{Ox/Red} = \varphi_{Ox/Red}^{\ominus'} + \frac{0.0592}{n} \lg \frac{[Ox]^a}{[Red]^b}$$

条件电极电位更能切合实际地反应氧化剂或还原剂的能力大小、反应的方向、次序和完全程度，所以在有关氧化还原反应的计算中，使用条件电极电位更为合理。但目前缺乏多种条件下的条件电极电位数据，故实际应用有限。

三、氧化还原反应进行的程度（难度系数：★★★）

氧化还原反应属可逆反应，同其他可逆反应一样，在一定条件下也能达到平衡。利用能斯特方程式和标准电极电位表可以算出平衡常数，判断氧化还原反应进行的程度。

对于一般的氧化还原反应

$$a\,Ox_1 + b\,Red_2 \Longrightarrow c\,Red_1 + d\,Ox_2$$

平衡时有

$$\frac{[Red_1]^c [Ox_2]^d}{[Ox_1]^a [Red_2]^b} = K$$

K 为氧化还原反应平衡常数，其大小反映了该反应的完全程度。

可以推导出氧化还原反应平衡常数 K 与参加氧化还原反应的两电对的电极电位值及转移的电子数的关系为

$$\lg K = \frac{n(\varphi_1^{\ominus} - \varphi_2^{\ominus})}{0.0592}$$

式中　n——反应中得失电子总数；

　　$\varphi_1^{\ominus}$——反应中作为氧化剂的电对的标准电极电位；

　　$\varphi_2^{\ominus}$——反应中作为还原剂的电对的标准电极电位。

$\varphi_1^{\ominus}$和$\varphi_2^{\ominus}$差值愈大，K值也愈大，反应进行得也愈完全。若上式中标准电极电位用条件电极电位表示，则K可用K'表示：

$$\lg K' = \frac{n(\varphi_1^{\ominus'} - \varphi_2^{\ominus'})}{0.0592}$$

【例 6.1】计算下列反应在 298K 时的平衡常数，并判断此反应进行的程度。

$$Cr_2O_7^{2-} + 6I^- + 14H^+ \Longrightarrow 2Cr^{3+} + 3I_2 + 7H_2O$$

解：查表知：

$$Cr_2O_7^{2-} + 14H^+ + 6e^- \Longrightarrow 2Cr^{3+} + 7H_2O \qquad \varphi_1^{\ominus} = +1.33 \text{ V}$$
$$I_2 + 2e^- \Longrightarrow 2I^- \qquad \varphi_2^{\ominus} = +0.535 \text{ V}$$

$$\lg K = \frac{n(\varphi_1^{\ominus} - \varphi_2^{\ominus})}{0.0592} = \frac{6 \times (1.33 - 0.535)}{0.0592} = 80.57$$

$$K = 10^{80.57} = 3.72 \times 10^{80}$$

此反应的平衡常数很大，表明此正反应进行得很完全。

一般情况下，在氧化还原反应中，若 $n_1 = n_2 = 1$，则当参加反应的两电对的电极电位差值必须大于 0.40 V 时，可认为能反应完全。

若 $n_1 n_2 > 1$，则要求参加反应的两电对的电极电位差值可以小于 0.40 V；若 $n_1 n_2 = 2$，则要求 $\Delta\varphi > 0.2$ V；若 $n_1 n_2 = 4$，则要求 $\Delta\varphi > 0.1$ V，且 $n_1 n_2$ 值越大，则要求参加反应的两电对的电极电位差值越小。

四、影响氧化还原反应速率的因素（难度系数：★★★）

氧化还原平衡常数反映了氧化还原反应的完全程度，它只能说明反应的可能性，不能说明反应的速率。多数氧化还原反应比较复杂，通常需要一定时间才能完成，所以在氧化还原滴定分析中不仅要从平衡的角度来考虑反应的可能性，还要从其反应速率来考虑反应的现实性。

1. 氧化还原反应的复杂性

氧化还原反应的本质是电子的转移。当电子由一种物质转移到另外一种物质时要克服很多阻力，反应物和生成物结构的改变，都会导致反应速率较慢。另外，许多氧化还原反应方程式只表达了反应的起始状态和最终状态，并不能说明化学反应的真实情况。实际上，许多氧化还原反应的历程是复杂的，是分步进行的，有许多中间产物，这也是导致许多氧化还原反应速率不高的原因。因此必须了解影响氧化还原反应速率的因素，以便采取适当的方法来提高反应速率。

2. 影响因素

（1）反应物浓度　根据质量作用定律，反应速率与反应物的浓度成正比，但由于氧化还原反应常常分步进行，故在考虑总反应的速率时，不能简单地用质量作用定律，而应找出决定反应速率的那步反应。这样做起来比较困难，一般说来，在大多数情况下，增加反应物的浓度，均能提高反应速率。如 $Cr_2O_7^{2-}$ 和 $6I^-$ 的反应

$$Cr_2O_7^{2-} + 6I^- + 14H^+ = 2Cr^{3+} + 3I_2 + 7H_2O$$

在一般情况下该反应速率较慢，增大 I^- 的浓度、提高溶液的酸度均可提高反应的速率。

（2）反应体系的温度　实验证明，一般温度升高 10 ℃，反应速率增加 2 ～ 4 倍。如重铬酸钾法测铁，用 $SnCl_2$ 还原 Fe^{3+} 时，必须将被测溶液加热至沸腾后，立即趁热滴加 $SnCl_2$，这样可使还原反应速率加快：

$$2Fe^{3+} + Sn^{2+} = Sn^{4+} + 2Fe^{2+}$$

但当上述反应结束后，就应以流水冷却被测溶液，以免 Fe^{2+} 被空气氧化。又如用草酸钠标定高锰酸钾溶液的反应：

$$2MnO_4^- + 5C_2O_4^{2-} + 16H^+ = 2Mn^{2+} + 10CO_2\uparrow + 8H_2O$$

为了提高反应速率，除了提高酸度外，还可将反应溶液加热至 75 ～ 85 ℃。当然温度也不能升得太高，否则草酸会分解。

（3）催化剂　催化剂对反应速率有很大的影响，如高锰酸钾与草酸的反应，即使在强酸溶液中，将温度提高至 75 ～ 85 ℃，滴定最初几滴高锰酸钾的褪色仍很慢，但加入少量 Mn^{2+} 时，反应能很快进行。这里的 Mn^{2+} 就起了加快反应速率的作用，Mn^{2+} 为催化剂。其催化机理如下：

$$Mn(VII) + Mn(II) = Mn(VI) + Mn(III)$$
$$Mn(VI) + Mn(II) = Mn(IV) + Mn(II)$$
$$Mn(IV) + Mn(II) = 2Mn(III)$$

$Mn(III)$ 能与 $C_2O_4^{2-}$ 生成一系列配合物，如 $Mn(C_2O_4)^+$、$Mn(C_2O_4)_2^-$、$Mn(C_2O_4)_3^{3-}$ 等，然后它们慢慢分解，生成 CO_2 和 Mn^{2+}。可见催化剂改变反应速率参与反应，但反应后又成为原来的物质。

在上述反应中，如不加催化剂，而利用反应生成的微量 Mn^{2+} 作催化剂，反应也可以较快地进行。这种生成物本身就起催化剂作用的反应叫自身催化反应，其速度特点是先慢后快再慢，所以滴定时应注意滴定速度与反应速率相适应。

（4）诱导反应　在氧化还原反应中，不仅催化剂能改变反应速率，有时一种氧化还原反应的发生能加快另一种氧化还原反应进行，这种现象叫诱导作用，所发生的氧化还原反应叫诱导反应。

如在强酸性溶液中，用高锰酸钾法测 Fe^{2+} 时，若用盐酸控制酸度，则滴定时会消耗较多的高锰酸钾，使结果偏高，主要是由于高锰酸钾与 Fe^{2+} 的反应对高锰酸钾与氯离子的反应有诱导作用：

$$MnO_4^- + 5Fe^{2+} + 8H^+ = Mn^{2+} + 5Fe^{3+} + 4H_2O$$
$$2MnO_4^- + 10Cl^- + 16H^+ = 2Mn^{2+} + 5Cl_2 + 4H_2O$$

如果溶液中没有 Fe^{2+}，在测定的酸度条件下，高锰酸钾与氯离子的反应极慢，可以忽略不计。但当有 Fe^{2+} 存在时，前一个反应对后一个反应起了诱导作用。这里 Fe^{2+} 称为诱导体，Cl^- 称为受诱体，MnO_4^- 称为作用体，前一个反应称为诱导反应，后一个反应称为受诱反应。

需要强调的是，催化作用与诱导作用均能改变反应速率，催化剂和诱导体均参加氧化还原反应，但催化剂参加反应后成为原来的物质，而诱导体参加反应后成为新物质。

【思考与练习】

一、选择题

1. 下列不属于氧化剂的是（　　）。

A. $KMnO_4$　　　　　　　B. I_2

C. $K_2Cr_2O_7$　　　　　　D. $Na_2S_2O_3$

最早的氧化
还原滴定法

氧化还原反应
的广泛应用

2. 下列有关氧化还原反应的叙述，哪个是不正确的？（　　）

A. 反应物之间有电子转移

B. 反应物中的原子或离子有氧化数的变化

C. 反应物和生成物的反应系数一定要相等

D. 电子转移的方向由电极电位的高低决定

3. 下列几种溶液可以用碱式滴定管来装的是（　　）。

A. $KMnO_4$ 溶液　　　　B. EDTA 溶液　　　　C. $Na_2S_2O_3$ 溶液　　　　D. $AgNO_3$ 溶液

4. 下列哪种溶液在读取滴定管读数时，读液面周边的最高点？（　　）

A. NaOH 标准溶液　　B. $Na_2S_2O_3$ 标准溶液　　C. $KMnO_4$ 标准溶液　　D. HCl 标准溶液

5. 可用直接法配制的标准溶液是（　　）。

A. HCl　　　　　　B. EDTA　　　　　　C. $KMnO_4$　　　　　　D. $K_2Cr_2O_7$

二、判断题

1. 电极电位值既可以为正值，也可以为负值。（　　）

2. 氧化还原反应电对的电极电位越高，其氧化态氧化能力越强。（　　）

3. 升高温度可以加快反应速率。（　　）

4. 所有的催化剂都可以加快反应速率。（　　）

5. 影响氧化还原反应的主要因素有浓度、酸度、温度和催化剂。（　　）

三、问答题

1. 何为条件电极电位？它与标准电极电位的关系是什么？为什么要引入条件电极电位的概念？

2. 如何判断氧化还原反应能否进行完全？

3. 影响氧化还原反应速率的主要因素有哪些？可采取哪些措施加速反应的完成？

4. 计算 KI 浓度为 $1\ mol \cdot L^{-1}$ 时，Cu^{2+}/Cu^+ 电对的条件电位（忽略离子强度的影响），并说明何以能发生下列反应：$2Cu^{2+} + 5I^- \rightleftharpoons 2Cu \downarrow + I_3^-$。

5. 为什么 $K_2Cr_2O_7$ 可以直接配制成标准溶液？$KMnO_4$ 标准溶液也能直接配制成精确浓度的溶液吗？

项目二　氧化还原滴定原理及方法

【案例导入】

3% 的 H_2O_2 可作为消毒剂，H_2O_2 浓度的高低影响消毒效果。某医院近期购进的 H_2O_2 消毒剂消毒效果很差，该院要求供货商退换试剂，而供货商向医院提交此批消毒剂出厂前的检验报告，其中的结果符合国家标准，为此认定不是商品质量出现问题，不予退换。双方争执不下最后选择将样品送到国家质量监管部门检测。高锰酸钾法检测显示其中的 H_2O_2 含量不合格。高锰酸钾是常用的氧化剂，市售的高锰酸钾往往含有杂质，杂质的存在使新制溶液不稳定。你知道高锰酸钾标准溶液是如何配制和标定的吗？其测定 H_2O_2 含量的具体方法与原理又是怎么样的呢？

【知识探究】

一、氧化还原滴定原理（难度系数：★★★★★）

1. 氧化还原滴定曲线

在氧化还原滴定中，随着标准溶液的不断加入，氧化剂或还原剂的浓度发生改变，相应电对的电极电位也随之不断改变，可用氧化还原滴定曲线来描述这种变化，借以研究化学计量点前后溶液的电极电位改变情况，对正确选取氧化还原指示剂或采取仪器指示化学计量点具有重要的作用。可通过实验的方法测电极电位绘出滴定曲线，也可采用能斯特方程进行计算，求出相应的电极电位。

以 $0.1000\ mol \cdot L^{-1} Ce^{4+}$ 标准溶液滴定 $20.00\ mL\ 0.1000\ mol \cdot L^{-1} FeSO_4$ 溶液［溶液中酸的浓度为 $1\ mol \cdot L^{-1}$（H_2SO_4）］为例，说明滴定过程中电极电位的计算方法，滴定反应为：

$$Ce^{4+} + Fe^{2+} \rightleftharpoons Ce^{3+} + Fe^{3+}$$

$$\lg K' = \frac{\varphi_1^{\ominus'} - \varphi_2^{\ominus'}}{0.0592} = \frac{1.44 - 0.68}{0.0592} = 12.84$$

K' 很大，说明反应很完全。讨论四个主要阶段溶液的电极电位变化情况，计算如下：

（1）滴定前　没有滴入 $Ce(SO_4)_2$ 时，对于 $0.1000\ mol \cdot L^{-1} FeSO_4$ 溶液来说，由于空气中氧的氧化作用，其中必有极少量的 Fe^{3+} 存在并组成 Fe^{3+}/Fe^{2+} 电对，所以溶液的电极电位可用 Fe^{3+}/Fe^{2+} 电对表示，假设有 0.1% 的 Fe^{2+} 被氧化为 Fe^{3+}，则

$$\frac{[Fe^{3+}]}{[Fe^{2+}]} = \frac{0.1\%}{99.9\%} \approx \frac{1}{1000}$$

$$\varphi_{Fe^{3+}/Fe^{2+}} = \varphi_{Fe^{3+}/Fe^{2+}}^{\ominus'} + \frac{0.0592}{n} \lg \frac{[Fe^{3+}]}{[Fe^{2+}]}$$

$$= 0.68 + \frac{0.0592}{1} \lg \frac{1}{1000}$$

$$= 0.50\ (V)$$

（2）滴定开始至化学计量点前　这个阶段，溶液中存在着 Fe^{3+}/Fe^{2+} 和 Ce^{4+}/Ce^{3+} 两个电对，每加入一定量的 $Ce(SO_4)_2$ 标准溶液后，两个电对的反应就会建立平衡并使两个电对的电位相等，即：

$$\varphi = \varphi_{Fe^{3+}/Fe^{2+}}^{\ominus'} + \frac{0.0592}{n} \lg \frac{[Fe^{3+}]}{[Fe^{2+}]}$$

$$= \varphi_{Ce^{4+}/Ce^{3+}}^{\ominus'} + \frac{0.0592}{n} \lg \frac{[Ce^{4+}]}{[Ce^{3+}]}$$

在化学计量点前，由于 $FeSO_4$ 是过量的，溶液中 Ce^{4+} 的浓度很小，计算起来比较麻烦，

因此可用 Ce^{4+}/Ce^{3+} 电对来计算 φ 值，同时为了计算简便，可用 Fe^{3+} 和 Fe^{2+} 的物质的量之比来替代 $\dfrac{[Fe^{3+}]}{[Fe^{2+}]}$ 进行计算。设滴入 $Ce(SO_4)_2$ 标准溶液体积为 V（$V < 20.00\ mL$）时：

$$n(Fe^{3+})=0.1000V\ mmol$$

$$n(Fe^{2+})=0.1000\times(20.00-V)\ mmol$$

$$\varphi = 0.68 + \frac{0.0592}{1}\lg\frac{0.1000V}{0.1000\times(20.00-V)}$$

$$= 0.68 + 0.0592\lg\frac{V}{20.00-V}$$

将 $V=19.80\ mL$ 和 $19.98\ mL$ 代入计算可得相应的电极电位值为 $0.80\ V$ 和 $0.86\ V$。

（3）化学计量点时　化学计量点时的电极电位 φ_{ep} 可分别表示为

$$\varphi_{ep} = \varphi^{\ominus'}_{Fe^{3+}/Fe^{2+}} + 0.0592\lg\frac{[Fe^{3+}]}{[Fe^{2+}]} \qquad \varphi_{ep} = \varphi^{\ominus'}_{Ce^{4+}/Ce^{3+}} + 0.0592\lg\frac{[Ce^{4+}]}{[Ce^{3+}]}$$

将两式相加得：

$$2\varphi_{ep} = \varphi^{\ominus'}_{Ce^{4+}/Ce^{3+}} + \varphi^{\ominus'}_{Fe^{3+}/Fe^{2+}} + 0.0592\lg\frac{[Ce^{4+}][Fe^{3+}]}{[Ce^{3+}][Fe^{2+}]}$$

化学计量点时，加入的 $Ce(SO_4)_2$ 标准溶液正好和溶液中的 $FeSO_4$ 标准溶液完全反应，达平衡状态，满足：

$$\frac{[Fe^{3+}]}{[Fe^{2+}]} = \frac{[Ce^{4+}]}{[Ce^{3+}]}$$

此时

$$\lg\frac{[Ce^{4+}][Fe^{3+}]}{[Ce^{3+}][Fe^{2+}]} = 0$$

所以

$$\varphi_{ep} = \frac{\varphi^{\ominus'}_{Fe^{3+}/Fe^{2+}} + \varphi^{\ominus'}_{Ce^{4+}/Ce^{3+}}}{2} = \frac{0.68+1.44}{2} = 1.06(V)$$

对于一般的对称性的氧化还原反应：

$$n_2\,Ox_1 + n_1\,Red_2 \Longrightarrow n_2\,Red_1 + n_1\,Ox_2$$

同理可以得到化学计量点时的电极电位 φ_{ep} 为：

$$\varphi_{ep} = \frac{n_1\varphi^{\ominus'}_{Ox_1/Red_1} + n_2\varphi^{\ominus'}_{Ox_2/Red_2}}{n_1+n_2}$$

（4）化学计量点后　加入过量的 $Ce(SO_4)_2$ 标准溶液，可用 Ce^{4+}/Ce^{3+} 电对的电极电位表示溶液的电极电位，加入 $20.02\ mLCe(SO_4)_2$ 标准溶液时：

$$\varphi = \varphi^{\ominus'}_{Ce^{4+}/Ce^{3+}} + 0.0592\lg\frac{[Ce^{4+}]}{[Ce^{3+}]}$$

$$= 1.44 + 0.0592\lg\frac{20.02-20.00}{20.00}$$

$$= 1.26(V)$$

同理可讨论任意时刻溶液的电极电位与标准溶液加入量的关系，见表 6-1。

表 6-1 0.1000 mol·L⁻¹Ce⁴⁺ 标准溶液滴定 20.00 mL 0.1000 mol·L⁻¹FeSO₄ 溶液

滴入 Ce⁴⁺ 溶液的体积 /mL	Fe²⁺ 被滴定的百分率 /%	过量的 Ce⁴⁺ 百分率 /%	溶液的电位 /V
18.00	90.0		0.74
19.80	99.0		0.80
19.98	99.9		0.86
20.00	100.0		1.06
20.02		0.1	1.26
20.20		1.0	1.32
22.00		10.0	1.38
40.00		100.0	1.44

以 φ 对 V 作图即可得用 0.1000 mol·L⁻¹Ce⁴⁺ 标准溶液滴定 20.00 mL 0.1000 mol·L⁻¹FeSO₄ 溶液的滴定曲线，如图 6-1 所示。

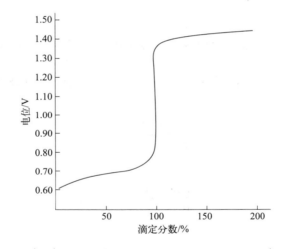

图 6-1 用 0.1000 mol·L⁻¹Ce⁴⁺ 标准溶液滴定 20.00 mL 0.1000 mol·L⁻¹FeSO₄ 溶液的滴定曲线

通过滴定曲线可看出，在化学计量点前后各 0.1% 误差范围内溶液的电极电位由 0.86 V 变化到 1.26 V，有明显的突跃，这个突跃范围的大小对选择氧化还原滴定指示剂很有帮助。事实上，在化学计量点前后 0.1% 相对误差范围内，溶液中 Fe²⁺ 的浓度由 $5.0×10^{-5}$ mol·L⁻¹ 降低到 $5.0×10^{-12}$ mol·L⁻¹，说明反应很完全。

滴定突跃范围的大小与电对的 $\varphi^{\ominus\prime}$ 有关，$\Delta\varphi^{\ominus\prime}$ 越大，则突跃范围越长，反之则短。在 $\Delta\varphi^{\ominus\prime} \geqslant 0.20$ V 时，突跃才明显，且在 0.20 ~ 0.40 V 可用仪器法确定终点；只有在 $\Delta\varphi^{\ominus\prime} \geqslant 0.40$ V 时可用氧化还原指示剂指示终点。

在氧化还原反应的两个半反应中若转移的电子数相等，即 $n_1=n_2$，则化学计量点正好在滴定突跃的中间；若 $n_1 \neq n_2$，则化学计量点偏向于电子转移数较大的一方。

2. 氧化还原滴定法的指示剂

氧化还原滴定法是滴定分析方法的一种，其关键仍然是化学计量点的确定。在氧化还原滴中，除了用电位法确定终点外，还可以根据所使用的标准溶液不同选择不同的指示剂来确定终点。

（1）氧化还原指示剂 氧化还原指示剂是具有氧化性或还原性的有机化合物，且它们的氧化态或还原态的颜色不同，在氧化还原滴定中也参与氧化还原反应而发生颜色变化。

假设用 In(O) 和 In(R) 表示指示剂的氧化态和还原态，则指示剂在滴定过程中所发生的氧化还原反应可用下式表示：

$$In(O) + ne^- \rightleftharpoons In(R)$$

根据能斯特方程，氧化还原指示剂的电极电位与其浓度之间有如下关系

$$\varphi_{In} = \varphi_{In}^{\ominus} + \frac{0.0592}{n}lg\frac{[In(O)]}{[In(R)]}$$

当 $\frac{[In(O)]}{[In(R)]} \geq 10$ 时，可清楚地看到 In(O) 的颜色，此时：

$$\varphi_{In} \geq \varphi_{In}^{\ominus} + \frac{0.0592}{n}$$

当 $\frac{[In(O)]}{[In(R)]} \leq \frac{1}{10}$ 时，可清楚地看到 In(R) 的颜色，此时：

$$\varphi_{In} \geq \varphi_{In}^{\ominus} - \frac{0.0592}{n}$$

所以指示剂的变色范围为：

$$\varphi_{In} = \varphi_{In}^{\ominus} \pm \frac{0.0592}{n}$$

在此范围内，便可看到指示剂的变色情况，$\varphi_{In} = \varphi_{In}^{\ominus}$ 为理论变色点。

实际滴定中，最好能选择在滴定的突跃范围内变色的指示剂。例如重铬酸钾法测铁时，常用二苯胺磺酸钠为指示剂，它的氧化态呈紫红色，还原态呈无色，当滴定到化学计量点时，稍过量的重铬酸钾就可以使二苯胺磺酸钠由还原态变为氧化态，从而指示滴定终点的到达。

表 6-2 列出了常见氧化还原指示剂的 $\varphi_{In}^{\ominus}$ 及颜色变化。

表 6-2 常用的氧化还原指示剂

指示剂	氧化态颜色	还原态颜色	$\varphi_{In}^{\ominus}$/V（pH=0）
二苯胺磺酸钠	紫红色	无 色	+0.85
邻二氮菲 - 亚铁	浅蓝色	红 色	+1.06
邻氨基苯甲酸	紫红色	无 色	+0.89
亚甲基蓝	蓝 色	无 色	+0.53

（2）自身指示剂 在氧化还原滴定中，利用标准溶液或被滴定物质本身的颜色来确定终点方法，叫自身指示剂法。例如在高锰酸钾法中就是利用 KMnO₄ 自身指示剂。KMnO₄ 溶液呈紫红色，当用 KMnO₄ 作为标准溶液来测定无色或浅色物质时，在化学计量点前，由于高锰酸钾是不足量的，故溶液不显 KMnO₄ 的颜色，当滴定到达化学计量点时，稍过量的 KMnO₄ 就使溶液呈现粉红色，从而指示滴定终点。实践证明，$c(KMnO_4)$ 约为 2×10^{-6} mol·L⁻¹ 时就可以看到溶液呈粉红色。

（3）专属指示剂 有些物质本身不具有氧化还原性质，但它能与氧化剂或还原剂产生特殊颜色以确定反应的终点，这种指示剂叫专属指示剂。如可溶性淀粉能与碘在一定条件下生

成蓝色配合物，因此在碘量法中可以采用淀粉作指示剂，根据溶液中蓝色的出现或消失就可以判断滴定的终点。

二、常用的氧化还原滴定法（难度系数：★★★★）

1. 高锰酸钾法

（1）概述　高锰酸钾法是以 $KMnO_4$ 作为标准溶液进行滴定的氧化还原滴定法。$KMnO_4$ 是氧化剂，其氧化能力和溶液的酸度有关，在强酸性溶液中具有强氧化性，与还原性物质作用可获得 5 个电子被还原为 Mn^{2+}：

$$MnO_4^- + 8H^+ + 5e^- \rightleftharpoons Mn^{2+} + 4H_2O \qquad \varphi^\ominus = +1.51V$$

在弱酸性、中性或弱碱性溶液中，则获得 3 个电子被还原为 MnO_2：

$$MnO_4^- + 4H^+ + 3e^- \rightleftharpoons MnO_2\downarrow + 2H_2O \qquad \varphi^\ominus = +1.695V$$

$$MnO_4^- + 2H_2O + 3e^- \rightleftharpoons MnO_2\downarrow + 4OH^- \qquad \varphi^\ominus = +0.588V$$

在强碱性溶液中，则获得 1 个电子被还原为 MnO_4^{2-}：

$$MnO_4^- + e^- \rightleftharpoons MnO_4^{2-} \qquad \varphi^\ominus = +0.57V$$

高锰酸钾法可在酸性、中性或碱性条件下测定。由于在弱酸性或中性溶液中均有二氧化锰棕色沉淀生成，影响终点观察，故一般只在强酸性溶液中滴定。常用硫酸控制酸度，避免用盐酸或硝酸。特殊情况下用其在碱性溶液中的氧化性测定有机物含量，还原产物为绿色的锰酸钾。

利用 $KMnO_4$ 作氧化剂可直接滴定许多强还原性物质如 Fe^{2+}、$C_2O_4^{2-}$、H_2O_2、As(Ⅲ)、NO_2^- 等；一些氧化性物质，如 MnO_2、$K_2Cr_2O_7$、PbO_2 等，可用返滴定法测定；还有一些物质，如 Ca^{2+}、Ag^+、Ba^{2+}、Sr^{2+}、Zn^{2+}、Pb^{2+} 等本身不具有氧化还原性，但可以用间接法测定。例如测定 Ca^{2+} 时，先用 $C_2O_4^{2-}$ 将 Ca^{2+} 沉淀为 CaC_2O_4，然后用稀硫酸将所得的 CaC_2O_4 沉淀溶解，用 $KMnO_4$ 标准溶液滴定溶液中的 $C_2O_4^{2-}$，从而间接求得 Ca^{2+} 的含量。

高锰酸钾法的优点是 $KMnO_4$ 氧化能力强，应用广泛，且一般不需另加指示剂。缺点是试剂中常含有少量杂质，溶液不够稳定，且能与许多还原性物质发生反应，干扰现象严重。

（2）高锰酸钾标准溶液的配制及标定

① 配制。市售的 $KMnO_4$ 中含有少量的二氧化锰、硫酸盐、氧化物和其他还原性杂质，配制溶液时这些杂质以及蒸馏水中带入的杂质均可以将高锰酸钾还原为二氧化锰，高锰酸钾在水溶液中还能发生自动分解反应：

$$4MnO_4^- + 2H_2O \rightleftharpoons 4MnO_2\downarrow + 3O_2 + 4OH^-$$

另外，$KMnO_4$ 见光受热易发生分解反应。故配制 $KMnO_4$ 标准溶液时只能采用间接配制法。配制时应采取如下措施：

a. 称取稍多于理论计算量的高锰酸钾；

b. 将配好的高锰酸钾溶液煮沸，保持微沸 1 小时，然后放置 2～3 天，使各种还原性物质全部与 $KMnO_4$ 反应完全；

c. 用微孔玻璃漏斗或古氏磁坩埚将溶液中的沉淀过滤去；

d. 配好的高锰酸钾溶液应于棕色试剂瓶中暗处保存，待标定。

② 标定。标定高锰酸钾标准溶液的基准物有许多，如 $Na_2C_2O_4$、As_2O_3、$H_2C_2O_4\cdot 2H_2O$ 和

纯铁丝等。其中以 $Na_2C_2O_4$ 用得最多。在 $1 \ mol \cdot L^{-1} \ H_2SO_4$ 溶液中，MnO_4^- 与 $C_2O_4^{2-}$ 的反应为

$$2MnO_4^- + 5C_2O_4^{2-} + 16H^+ \Longrightarrow 2Mn^{2+} + 10CO_2 \uparrow + 8H_2O$$

为了使反应能够较快地定量进行，应该注意以下反应条件：

a. 温度。此反应在室温下进行得较慢，应将溶液加热，但温度高于 $90 \ ℃$ 时 $H_2C_2O_4$ 会发生分解反应生成 CO_2，故最适宜的温度范围应该是 $75 \sim 85 \ ℃$。

b. 酸度。为了使反应能够正常地进行，溶液应保持足够的酸度，一般开始滴定时，溶液的酸度应控制在 $0.5 \sim 1.0 \ mol \cdot L^{-1}$ 为宜。

c. 滴定速度。由于 MnO_4^- 与 $C_2O_4^{2-}$ 的反应是自动催化反应，即使在 $75 \sim 85 \ ℃$ 的强酸溶液中，MnO_4^- 与 $C_2O_4^{2-}$ 的反应也是比较慢的。因此，在滴定开始时其速度不宜太快，一定要等到加入的第一滴 $KMnO_4$ 溶液褪色之后，才可加入第二滴 $KMnO_4$ 溶液，之后由于反应生成了有催化剂作用的 Mn^{2+}，反应速率逐渐加快，滴定速度也可适当加快，但也不能太快，否则加入的 $KMnO_4$ 来不及和 $C_2O_4^{2-}$ 反应，即在热的酸性溶液中发生分解，反应为：

$$4MnO_4^- + 12H^+ \Longrightarrow 4Mn^{2+} + 5O_2 \uparrow + 6H_2O$$

接近终点时，由于反应物的浓度降低，滴定速度要逐渐减慢。

d. 滴定终点。滴定以稍过量的 $KMnO_4$ 在溶液呈现粉红色并稳定 30 秒不褪色为终点。若时间过长，空气中的还原性物质能使 $KMnO_4$ 缓慢分解，而使粉红色消失。

根据一定量的草酸钠基准物消耗的高锰酸钾的体积，依据化学反应计量关系可确定高锰酸钾溶液的准确浓度。

（3）应用实例——过氧化氢的测定

在酸性溶液中，H_2O_2 能定量地被 $KMnO_4$ 氧化，其反应为：

$$2MnO_4^- + 5H_2O_2 + 6H^+ \Longrightarrow 2Mn^{2+} + 5O_2 \uparrow + 8H_2O$$

在 H_2SO_4 介质中，此反应在室温下可顺利进行。但开始时反应较慢，随后反应产生的 Mn^{2+} 可起催化作用，从而加快反应速率。

由于 H_2O_2 不稳定，在其工业品中会加入某些有机物作为稳定剂，这些有机物大多能与 $KMnO_4$ 作用而发生干扰，此时可采用其他氧化还原滴定法进行测定，如碘量法或铈量法等。

2. 碘量法

（1）概述　碘量法是利用 I_2 的氧化性和 I^- 的还原性进行测定的氧化还原滴定法。这是一种应用比较广泛的分析方法，既可测定还原性物质，也可以测定氧化性物质，还可以测定一些非氧化还原性物质。

由于固体碘在水中的溶解度很小且易挥发，常将 I_2 溶解在 KI 溶液中，此时它以 I_3^- 配离子形式存在于溶液中，用 I_3^- 滴定时的半反应为

$$I_3^- + 2e^- \Longrightarrow 3I^- \qquad \varphi^{\ominus} = + 0.54 \ V$$

为方便起见，I_3^- 一般简写为 I_2。从其电对的标准电极电位值可以看出，I_2 是弱的氧化剂，I^- 是中等强度的还原剂。

碘量法根据所用的标准溶液的不同，可分为直接碘量法和间接碘量法。

直接碘量法，又叫碘滴定法，它是以 I_2 溶液为标准溶液，可以测定电极电位较小的还原性物质，如 S^{2-}、Sn^{2+}、$S_2O_3^{2-}$、AsO_3^{3-} 等。

间接碘量法，又叫滴定碘法。它是以 $Na_2S_2O_3$ 为标准溶液间接测定电极电位大于 0.54 V

的氧化性物质，如 $Cr_2O_7^{2-}$、IO_3^-、MnO_4^-、AsO_4^{3-}、NO_2^-、Pb^{2+}、Ba^{2+} 等。测定时，氧化性物质先在一定条件下与过量的 KI 反应生成定量的 I_2，然后用 $Na_2S_2O_3$ 标准溶液滴定生成的 I_2。

由于碘量法中均涉及 I_2，可利用碘遇淀粉变蓝的性质，以淀粉作为指示剂。根据蓝色的出现或褪去判断终点。碘遇淀粉变蓝反应的灵敏度与温度、酸度和有无 I^- 密切相关。

（2）间接碘量法反应条件 I^- 和 $S_2O_3^{2-}$ 的反应是碘量法中最重要的反应之一，为了获得准确的结果，必须严格控制反应条件。

① 控制溶液的酸度。I^- 和 $S_2O_3^{2-}$ 的反应很迅速、完全，但必须在中性或弱酸性溶液中进行。在强酸性溶液中（pH < 2），硫代硫酸钠会分解，且 I^- 也会被空气中的氧气氧化；在碱性溶液中，硫代硫酸钠会被氧化为硫酸根，使反应不定量，且单质碘也会被氧化为次碘酸根或碘酸根。具体反应为：

$$S_2O_3^{2-} + 2H^+ \rightleftharpoons S\downarrow + SO_2 + H_2O$$

$$4I^- + O_2 + 4H^+ \rightleftharpoons 2I_2\downarrow + 2H_2O$$

$$S_2O_3^{2-} + 4I_2 + 10OH^- \rightleftharpoons 2SO_4^{2-} + 8I^- + 5H_2O$$

$$3I_2 + 6OH^- \rightleftharpoons IO_3^- + 5I^- + 3H_2O$$

② 防止 I_2 的挥发和空气中的 O_2 氧化 I^-。碘量法的误差主要来自两个方面，一是 I_2 的挥发，二是在酸性溶液中空气中的 O_2 氧化 I^-。可采取如下措施以减少误差的产生。

防止 I_2 挥发的方法有：在室温下进行，加入过量的 KI，滴定时不能剧烈摇动溶液，最好使用碘量瓶。

防止空气中的 O_2 氧化 I^- 的方法有：设法消除日光、杂质 Cu^{2+} 及 NO_2^- 对 I^- 被 O_2 氧化的催化作用，立即滴定生成的 I_2，且速度可适当加快。

（3）碘量法标准溶液的制备

① 硫代硫酸钠标准溶液的制备。市售的 $Na_2S_2O_3\cdot5H_2O$ 中含有少量的 S、Na_2SO_3、Na_2SO_4 和其他杂质，同时溶解在溶液中的 CO_2、微生物、空气中的 O_2、光照等均会使 $Na_2S_2O_3$ 分解，所以只能采用间接配制法。

在配制时除称取稍多于理论计算量的硫代硫酸钠外，还应采取如下措施：

a. 用新煮沸并冷却的蒸馏水溶解溶质，目的是除去水中溶解的 CO_2 和 O_2，并杀死细菌；

b. 加入少量的碳酸钠（0.02%），使溶液呈弱碱性以抑制细菌的生长；

c. 溶液应贮存于棕色的试剂瓶中，暗处放置，防止光照分解。

需要注意的是，$Na_2S_2O_3$ 溶液不适宜长期保存，在使用过程中应定期标定，若发现有浑浊，则应将沉淀过滤以后再标定，或者弃去重新配制。

标定 $Na_2S_2O_3$ 溶液的基准物质很多，如 I_2、$K_2Cr_2O_7$、KIO_3、$KBrO_3$、纯 Cu 等，除 I_2 外，均是采用间接碘量法。标定时这些物质在酸性条件下与过量的 KI 作用，生成定量的 I_2。

$$IO_3^- + 5I^- + 6H^+ \rightleftharpoons 3I_2\downarrow + 3H_2O$$

$$Cr_2O_7^{2-} + 6I^- + 14H^+ \rightleftharpoons 2Cr^{3+} + 3I_2\downarrow + 7H_2O$$

$$2Cu^{2+} + 4I^- \rightleftharpoons 2CuI\downarrow + I_2\downarrow$$

析出的 I_2 以淀粉为指示剂，用待标定的 $Na_2S_2O_3$ 溶液滴定，反应为：

$$I_2 + 2S_2O_3^{2-} \rightleftharpoons 2I^- + S_4O_6^{2-}$$

根据一定质量的基准物质消耗 $Na_2S_2O_3$ 的体积可计算出 $Na_2S_2O_3$ 准确浓度。

现以 $K_2Cr_2O_7$ 标定 $Na_2S_2O_3$ 溶液为例说明标定时应注意的问题：

由于 $K_2Cr_2O_7$ 和 KI 的反应速率较慢，为了加速反应，须加入过量的 KI 并提高溶液的酸度，但酸度过高会加快空气中 O_2 氧化 I^- 的速度，故酸度一般控制在 $0.2 \sim 0.4\ mol \cdot L^{-1}$，并将碘量瓶于暗处放置一段时间，使反应完全再进行滴定。

另外所用的 KI 溶液中不得含有 I_2 或 KIO_3，如发现 KI 溶液呈黄色或将溶液酸化后加淀粉指示剂显蓝色，则事先可用 $Na_2S_2O_3$ 溶液滴定至无色后再使用。

当 $K_2Cr_2O_7$ 和 KI 完全反应后，先用蒸馏水将溶液稀释，再用 $Na_2S_2O_3$ 标准溶液进行滴定。稀释的目的是降低酸度并减少空气对 I^- 的氧化，防止 $Na_2S_2O_3$ 的分解，并能使 Cr^{3+} 的颜色变淡，便于终点的观察。

淀粉指示剂应在近终点时加入，当滴定至溶液蓝色褪去呈亮绿色时，即为终点。

需要注意的是，若蓝色刚褪去溶液又迅速变蓝，说明 KI 与 $K_2Cr_2O_7$ 的反应不完全，此时实验应重做；若蓝色褪去 5 分钟后溶液又变蓝，这是溶液中的 I^- 被氧化的结果，对分析结果无影响。

② I_2 标准溶液的制备。用升华法制得的纯碘可用直接法配制标准溶液，一般情况下用间接配制法。

配制时通常把 I_2 溶解于浓的 KI 溶液中，然后将溶液稀释，倾入棕色瓶中暗处保存，并避免与橡皮等有机物接触，同时防止 I_2 见光受热而使其浓度发生变化。

标定 I_2 标准溶液用 As_2O_3 基准物质法，也可以用 $Na_2S_2O_3$ 标准溶液比较法。

As_2O_3 难溶于水，易溶于碱性溶液中生成 AsO_3^{3-}：

$$As_2O_3 + 6OH^- = 2AsO_3^{3-} + 3H_2O$$

将溶液酸化并用 $NaHCO_3$ 调节溶液 pH=8，则 AsO_3^{3-} 与 I_2 可定量而快速地发生反应：

$$AsO_3^{3-} + I_2 + 2HCO_3^- = AsO_4^{3-} + 2I^- + 2CO_2 \uparrow + H_2O$$

根据 As_2O_3 的用量及 I_2 标准溶液的体积可计算 I_2 标准溶液的浓度。

（4）应用实例：硫酸铜中铜的测定　碘量法测定铜是基于间接碘量法原理，反应为：

$$2Cu^{2+} + 4I^- = 2CuI \downarrow + I_2$$
$$I_2 + 2S_2O_3^{2-} = 2I^- + S_4O_6^{2-}$$

CuI 沉淀表面会吸附一些 I_2，导致结果偏低，为此常加入 KSCN，使 CuI 沉淀转化为溶解度小的 CuSCN。

$$CuI + SCN^- = CuSCN + I^-$$

CuSCN 沉淀吸附 I_2 的倾向较小，因而提高了测定的准确度。KSCN 应当在接近终点时加入，否则 SCN^- 会还原 I_2，使测定结果偏低。

另外，铜盐很容易水解，Cu^{2+} 和 I^- 的反应必须在酸性溶液中进行，一般用 HAc-NaAc 缓冲溶液将溶液的 pH 控制在 $3.2 \sim 4.0$ 之间。酸度过低，反应速率太慢，终点延长；酸度过高，则空气中的 O_2 氧化 I^- 的速度加快，使结果偏高。

此法也适用于矿石、合金、炉渣中铜的测定。

3. 重铬酸钾法

（1）概述　重铬酸钾法是以 $K_2Cr_2O_7$ 为标准溶液，利用它在强酸性溶液中的强氧化性的氧化还原滴定法。

在酸性溶液中，$Cr_2O_7^{2-}$ 与还原性物质作用可获得 6 个电子被还原为 Cr^{3+}，半反应式为：

$$Cr_2O_7^{2-} + 14H^+ + 6e^- \rightleftharpoons 2Cr^{3+} + 7H_2O \qquad \varphi^\ominus = +1.33 \text{ V}$$

从半反应式中可以看出，溶液的酸度越高，$Cr_2O_7^{2-}$ 的氧化能力越强，故重铬酸钾法必须在强酸性溶液中进行测定。酸度控制可用硫酸或盐酸，不能用硝酸。利用重铬酸钾法可以测定许多无机物和有机物。

与高锰酸钾法相比重铬钾法有如下优点：

① $K_2Cr_2O_7$ 易提纯，是基准物质，可用直接法配制溶液；

② $K_2Cr_2O_7$ 溶液非常稳定，可长期保存；

③ $K_2Cr_2O_7$ 对应电对的标准电极电位比高锰酸钾的小，可在盐酸溶液中测定铁；

④ 应用广泛，可直接、间接测定许多物质。

重铬钾法的缺点是反应速率很慢，条件难以控制，必须外加指示剂。另外，$K_2Cr_2O_7$ 有毒，使用时应注意废液的处理，以免污染环境。

（2）应用实例：铁矿石中含铁量的测定　铁矿石的主要成分是 $Fe_3O_4 \cdot nH_2O$，测定时首先用浓盐酸将铁矿石溶解，然后通过氧化还原预处理将铁矿石中的铁全部转化为 Fe^{2+}，然后在 $1 \text{ mol} \cdot L^{-1} H_2SO_4\text{-}H_3PO_4$ 混合介质中以二苯胺磺酸钠作为指示剂，用 $K_2Cr_2O_7$ 标准溶液进行滴定，滴定反应为：

$$Cr_2O_7^{2-} + 6Fe^{2+} + 14H^+ = 2Cr^{3+} + 6Fe^{3+} + 7H_2O$$

重铬酸钾法测定铁是测定矿石中全铁量的标准方法。另外，可用 $Cr_2O_7^{2-}$ 和 Fe^{2+} 的反应间接测定 NO_3^-、ClO_3^- 和 Ti^{3+} 等多种物质。

技能训练　$KMnO_4$ 标准溶液的配制与标定及 H_2O_2 含量的测定

一、仪器材料清单

$KMnO_4$ 标准溶液配制与标定及 H_2O_2 含量的测定所需的仪器、试剂如下表所示。

$KMnO_4$ 标准溶液配制与标定及 H_2O_2 含量的测定

仪器名称	规格	数量	仪器名称	规格	数量
玻璃烧杯	500 mL	1 个	分析天平	0.1 mg	1 台
磨口试剂瓶	500 mL	1 个	酸式滴定管	50.00 mL	1 支
橡胶手套	大码	1 双	锥形瓶	250 mL	3 个
量筒	10 mL	1 个	容量瓶	100 mL	1 个

其他：称量瓶、滴瓶、移液管、小烧杯、玻璃棒、洗耳球、洗瓶、胶头滴管、滤纸等

试剂	规格	数量
$KMnO_4$ 固体	分析纯 /500 g	1 瓶
基准物 $Na_2C_2O_4$	分析纯 /500 g	1 瓶
H_2SO_4	$3 \text{ mol} \cdot L^{-1}$	1 瓶
H_2O_2 样品	3%	1 瓶

其他：三级蒸馏水，2～3 人一组

二、训练目标

1. 掌握 $KMnO_4$ 标准溶液的配制与标定方法。

2. 掌握双氧水样品的取样方法。

3. 掌握用 $KMnO_4$ 直接滴定法测定双氧水含量的基本原理、方法及有关计算。

$KMnO_4$ 标准溶液的配制与标定

H_2O_2 含量的测定

4. 学会正确判断滴定终点。

三、实验原理

根据 $KMnO_4$ 的性质，采用间接法配制。在 $0.5 \sim 1 \ mol \cdot L^{-1}$ H_2SO_4 介质中，以 $Na_2C_2O_4$ 为基准物，该反应开始速度极慢，应注意滴定速度和 $Na_2C_2O_4$ 溶液加热的温度，测定双氧水含量时，H_2O_2 表现为还原性，其反应式为：$5H_2O_2 + 2MnO_4^- + 6H^+ \Longrightarrow 2Mn^{2+} + 5O_2 + 8H_2O$，$KMnO_4$ 溶液是紫红色，滴定时微过量的 $KMnO_4$ 使溶液呈微红色（30s 内不褪色），即为终点。

四、实验步骤

1. 配制

$0.1 \ mol \cdot L^{-1} KMnO_4$ 标准溶液 500 mL：根据 $m=cVM$，计算所需 $KMnO_4$ 的质量，用间接法配制 500 mL。

2. 标定

准确称取基准物 $Na_2C_2O_4$（0.2 ± 0.01）g（精确至 0.0001 g），置于 250 mL 锥形瓶中，加 30 mL 蒸馏水使其溶解，加 10 mL H_2SO_4（$3 \ mol \cdot L^{-1}$）溶液，加热至 $75 \sim 85 \ ℃$（开始冒蒸汽），趁热立即用待标定的 $KMnO_4$ 溶液滴定，第一滴 $KMnO_4$ 粉红色褪去后，再加第二滴，如此滴定至溶液呈微红色（30s 内不褪色），即为终点，准确记录 V，平行测定三次，计算 $KMnO_4$ 标准溶液的浓度。

3. 测定 H_2O_2 含量

用差减法称取双氧水样品（4 ± 0.1）g（精确至 0.0001 g），放入装有约 60 mL 蒸馏水的容量瓶中，用水稀释至刻线，充分摇匀。用润洗过的移液管准确移取上述溶液 25.00 mL 置于锥形瓶中，加 5 mL H_2SO_4 溶液，用标定好的 $KMnO_4$ 标准溶液滴定至溶液呈微红色（30s 内不褪色），即为终点，准确记录 V，平行测定三次，计算双氧水的质量分数。

4. 根据如下公式计算

计算公式：$n\left(\dfrac{1}{5}KMnO_4\right) = n\left(\dfrac{1}{2}Na_2C_2O_4\right)$ $n\left(\dfrac{1}{5}KMnO_4\right) = n\left(\dfrac{1}{2}H_2O_2\right)$

$$c\left(\frac{1}{5}KMnO_4\right) = \frac{m(Na_2C_2O_4)}{M\left(\dfrac{1}{2}Na_2C_2O_4\right) \times V(KMnO_4) \times 10^{-3}}$$

$$\omega(H_2O_2) = \frac{c\left(\dfrac{1}{5}KMnO_4\right) \times V(KMnO_4) \times 10^{-3} \times M\left(\dfrac{1}{2}H_2O_2\right)}{m_s \times \dfrac{25.00}{100.0}} \times 100\%$$

5. 数据记录及处理

用草酸作基准物质标定 KMnO₄

项目	1	2	3
称量瓶 + Na₂C₂O₄（倾样前）/g			
称量瓶 + Na₂C₂O₄（倾样后）/g			
Na₂C₂O₄ 质量 /g			
KMnO₄ 溶液用量 /mL			
$c\left(\dfrac{1}{5}KMnO_4\right)$ / (mol·L⁻¹)			
平均浓度 / (mol·L⁻¹)			
相对极差 /%			

H₂O₂ 含量的测定

项目	1	2	3
$m_1(H_2O_2)$/g			
$m_2(H_2O_2)$/g			
$m(H_2O_2)$/g			
KMnO₄ 溶液用量 /mL			
$\omega(H_2O_2)$/%			
平均质量分数 /%			
相对极差 /%			

五、结束工作

1. 仪器设备、药品试剂归位。

2. 清洗玻璃仪器并整理实验台。

3. 按规定处理废液、废纸。

六、评价表

序号	考核内容	操作内容	分值	评分要求	分值	得分
1	操作前准备、安全与环保意识	检查仪器、试剂是否齐全，玻璃仪器洗涤方法正确	20	1. 穿实验服，双手洁净，不染指甲，不留长指甲，不披发	5	
				2. 检查所用仪器是否齐全	5	
				3. 洗涤所用仪器，以玻璃仪器不挂水珠、为均匀的水膜为洗净标准	10	

续表

序号	考核内容	操作内容	分值	评分要求	分值	得分
2	标液的配制与标定	$c\left(\frac{1}{5}KMnO_4\right)=0.1\ mol\cdot L^{-1}$ 标准溶液的配制、基准物 $Na_2C_2O_4$ 的称量溶解、调酸度、加热、酸式滴定管润洗、装液、排气泡、调零、正确滴定、半滴控制、终点判断等	40	1. 根据 $m=cVM$ 正确计算，正确称量 $KMnO_4$ 质量	2	
				2. 加水溶解，正确稀释到 500 mL	1	
				3. 放置并过滤，储存于棕色试剂瓶中	3	
				4. 用差减法正确称量基准物 $Na_2C_2O_4$ 三份于锥形瓶中	5	
				5. 向锥形瓶中加 30 mL 水使其溶解，加 10 mL H_2SO_4 溶液，加热至 75 ~ 85 ℃（开始冒蒸汽）	4	
				6. 酸式滴定管的正确检漏、清洗、润洗、装液、定液、排气泡、调零	5	
				7. 趁热立即用待标定的 $KMnO_4$ 溶液滴定，正确滴定，滴定过程左右手操作正确，滴定速度的控制恰当	10	
				8. 滴定终点的正确判断，正确读数，平行测定三次	10	
3	双氧水含量的测定	双氧水样品的正确稀释、正确移取被测液、正确滴定、半滴控制、终点判断等	20	1. 用差减法称取双氧水样品，正确定容至 100.0 mL 容量瓶中	5	
				2. 正确使用移液管，准确移取 25.00 mL 样品于锥形瓶中	2	
				3. 用标定过的标准溶液正确滴定、滴定过程左右手操作正确、滴定速度的控制恰当	5	
				4. 滴定终点的正确判断，正确读数，平行测定三次	5	
				5. 根据公式正确计算	3	
4	文明操作、职业素养	实验过程当中台面、废液、纸屑等的处理；实验后台面、试剂、废液、纸屑等的处理，玻璃仪器的清洗	20	1. 操作过程中物品摆放有序，干净整洁	5	
				2. 废液处理得当，倒在指定位置	5	
				3. 结束后，废纸处理，仪器清洗归位，整理实验台	10	

【思考与练习】

一、选择题

1. 用重铬酸钾标定硫代硫酸钠时，由于 KI 与重铬酸钾反应较慢，为了使反应能进行完全，下列措施不正确的是（　　）。

A. 增加 KI 的量 　　　　　　　　　　B. 适当增加酸度

C. 使反应在较浓溶液中进行 　　　　　D. 加热

2. 配制 I_2 标准溶液时，正确的是（　　）。

化学需氧量测定及生态影响
资料扫一扫

氧化还原滴定前的预处理
资料扫一扫

A. 碘溶于浓度较大的碘化钾溶液中　　　　　　B. 碘直接溶于蒸馏水中

C. 碘溶解于水后，加碘化钾　　　　　　　　　D. 碘溶于酸中

3. 下列物质中可以用氧化还原滴定法测定的是（　　　）。

A. 草酸　　　　　　　　B. 醋酸　　　　　　　　C. 盐酸　　　　　　　　D. 硫酸

4. 高锰酸钾标准溶液必须放置在（　　　）容器中。

A. 白色试剂瓶　　　　　B. 白色滴瓶　　　　　　C. 棕色试剂瓶　　　　　D. 不分颜色试剂瓶

5. 标定高锰酸钾标准溶液所需的基准物质是（　　　）。

A. $K_2Cr_2O_7$　　　　　　B. Na_2CO_3　　　　　　C. $Na_2S_2O_3$　　　　　　D. $Na_2C_2O_4$

二、判断题

1. 直接碘量法终点颜色从蓝色到无色。（　　　）

2. 溶液酸度越高，$KMnO_4$ 氧化能力越强，与 $Na_2C_2O_4$ 反应越完全，所以用 $Na_2C_2O_4$ 标定 $KMnO_4$ 时，溶液酸度越高越好。（　　　）

3. $K_2Cr_2O_7$ 标准溶液滴定 Fe^{2+} 既能在盐酸介质中进行，又能在硫酸介质中进行。（　　　）

4. 在碘量法中使用碘量瓶可以防止碘的挥发。（　　　）

5. 用 $KMnO_4$ 法测定 H_2O_2 时，需通过加热来加速反应。（　　　）

三、问答题

1. 氧化还原滴定中可用哪些方法检测终点？氧化还原指示剂的变色原理和选择原则与酸碱指示剂有何异同？

2. 在氧化还原滴定之前，为什么要进行预处理？预处理对所用的氧化剂或还原剂有哪些要求？

3. 常用的氧化还原滴定法有哪些？各种方法的原理及特点是什么？

4. 在 $KMnO_4$ 法中如果 H_2SO_4 用量不足，对结果有何影响？

5. 能否用分析纯的高锰酸钾直接配制成标准溶液？

四、计算题

1. 工业双氧水含量的测定，先称取试样 2.0058 g 配制成 250.0 mL 试液，用移液管准确移取该试液 25.00 mL，用 $c(1/5KMnO_4)$= 0.1066 mol·L^{-1} 的高锰酸钾标准溶液滴定，终点时消耗 25.65 mL，求双氧水试样的质量分数。

2. 欲配制 500 mL 浓度 $c(1/6K_2Cr_2O_7)$=0.05000 mol·L^{-1} 的 $K_2Cr_2O_7$ 溶液，需称取固体 $K_2Cr_2O_7$ 多少克？

3. 将等体积的 0.40 mol·L^{-1} 的 Fe^{2+} 溶液和 0.10 mol·$L^{-1}Ce^{4+}$ 溶液相混合，若溶液中 H_2SO_4 浓度为 0.5 mol·L^{-1}，反应达平衡后，Ce^{4+} 的浓度是多少？

4. 称取软锰矿 0.3216 g，分析纯的 $Na_2C_2O_4$ 0.3685 g，共置于同一烧杯中，加入 H_2SO_4，并加热，待反应完全后，用 0.02400 mol·L^{-1} $KMnO_4$ 溶液滴定剩余的 $Na_2C_2O_4$，消耗 $KMnO_4$ 溶液 11.26 mL。计算软锰矿中 MnO_2 的质量分数。

5. 用间接碘量法来测铜矿，称取铜试样 0.5012 g，经过预处理后，加入过量的 KI，析出 I_2，用 0.1220 mol·$L^{-1}Na_2S_2O_3$ 标准溶液滴定，消耗 28.16 mL，计算铜矿试样中铜的质量分数。

模块七

沉淀滴定法和重量分析法

模块说明

沉淀滴定法是以沉淀反应为基础的滴定分析方法。沉淀滴定法中常用的是银量法，用银量法可以测定无机卤化物、能生成难溶性银盐的有机化合物、硫氰酸盐及含卤素的有机化合物等物质。沉淀滴定法主要应用于化工、冶金、农业及"三废"处理等领域。

重量分析法是以测定重量的方法来确定被测组分含量的定量分析法，是经典的化学分析方法，它是通过直接称量得到的分析结果，不需要从容量器皿中引入大量数据，也不需要基准物质准确度较高。重量分析法常用于环境污染物分析、药品分析和材料分析等。通过本模块的学习，了解并掌握银量法（莫尔法、福尔哈德法、法扬斯法）及重量分析法的相关理论及应用。

育心笃行：

水是生命的源泉，水质的安全对人们的生命健康有着重要的作用。地球表面 72% 被水覆盖，但人类能直接饮用的淡水资源仅占 0.5%。饮用水中因需净化和消毒会带入一定的氯化物。应严格把控饮用水中余氯含量，确保饮水安全。

学习目标

知识目标：

1. 了解银量法的特点、滴定方式分类方法和测定对象；
2. 掌握沉淀滴定法对沉淀反应的要求；
3. 掌握莫尔法、福尔哈德法、法扬斯法的基本原理、滴定条件及应用范围；
4. 掌握硝酸银及硫氰酸铵标准溶液配制及标定方法；
5. 了解重量分析法的分类和方法特点；
6. 掌握沉淀重量法对沉淀形式和称量形式的要求及沉淀剂的选择原则。

能力目标：

1. 能够正确配制并标定硝酸银标准溶液的浓度；
2. 能够正确配制并标定硫氰酸铵标准溶液的浓度；
3. 会判断沉淀滴定法的终点；
4. 能应用沉淀滴定法正确测定样品中银离子、氯离子等的浓度；
5. 能够正确处理数据；
6. 能熟练使用重量分析法的测定仪器，正确选择沉淀剂和沉淀条件；
7. 能正确计算沉淀重量法的分析结果。

素质目标：

1. 培养严谨、求实、求真的学习态度；

2. 提升观察问题和解决问题的能力；

3. 增强可持续性学习能力；

4. 树立合理使用化学物质的观念，增强保护生态环境的意识。

项目一　认识沉淀滴定法

【案例导入】

微课扫一扫

认识沉淀滴
定法

酱油是人们日常生活中最常使用的调味品之一。酱油中 NaCl 含量一般在 18%～20% 之间，含量太低，起不到调味作用且容易变质；含量太高，则酱油味道变苦，不鲜，感官指标不佳，影响产品质量。某企业生产的酱油抽检结果显示其标签上营养成分与实际检测不同，尤其是钠含量不符合国家标准要求，其检测方法就属于沉淀滴定法，那么你了解沉淀滴定法及其分类吗？需要用到什么标准溶液呢？下面让我们来共同学习相关的知识吧。

【知识探究】

一、沉淀滴定法的基本原理（难度系数：★★）

沉淀滴定法是以沉淀反应为基础的一类滴定分析方法。目前应用最多的是生成难溶银盐的反应。例如：

$$Ag^+ + X^- = AgX\downarrow \qquad (X = Cl^-,\ Br^-,\ I^-)$$

$$Ag^+ + SCN^- = AgSCN\downarrow$$

这种利用生成难溶银盐反应的测定方法称为银量法。银量法可以测定 Cl^-、Br^-、I^-、Ag^+、CN^-、SCN^- 等离子，用于化工、冶金、农业以及处理"三废"等生产部门的检测工作。银量法按照指示滴定终点的方法不同而分为三种：莫尔（Mohr）法、福尔哈德（Volhard）法和法扬斯（Fajans）法。根据滴定方式不同，可分为直接法和间接法。直接法是用硝酸银标准溶液直接测定待测组分的方法。间接法是先于待测试液中加入一定量的硝酸银标准溶液，再用硫氰酸铵标准溶液滴定剩余的硝酸银溶液的方法。

除银量法外，沉淀滴定法中还有利用其他沉淀反应的方法。例如 $K_4[Fe(CN)_6]$ 与 Zn^{2+}、四苯硼酸钠与 K^+ 形成沉淀的反应都可用于沉淀滴定法。

$$2K_4[Fe(CN)_6] + 3Zn^{2+} \longrightarrow K_2Zn_3[Fe(CN)_6]_2\downarrow + 6K^+$$

$$NaB(C_6H_5)_4 + K^+ \longrightarrow KB(C_6H_5)_4\downarrow + Na^+$$

二、沉淀滴定的反应条件（难度系数：★★★）

沉淀反应很多，但不是所有的沉淀反应都能用于滴定，能用于沉淀滴定的沉淀反应必须符合以下条件：

① 反应要定量进行完全，生成的沉淀组成恒定且溶解度要小，对于 1+1 型沉淀，要求 $K_{sp} \leqslant 10^{-10}$。

② 反应速率要快。

③ 有适当的指示剂或其他方法来指示滴定终点。

④ 沉淀的吸附和共沉淀现象不影响滴定终点的确定。

【思考与练习】

沉淀滴定法中常用的标准滴定溶液和基准物质

一、选择题

1. 下列不属于银量法的是（　　）。

A. 莫尔法　　　　　　　　　　　　B. 法扬斯法

C. 福尔哈德法　　　　　　　　　　D. 沉淀重量法

2. 下列条件适用于福尔哈德法的是（　　）。

A. pH=6.5 ～ 10.5　　　　　　　　B. 以 K_2CrO_4 为指示剂

C. 滴定酸度为 0.1 ～ 1 mol·L^{-1}　　D. 以荧光黄为指示剂

3. 莫尔法测定氯含量时，其滴定反应的酸度条件为（　　）。

A. 强酸性　　　　　　　　　　　　B. 弱酸性

C. 强碱性　　　　　　　　　　　　D. 弱碱性或近中性

4. 莫尔法不能用于碘化物中碘的测定，主要是因为（　　）。

A. AgI 溶解度太小　　　　　　　　B. AgI 吸附能力太强

C. AgI 沉淀速度太慢　　　　　　　D. 没有合适的指示剂

5. 以下银量法测定需采用返滴定方式的是（　　）。

A. 莫尔法测 Cl$^-$　　　　　　　　　B. 吸附指示法测 Cl$^-$

C. 福尔哈德法测 Cl$^-$　　　　　　　D. AgNO$_3$ 滴定 Br$^-$

二、判断题

1. 标定硝酸银标准溶液可使用氯化钠基准物。（　　　）

2. 硝酸银标准溶液需保存在棕色瓶中。（　　　）

3. 银量法中铬酸钾做指示剂的方法又叫莫尔法。（　　　）

4. 福尔哈德法测定银离子以铁铵矾为指示剂。（　　　）

5. 用莫尔法测定 Cl$^-$ 含量时，为避免终点提前到达，滴定时不可剧烈摇荡。（　　　）

三、问答题

1. 什么叫沉淀滴定法？用于沉淀滴定的反应必须符合哪些条件？

2. 何为银量法？银量法主要用于测定哪些物质？

3. 沉淀滴定法中，除银量法外还可利用哪些沉淀反应进行滴定分析？

4. 如何制备硝酸银标准溶液？

5. 莫尔法测定 Cl$^-$ 含量时，滴定过程中为什么要充分摇动溶液？如果不摇动溶液，对测定结果有何影响？

项目二　沉淀滴定法的应用

【案例导入】

为确保出厂水质符合国家《生活饮用水卫生标准》（GB 5749—2022），自来水厂需定期抽检自来水中氯离子的含量。检测员小张采用莫尔法来进行测定：以铬酸钾为指示剂，用 $AgNO_3$ 标准溶液滴定自来水样中的氯离子含量。你知道其测定原理和条件是什么吗？具体的步骤又有哪些呢？

【知识探究】

一、莫尔法——铬酸钾作指示剂（难度系数：★★★）

本法以 K_2CrO_4 作为指示剂，在中性或弱碱性溶液中用 $AgNO_3$ 标准溶液可以直接滴定 Cl^- 或 Br^- 等离子。

根据分步沉淀的原理，由于 AgCl 的溶解度小于 Ag_2CrO_4 的溶解度，因此在含有 Cl^-（或 Br^-）和 CrO_4^{2-} 的溶液中，用 $AgNO_3$ 标准溶液进行滴定过程中，AgCl 首先沉淀出来，当滴定到化学计量点附近时，溶液中 Cl^- 浓度越来越小，Ag^+ 浓度增加，直至 $[Ag^+]^2[CrO_4^{2-}] > K_{sp}(Ag_2CrO_4)$，立即生成砖红色的 Ag_2CrO_4 沉淀，以此指示滴定终点。其反应为：

$$Ag^+ + Cl^- =\!\!= AgCl\downarrow（白色）$$

$$2Ag^+ + CrO_4^{2-} =\!\!= Ag_2CrO_4\downarrow（砖红色）$$

应用莫尔法，必须注意：

① 要严格控制 K_2CrO_4 的用量。如果 K_2CrO_4 指示剂的浓度过高或过低，Ag_2CrO_4 沉淀析出就会提前或滞后。已知 AgCl 和 Ag_2CrO_4 的溶度积分别是：

$$K_{sp,AgCl} = [Ag^+][Cl^-] = 1.56\times10^{-10}$$

$$K_{sp,Ag_2CrO_4} = [Ag^+]^2[CrO_4] = 9.0\times10^{-12}$$

根据溶度积原理，当滴定到达化学计量点时要有 Ag_2CrO_4 沉淀生成，则

$$[Ag^+] = [Cl^-] = \sqrt{1.56\times10^{-10}} = 1.25\times10^{-5}(mol\cdot L^{-1})$$

$$[CrO_4^{2-}] = \frac{K_{sp,Ag_2CrO_4}}{[Ag^+]^2} = \frac{9.0\times10^{-12}}{1.56\times10^{-10}}$$
$$= 5.8\times10^{-2}(mol\cdot L^{-1})$$

以上的计算说明在滴定到达化学计量点时，刚好生成 Ag_2CrO_4 沉淀所需 K_2CrO_4 的浓度较高，由于 K_2CrO_4 溶液呈黄色，当浓度高时，在实际操作过程中会影响终点判断，所以指示剂浓度还是略低一些为好，一般滴定溶液中所含指示剂 K_2CrO_4 浓度约为 5×10^{-3} mol·L^{-1} 为宜。但当 K_2CrO_4 浓度较低时，还需做指示剂空白值校正，以减小误差。指示剂空白校正的方法是：量取与实际滴定到终点时等体积的蒸馏水，加入与实际滴定时相同体积的 K_2CrO_4 指示剂溶液和少量纯净 $CaCO_3$ 粉末，配成与实际测定类似的状况，用 $AgNO_3$ 标准溶

液滴定至同样的终点颜色，记下读数，为空白值，测定时要从待测试液所消耗的 $AgNO_3$ 体积中扣除此值。

② 滴定应当在中性或弱碱性介质中进行。因为在酸性溶液中 CrO_4^{2-} 转化为 $Cr_2O_7^{2-}$，使 CrO_4^{2-} 浓度降低，影响 Ag_2CrO_4 沉淀的形成，会降低指示剂的灵敏度。

$$2H^+ + 2CrO_4^{2-} \Longleftrightarrow 2HCrO_4^- \Longleftrightarrow Cr_2O_7^{2-} + H_2O$$

如果溶液的碱性太强，将析出 Ag_2O 沉淀：

$$2Ag^+ + 2OH^- \Longleftrightarrow 2AgOH \downarrow \longrightarrow Ag_2O \downarrow + H_2O$$

同样不能在氨性溶液中进行滴定，因为易生成 $Ag(NH_3)_2^+$，会使 AgCl 沉淀溶解：

$$AgCl + 2NH_3 \Longleftrightarrow Ag(NH_3)_2^+ + Cl^-$$

莫尔法合适的酸度条件是 pH=6.5 ～ 10.5。若试液为强酸性或强碱性，可先用酚酞作指示剂以稀 NaOH 或稀 H_2SO_4 调节酸度，然后再滴定。

③ 在试液中如有能与 CrO_4^{2-} 生成沉淀的 Ba^{2+}、Pb^{2+} 等阳离子，能与 Ag^+ 生成沉淀的 PO_4^{3-}、AsO_4^{3-}、SO_3^{2-}、S^{2-}、CO_3^{2-}、$C_2O_4^{2-}$ 等酸根，以及在中性或弱碱性溶液中能发生水解的 Fe^{3+}、Al^{3+}、Bi^{3+}、Sn^{4+} 等离子存在，都应预先分离。大量 Cu^{2+}、Ni^{2+}、Co^{2+} 等有色离子存在，也会影响滴定终点的观察。由此可知莫尔法的选择性是较差的。

④ 莫尔法可用于测定 Cl^- 或 Br^-，但不能用于测定 I^- 和 SCN^-，因为 AgI、AgSCN 的吸附能力太强，滴定到终点时有部分 I^- 或 SCN^- 被吸附，将引起较大的负误差。AgCl 沉淀也容易吸附 Cl^-，在滴定过程中，应剧烈振荡溶液，可以减少吸附，以期获得正确的终点。

二、福尔哈德法——铁铵矾作指示剂（难度系数：★★★）

本法以铁铵矾 $[NH_4 Fe(SO_4)_2 \cdot 12H_2O]$ 作指示剂，在酸性介质中，用 KSCN 或 NH_4SCN 为标准溶液滴定。由于测定的对象不同，福尔哈德法可分为直接滴定法和返滴定法。

1. 直接滴定法

在含有 Ag^+ 的硝酸溶液中加入铁铵矾指示剂，用 NH_4SCN 标准溶液滴定，先析出白色的 AgSCN 沉淀，到达化学计量点时，微过量的 NH_4SCN 就与 Fe^{3+} 生成红色 $FeSCN^{2+}$，指示滴定终点到达。其反应为：

$$Ag^+ + SCN^- \Longrightarrow AgSCN \downarrow （白色）$$

$$Fe^{3+} + SCN^- \Longrightarrow FeSCN^{2+} （红色）$$

AgSCN 要吸附溶液中的 Ag^+，所以在滴定时必须剧烈振荡，避免指示剂过早显色，减小测定误差。直接滴定法的溶液中 $[H^+]$ 一般控制在 0.1 ～ 1 $mol \cdot L^{-1}$。若酸度太低，Fe^{3+} 将水解，生成棕色的 $Fe(OH)_3$ 或者 $Fe(H_2O)_5(OH)^{2+}$，影响终点的观察。此法的优点在于可以用来直接测定 Ag^+。

2. 返滴定法

在含有卤素离子的硝酸溶液中，加入一定量过量的 $AgNO_3$，以铁铵矾为指示剂，用 NH_4SCN 标准溶液回滴过量的 $AgNO_3$。例如，滴定 Cl^- 时的主要反应：

$$Ag^+ + Cl^- \Longrightarrow AgCl \downarrow$$

$$Ag^+ + SCN^- \Longrightarrow AgSCN \downarrow$$

当过量一滴 SCN^- 溶液时，Fe^{3+} 便与 SCN^- 反应生成红色的 $FeSCN^{2+}$，指示终点已到。由于 AgSCN 的溶解度小于 AgCl，加入过量 SCN^- 时，会将 AgCl 沉淀转化为 AgSCN 沉淀：

$$AgCl\downarrow + SCN^- \Longrightarrow AgSCN\downarrow + Cl^-$$

使分析结果产生较大误差。为了避免上述情况的发生，通常采用下列措施：

① 当加入过量 $AgNO_3$ 标准溶液后，立即加热煮沸试液，使 AgCl 沉淀凝聚，以减少对 Ag^+ 的吸附。过滤后，再用稀 HNO_3 洗涤沉淀，并将洗涤液并入滤液中，用 NH_4SCN 标准溶液回滴滤液中过量的 $AgNO_3$。

② 在滴定前，先加入硝基苯（有毒），使 AgCl 进入硝基苯层而与滴定溶液隔离。本法较为简便。

由于 AgBr、AgI 的溶度积均比 AgSCN 的小，不会发生沉淀转化反应，所以用返滴定法测定溴化物、碘化物时，可在 AgBr 或 AgI 沉淀存在下进行回滴。但要注意，Fe^{3+} 能将 I^- 氧化成 I_2。因此在测定 I^- 时，必须先加 $AgNO_3$ 溶液后再加指示剂，否则会发生如下反应影响测定结果的准确度。

$$2Fe^{3+} + 2I^- \Longrightarrow 2Fe^{2+} + I_2$$

福尔哈德法的滴定在 HNO_3 介质中进行，因此有些弱酸阴离子如 PO_4^{3-}、AsO_4^{3-}、$C_2O_4^{2-}$ 等不会干扰卤素离子的测定。

三、法扬斯法——吸附指示剂法（难度系数：★★★★）

吸附指示剂是一类有色的有机化合物。它的阴离子被吸附在胶体微粒表面之后，分子结构发生变形，引起吸附指示剂颜色的变化，借以指示滴定终点。例如，以 $AgNO_3$ 标准溶液滴定 Cl^- 时，可用荧光黄吸附指示剂来指示滴定终点。荧光黄指示剂是一种有机弱酸，用 HFIn 表示，它在溶液中解离出黄绿色的 FIn^-：

$$HFIn \Longrightarrow H^+ + FIn^-$$

在化学计量点前，溶液中有剩余的 Cl^- 存在，AgCl 沉淀吸附 Cl^- 而带负电荷，因此荧光黄阴离子留在溶液中呈黄绿色。滴定进行到化学计量点时，AgCl 沉淀吸附 Ag^+ 而带正电荷，这时溶液中 FIn^- 被吸附，溶液颜色由黄绿色变为粉红色，指示滴定终点到达。其过程可以示意如下：

Cl^- 过量时：$AgCl\cdot Cl^- + FIn^-$（黄绿色）

Ag^+ 过量时：$AgCl\cdot Ag^+ + FIn^- \longrightarrow AgCl\cdot Ag^+ \mid FIn^-$（粉红色）

应用法扬斯法要掌握以下几个条件：

① 因吸附指示剂的颜色变化是发生在沉淀表面，通常需加入一些保护胶体如淀粉，使沉淀的表面积大一些，滴定终点变化明显。但是稀溶液中沉淀少，观察终点比较困难。

② 必须控制适当的酸度，使指示剂呈阴离子状态。例如荧光黄（$pK_a=7$）只能在中性或弱碱性（pH=10）溶液中使用，若 pH < 7 则主要以 HFIn 形式存在，无法指示终点，因此溶液的 pH 应有利于吸附指示剂阴离子的存在。

③ 卤化银沉淀对光敏感，易分解而析出金属银使沉淀变为灰黑色，故滴定过程要避免强光，否则，影响滴定终点的观察。

④ 指示剂吸附性能要适中。胶体微粒对指示剂的吸附能力要比对待测离子的吸附能力略小，否则指示剂将在化学计量点前变色。但如果太小，又将使颜色变化不敏锐。卤化银对

卤化物和几种吸附指示剂的吸附能力的次序如下：

$$I^- > SCN^- > Br^- > 曙红 > Cl^- > 荧光黄$$

因此，滴定 Cl^- 不能选用曙红，而应选用荧光黄。现将几种常用吸附指示剂列于表 7-1 中。

表 7-1　常用吸附指示剂

指示剂	被测离子	滴定剂	滴定条件
荧光黄	Cl^-，Br^-，I^-	$AgNO_3$	pH=7～10
二氯荧光黄	Cl^-，Br^-，I^-	$AgNO_3$	pH=4～10
曙红	Br^-，SCN^-，I^-，	$AgNO_3$	pH=2～10
甲基紫	Ag^+	NaCl	酸性溶液

技能训练　自来水中氯离子含量的测定

一、仪器材料清单

自来水中氯离子含量的测定所需的仪器、试剂如下表所示。

自来水中氯离子含量的测定

仪器名称	规格	数量
分析天平	0.1 mg	1 台
酸式滴定管	50.00 mL	1 支
锥形瓶	250 mL	3 个
容量瓶	250 mL	1 个
移液管	25.00 mL	1 支

其他：称量瓶、滴瓶、小烧杯、玻璃棒、洗耳球、洗瓶、胶头滴管、滤纸等

试剂	规格	数量
$AgNO_3$ 固体	100 g	1 瓶
K_2CrO_4 指示剂	5%	1 瓶
NaCl	基准试剂	1 瓶
自来水水样	100.0 mL	

其他：橡胶手套、三级蒸馏水，2～3 人一组

二、训练目标

1. 掌握 $AgNO_3$ 标准溶液的配制和贮存方法。
2. 掌握 $AgNO_3$ 标准溶液标定的基本原理和方法。
3. 掌握莫尔法测定水中氯离子含量的基本原理和方法。
4. 学会用铬酸钾指示剂正确判断滴定终点。

$AgNO_3$ 标准溶液的配制与标定

水样中氯离子含量的测定

三、实验原理

在近中性或弱碱溶液中，以 K_2CrO_4 为指示剂，用 $AgNO_3$ 标准溶液直接滴定氯离子，终点出现砖红色沉淀，记录 $AgNO_3$ 标液消耗的体积 V，根据公式计算其含量。

四、实验步骤

1. 配制

间接法配制 0.02 mol·L^{-1} AgNO$_3$ 标准溶液 200 mL。

2. 标定

准确称取基准物质 NaCl 0.3 g±0.01 g 于小烧杯中，加水溶解，转移定容到 250.0 mL 容量瓶中，用润洗过的移液管移取 25.00 mL NaCl 溶液于锥形瓶中，加 1 mL K$_2$CrO$_4$ 指示剂，用 AgNO$_3$ 溶液滴定至溶液呈微红色，准确记录 V_{AgNO_3}，平行测定三次。（近终点要充分摇动锥形瓶。）

3. 测定

取自来水样 100.0 mL 于锥形瓶中，加 1 mL K$_2$CrO$_4$ 指示剂，立即用 AgNO$_3$ 标准溶液滴定至溶液呈微红色，准确记录消耗的体积 V，平行测定三次，求出 ρ（Cl$^-$）。

4. 根据如下公式计算

计算公式：n(AgNO$_3$)=n(NaCl)

$$c(\text{AgNO}_3)=\frac{m(\text{NaCl})\times\dfrac{25.00}{250.0}}{M(\text{NaCl})\times V(\text{AgNO}_3)\times10^{-3}}$$

$$\rho(\text{Cl}^-)=\frac{c(\text{AgNO}_3)\times V(\text{AgNO}_3)\times10^{-3}\times M(\text{Cl}^-)}{V(\text{水样})}\times10^3$$

5. 数据记录及处理

用 NaCl 作基准物质标定 AgNO$_3$

项目	1	2	3
称量瓶 + NaCl（倾样前）/g			
称量瓶 + NaCl（倾样后）/g			
NaCl 质量 /g			
AgNO$_3$ 溶液用量 /mL			
c(AgNO$_3$)/（mol·L^{-1}）			
平均浓度 /（mol·L^{-1}）			
相对极差 /%			

测定自来水中氯离子含量

项目	1	2	3
c(AgNO$_3$)/（mol·L^{-1}）（已标定）			
V(AgNO$_3$)/mL			
ρ(Cl$^-$)/（mg·L^{-1}）			
平均质量浓度 /（mg·L^{-1}）			
相对极差 /%			

五、结束工作

1. 仪器设备、药品试剂归位。
2. 清洗玻璃仪器并整理实验台。
3. 按规定处理废液、废纸。

六、评价表

序号	考核内容	操作内容	分值	评分要求	分值	得分
1	操作前准备、安全与环保意识	检查仪器、试剂是否齐全，玻璃仪器洗涤方法正确	20	1. 穿实验服，双手洁净，不染指甲，不留长指甲，不披发	5	
				2. 检查所用仪器是否齐全	5	
				3. 洗涤所用仪器，以玻璃仪器不挂水珠、为均匀的水膜为洗净标准	10	
2	标准溶液的配制与标定	$0.02\ mol\cdot L^{-1}\ AgNO_3$ 标准溶液的配制、基准物质 NaCl 称量、溶样、转移定容、摇匀备用、酸式滴定管润洗、装液、排气泡、调零、正确滴定、半滴控制、终点判断等	40	1. 根据 $m=cVM$ 正确计算	2	
				2. 正确称量 $AgNO_3$ 质量，加水溶解 $AgNO_3$，正确稀释到 200 mL，储存于棕色试剂瓶中	2	
				3. 用差减法正确称量基准试剂 NaCl 于小烧杯中，加水溶解，转移定容到 250 mL 容量瓶中，摇匀备用	8	
				4. 正确使用移液管，准确移取 25.00 mLNaCl 于锥形瓶中	3	
				5. 酸式滴定管的正确检漏、清洗、润洗、装液、定液、排气泡、调零	2	
				6. 锥形瓶中加入 $1\ mLK_2CrO_4$ 指示剂，正确滴定，滴定过程左右手操作正确，滴定速度的控制恰当	5	
				7. 滴定终点的正确判断，出现砖红色沉淀，溶液呈微红色	8	
				8. 正确读数，平行测定三次	10	
3	自来水中氯离子含量的测定	移液管移取水样、正确滴定、半滴控制、终点判断等	20	1. 正确使用移液管，准确移取 100.0 mL 水样于锥形瓶中	5	
				2. 用标定过的标准溶液正确滴定，滴定过程左右手操作正确，滴定速度的控制恰当	2	
				3. 加入 $1\ mLK_2CrO_4$ 指示剂，用标定过的标准溶液正确滴定，滴定过程左右手操作正确，滴定速度的控制恰当	5	
				4. 滴定终点的正确判断，正确读数，平行测定三次	5	
				5. 根据公式正确计算	3	
4	文明操作、职业素养	实验过程当中台面、废液、纸屑等的处理；实验后台面、试剂、废液、纸屑等的处理，玻璃仪器的清洗	20	1. 操作过程中物品摆放有序，干净整洁	5	
				2. 废液处理得当，倒在指定位置	5	
				3. 结束后，废纸处理，仪器清洗归位，整理实验台	10	

【思考与练习】

一、选择题

1. 莫尔法测定氯的含量时，所用的终点指示剂是（   ）。

A. 铬酸钾　　　　　　B. 铁铵矾

C. 吸附指示剂　　　　D. 硫氰酸钾

饮用水中游离余氯的限量标准及超量危害　　四苯硼酸钠的应用

2. 在沉淀滴定法中，福尔哈德法采用的终点指示剂是（   ）。

A. 铬酸钾　　　　B. 铁铵矾　　　　C. 吸附指示剂　　　　D. 甲基橙

3. 在沉淀滴定法中，法扬斯法采用的终点指示剂是（   ）。

A. 铬酸钾　　　　B. 铁铵矾　　　　C. 吸附指示剂　　　　D. 二甲酚橙

4. 用福尔哈德法测定 Cl^- 含量时，既没有将 AgCl 沉淀滤去，也未加硝基苯保护沉淀，结果将（   ）。

A. 偏高　　　　B. 偏低　　　　C. 无影响　　　　D. 不确定

5. 用法扬斯法测定 I^- 含量时，以曙红做指示剂，结果将（   ）。

A. 偏高　　　　B. 偏低　　　　C. 无影响　　　　D. 不确定

二、判断题

1. 标定硝酸银溶液用氯化钡。（   ）

2. 莫尔法不能用于碘化物中碘的测定，主要是因为 AgI 的吸附能力太强。（   ）

3. 用法扬斯法测定 Cl^- 时，常加入糊精，其作用是防止 AgCl 凝聚。（   ）

4. 法扬斯法测定 Cl^- 时，用曙红作指示剂，导致测定结果偏低。（   ）

5. 福尔哈德法中，提高 Fe^{3+} 的浓度，可减小终点时 SCN^- 的浓度，从而减小滴定误差。（   ）

三、问答题

1. 简述莫尔法的指示剂作用原理。

2. 应用银量法测定下列试样中的 Cl^- 含量时，选用哪种指示剂指示终点较为适宜？

（1）$BaCl_2$　　（2）$CaCl_2$　　（3）$FeCl_2$　　（4）$NaCl + H_3PO_4$　　（5）$NaCl + Na_2SO_4$

3. 福尔哈德法的选择性为什么会比莫尔法高？

4. 银量法中的法扬斯法，使用吸附指示剂时，应注意哪些问题？

5. 用福尔哈德法测定 Cl^- 的条件是什么？

四、计算题

1. 称取纯 NaCl 0.1169 g，加水溶解后，以 K_2CrO_4 为指示剂，用 $AgNO_3$ 标准溶液滴定时共用去 20.00 mL，求该 $AgNO_3$ 溶液的浓度。

2. 称取 KCl 与 KBr 的混合物 0.3208 g，溶于水后进行滴定，用去 0.1014 mol·L^{-1} $AgNO_3$ 标准溶液 30.20 mL，试计算该混合物中 KCl 和 KBr 的质量分数。

3. 称取纯试样 KIO_x 0.5000 g，经还原为碘化物后，以 0.1000 mol·L^{-1} $AgNO_3$ 标准溶液滴定，消耗 23.36 mL。求该盐的化学式。

4. 将 40.00 mL 0.1020 mol·L^{-1} $AgNO_3$ 溶液加到 25.00 mL $BaCl_2$ 溶液中，剩余的 $AgNO_3$ 溶液，需用 15.00 mL 0.09800 mol·L^{-1} NH_4SCN 溶液返滴定，25.00 mL $BaCl_2$ 溶液中含 $BaCl_2$ 质量为多少？

5. 取一含银废液 2.0750 g，加入适量的硝酸，以铁铵矾为指示剂，消耗了 0.04634 mol·L^{-1} 的硫氰酸铵溶液 25.50 mL，计算此废液中银的质量分数。

项目三　重量分析法

【案例导入】

　　工业硫酸钠常用作造纸工业制造硫酸盐纸浆时的蒸煮剂，某纸业有限公司需购买一批工业硫酸钠，为确保原料的质量需对硫酸钠样品中硫的含量进行测定。该企业检测员小张准备用重量分析法对工业硫酸钠样品中硫的含量进行测定。你知道重量分析法原理和测定方法吗？

【知识探究】

一、认识重量分析法及其基本操作（难度系数：★★★）

1. 重量分析法概述

　　重量分析法，通常是通过物理或化学反应将试样中待测组分与其他组分分离，以称量的方法，称得待测组分或它的难溶化合物的质量，计算出待测组分在试样中的含量。

　　按照待测组分与其他组分分离方法的不同，重量分析法可分为挥发法、沉淀重量法两类。

　　（1）挥发法　一般是采用加热或其他方法使试样中的挥发性组分逸出，称量后根据试样质量的减少，计算试样中该组分的含量；或利用吸收剂吸收组分逸出的气体，根据吸收剂质量的增加，计算出该组分的含量。例如，要测定 $BaCl_2 \cdot 2H_2O$ 中结晶水的含量，可称取一定量的氯化钡试样加热，使水分逸出后，再称量，根据试样加热前后的质量差，计算 $BaCl_2 \cdot 2H_2O$ 试样中结晶水的含量。

　　（2）沉淀重量法　利用试剂与待测组分发生沉淀反应，生成难溶化合物沉淀析出，经过分离、洗涤、过滤、烘干或灼烧后，称得沉淀的质量计算出待测组分的含量。例如，用沉淀重量法测定钢铁中镍的含量。将含镍的试样溶解后，在 pH=8～9 的氨性溶液中加入有机沉淀剂丁二酮肟，生成丁二酮肟镍鲜红色沉淀。沉淀组成恒定，经过滤、洗涤、烘干后称量，计算出试样中镍的质量。

　　重量分析法是经典的化学分析法，它通过直接称量得到分析结果，不需要从容量器皿中引入许多数据，也不需要基准物质作比较，故其准确度较高，可用于测定含量大于1%的常量组分，有时也用于仲裁分析。但重量分析的操作比较麻烦，程序多，费时长，不能满足生产上快速分析的要求，这是重量分析法的主要缺点。在重量分析法中，以沉淀重量法最重要，而且应用也较多，所以我们主要介绍沉淀重量法。

2. 重量分析法基本操作

　　重量分析法基本操作包括试样的溶解、沉淀、过滤和洗涤、烘干和灼烧、冷却称量等。

　　（1）试样的溶解　先准备好洁净的烧杯、合适的玻璃棒和表面皿（大小应大于烧杯口），然后称入试样，用表面皿盖好烧杯。根据试样的性质用水、酸或其他溶剂溶解。溶解时，若无气体产生，将玻璃棒下端紧靠杯壁，沿玻璃棒将溶液加入烧杯中，边加边搅拌，直至试样完全溶解。然后盖上表面皿，如果试样溶解时有气体产生（如碳酸盐加盐酸），则应先在试样中加入少量水，使之润湿，盖好表面皿，由烧杯嘴与表面皿的间隙处滴加溶剂，轻轻摇动。试样溶解后，用洗瓶吹洗表面皿的凸面，流下来的水应沿杯壁流入烧杯，并吹洗烧杯壁。

　　若需加热促使试样溶解，应盖好表面皿，注意温度不要太高，以免爆沸使溶液溅出。

　　另外，若试样溶解后必须加热蒸发，可在烧杯口放上泥三角，再放表面皿。

　　（2）沉淀

　　应根据沉淀的性质采取不同的操作方法。

　　① 晶形沉淀。加沉淀剂时，左手拿滴管加沉淀剂溶液。滴管口要接近液面，以免溶液溅出。滴加速度要慢，与此同时，右手持玻璃棒充分搅拌。但注意勿使玻璃棒碰烧杯壁或烧杯底。如果需在热溶液中沉淀时，可在水浴或电热板上进行。沉淀剂加完后，应检查沉淀是否完全，检查方法是：将溶液静置，待沉淀下沉后，在上层清液中，再加 1～2 滴沉淀剂，如果上层清液中不出现浑浊，表示已沉淀完全，如果有浑浊出现，表示沉淀尚未完全，需继续滴加沉淀剂，直到沉淀完全为止。然后盖上表面皿，放置过夜（或在水浴上加热 1 h 左右），使沉淀陈化。

　　② 非晶形沉淀。沉淀时应当在较浓的溶液中，加入较浓的沉淀剂，在充分搅拌下，较快地加入沉淀剂进行沉淀。沉淀完全后，立即用热的蒸馏水稀释以减少杂质的吸附，不必陈化，待沉淀下沉后即进行过滤和洗涤。必要时进行再沉淀。

　　（3）过滤和洗涤　　过滤是使沉淀从溶液中分离出来的一种方法。对于需要灼烧的沉淀，要用定量滤纸在玻璃漏斗中过滤。对于过滤后只要烘干即可称量的沉淀，可采用微孔玻璃坩埚进行减压过滤。

　　洗涤沉淀的目的是除去混杂在沉淀中的母液和吸附在沉淀表面上的杂质。

　　① 洗涤液的选择。洗涤沉淀用的洗涤液，应符合下列条件：

　　a. 易溶解杂质，但不溶解沉淀；

　　b. 对沉淀无胶溶作用或水解作用；

　　c. 烘干或灼烧沉淀时，易挥发除去；

　　d. 不影响滤液的测定。

　　选择什么洗涤液，应根据沉淀性质而定。

　　晶形沉淀，可用含共同离子的挥发性物质，如冷的可挥发的稀沉淀剂洗涤，以减少沉淀溶解的损失。当沉淀溶解度很小时，也可用水或其他合适的溶液洗涤沉淀。

　　非晶形沉淀，用含少量电解质的热溶液作洗涤液以防止胶溶作用。电解质应是易挥发或加热灼烧易分解除去的物质，大多采用易挥发的铵盐。

　　对于溶解度较大、易水解的沉淀，采用有机溶剂加沉淀剂作洗涤液洗涤沉淀。例如洗涤氟硅酸钾（K_2SiF_6）沉淀时，选用含 5% 氯化钾的乙醇（95%）溶液作洗涤液，可以防止沉淀水解并降低沉淀的溶解度。

　　② 洗涤技术。为了提高洗涤效率，应掌握洗涤方法的要领，先用"倾泻法"将上层清液倾入漏斗中过滤，然后采用"少量多次""洗后尽量沥干"的原则进行沉淀洗涤。即将清液先倾入漏斗中，在沉淀中加入少量洗涤液，充分搅拌，待沉淀沉降后，再将上层清液倾入漏斗中过滤，如此反复多次，每次使用少量洗涤液，洗后尽量沥干，再倒入新的洗涤液。过滤和洗涤操作必须不间断地连续进行，直到把沉淀中的杂质洗净。最后一次加洗涤液时，搅拌后混同沉淀一起转移到滤纸上。

　　沉淀是否洗净，可用定性方法检验洗出液中是否含有某种代表性的离子，例如用 $BaCl_2$ 溶液沉淀 SO_4^{2-} 时，洗涤 $BaSO_4$ 沉淀直至洗出液中不含 Cl^- 为止，为此可用一干净小试管承接 1～2 mL 滤液，酸化后，用 $AgNO_3$ 溶液检查，若无 AgCl 白色浑浊物出现，说明沉淀已洗净。否则还需再洗，如无明确规定，通常洗涤 8～10 次就认为已洗净。对于非晶形沉淀，洗涤次数可稍多几次。

采用"少量多次""尽量沥干"原则洗涤沉淀，能提高洗涤效率，也就是指洗涤时间短（即洗得快），用洗涤液的量相对也较少。

③ 过滤洗涤操作

a. 折叠和安放滤纸。根据沉淀的性质选好滤纸和漏斗，并按照漏斗规格折叠滤纸。折叠滤纸一般采用四折法 [如图 7-1（a）]。折叠时，应先将手洗净、揩干，以免弄脏、弄湿滤纸，然后将滤纸对折并按紧 [如图 7-1（b）所示]，再对折，但不要按紧，把滤纸圆锥体放入干燥的漏斗中，滤纸的大小应低于漏斗边缘 1 cm 左右，若高出漏斗边缘，可剪去一圈。观察折好的滤纸是否能与漏斗内壁紧密贴合，若不贴合，对折时把两角对齐向外错开一点，改变滤纸折叠角度，打开后形成顶角稍大于 60°的圆锥体。直至与漏斗能紧密贴合时，把第二次的折边折紧。取出滤纸圆锥体，所得圆锥体半边为三层，另半边为一层。将半边为三层的滤纸外层折角撕下一小角 [如图 7-1（c）所示]，这样可以使内层滤纸更加紧密贴在漏斗壁上。

撕下来的滤纸角应保存在干净的表面皿上，以备擦拭烧杯或玻璃棒上残留的沉淀。

b. 形成水柱。把正确折叠好的滤纸展开成圆锥体 [如图 7-1（d）所示] 放入漏斗，三层的一面在漏斗颈的斜口侧，用食指按紧三层的一边，然后用洗瓶吹入少量水润湿滤纸，轻压滤纸，赶去气泡，使其紧贴于漏斗壁 [如图 7-1（e）所示]。再加水至漏斗边缘，让水流出，此时漏斗颈内应全部充满水，且无气泡，即形成水柱。若不能形成水柱，可用左手拇指堵住颈下口，拿住漏斗颈，右手食指轻轻掀起滤纸的一边，用洗瓶向滤纸和漏斗的空隙处加水，使漏斗颈及滤纸内外充满水，用食指将滤纸按紧，放开堵住出口的拇指，此时应形成水柱。若仍无水柱形成，可能滤纸折叠角度不合适，漏斗未洗干净或漏斗颈太大，应洗净漏斗，重新折叠滤纸。

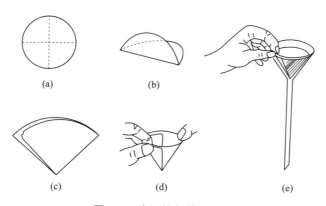

图 7-1　滤纸的折叠和放置

水柱的重力可起抽滤作用，从而加快过滤速度。

c. 倾泻法过滤和初步洗涤。把形成水柱的漏斗放在漏斗架上方，用一洁净的烧杯承接滤液，漏斗颈出口斜边长的一侧贴于烧杯壁。漏斗位置的高低，以过滤过程中漏斗颈的出口不接触滤液为准。

一手拿起烧杯置于漏斗上方，一手轻轻从烧杯中取出玻璃棒，勿使沉淀搅起，将玻璃棒下端轻碰一下烧杯壁使悬挂的液滴流回烧杯中。玻璃棒直立，下端接近三层滤纸的一边，但不要触及滤纸。将烧杯嘴与玻璃棒贴紧，慢慢倾斜烧杯（勿使沉淀搅动）让清液沿玻璃棒倾入漏斗（如图 7-2 所示），漏斗中的液面不要超过滤纸高度的三分之二。暂停倾注时，应沿玻璃棒将烧杯嘴向上提，将烧杯直立，使残留在烧杯嘴的液体流回烧杯中，并将玻璃棒放回烧杯中（但不能靠在烧杯嘴处，以免粘有沉淀造成损失）。小心勿使玻璃棒上沾附的液滴洒在外。

如此重复直至将上层清液接近倾完为止。当烧杯内的液体较少而不便倾出时，可以将玻璃棒稍向上倾斜，使烧杯倾斜角度更大些。

当上层清液倾注完后，进行初步洗涤。洗涤时，常采用聚乙烯塑料洗瓶，每次挤出 10 mL 左右洗涤液沿烧杯壁冲洗烧杯四周，充分搅拌后把烧杯放置在桌上，等沉淀下沉后，按上法倾注过滤。如此洗涤沉淀数次，洗涤的次数视沉淀的性质而定，一般晶形沉淀洗 3～4 次，非晶形沉淀洗 5～6 次。每次应尽可能把洗涤液倾尽沥干再加第二份洗涤液，随时查看滤液是否透明不含沉淀颗粒，否则应重新过滤或重做实验。

d. 转移沉淀。沉淀用倾泻法洗涤几次后，可将沉淀定量地转移到滤纸上。转移沉淀时，在沉淀上加入 10～15 mL 洗涤液，搅起沉淀，小心使悬浊液顺着玻璃棒倾入漏斗中（注意：如果失落一滴悬浊液，整个分析失败）。这样重复 3～4 次，即可将沉淀转移到滤纸上。烧杯中留下的极少量沉淀按下述方法转移：将玻璃棒横放在烧杯口上，玻璃棒下端比烧杯口长出 2～3 cm，左手食指按住玻璃棒，大拇指在前，其余手指在后，拿起烧杯，放在漏斗上方，倾斜烧杯使玻璃棒仍指向三层滤纸的一边，用洗瓶或胶头滴管冲洗烧杯壁上附着的沉淀使之全部转移至漏斗中（如图 7-3 所示）。黏附在烧杯壁上的沉淀可用洗瓶吹洗烧杯壁洗出，洗液倒入漏斗中。最后用撕下来保存好的滤纸角先擦净玻璃棒上的沉淀，再放入烧杯中，用玻璃棒压住滤纸擦拭。擦拭后的滤纸角，用玻璃棒拨入漏斗中，用洗涤液再冲洗烧杯将残存的沉淀全部转入漏斗中。仔细检查烧杯内壁、玻璃棒、表面皿是否干净，直至沉淀转移完全为止。

e. 洗涤沉淀。沉淀全部转移后，继续用洗涤液洗涤沉淀及滤纸，以除去沉淀表面吸附的杂质和残留的母液，用洗瓶或胶头滴管，由滤纸边缘稍下一些的地方螺旋向下冲洗沉淀，至洗涤液充满滤纸锥体的一半（如图 7-4 所示）。待每次洗涤液流尽后再进行第二次洗涤。三层滤纸的一边不易洗净，应注意多冲几次（沉淀应冲洗到滤纸底部，便于滤纸的折卷）。洗涤几次后，检查沉淀是否洗净，直至沉淀洗净为止。

图 7-2　倾泻法过滤

图 7-3　转移沉淀操作

图 7-4　在滤纸上洗涤

f. 沉淀的包裹。从漏斗中取出洗净的沉淀和滤纸，按一定的操作方法进行包裹。

对于晶形沉淀，用下端细而圆的玻璃棒从滤纸的三层处小心将滤纸从漏斗壁上拨开，用洗净的手把沉淀和滤纸拿出，按图7-5的程序折卷成小包，将沉淀包裹在里面。其步骤如下：滤纸对折成半圆形；自右端约 1/3 半径处向左折起；由上边向下折，再自右向左折卷；折卷成的滤纸包，放入已恒重的瓷坩埚中。

图 7-5　晶形沉淀的包法

若是非晶形沉淀，因沉淀体积较大，可用玻璃棒把滤纸的边缘挑起，向中间折叠，将沉淀被全部盖住（如图7-6所示）。然后小心取出，放入已恒重的坩埚中，仍使三层滤纸部分向上，以便滤纸的炭化和灰化。

不需要灼烧只要烘干后即可称量的沉淀，用微孔玻璃坩埚过滤。

将已洗净、烘干至恒重的微孔玻璃坩埚，装在抽滤瓶的橡胶圈中，接橡胶管于抽水泵上，打开水泵，在抽滤下，用倾泻法过滤、洗涤。其操作与用滤纸过滤相同，操作完毕，先摘下橡胶管，后关抽水泵，防止倒吸。

（4）烘干和灼烧　沉淀的烘干和灼烧是获得沉淀称量式的重要操作步骤。通常在 250 ℃以下的热处理叫烘干，250 ℃以上至 1200 ℃的热处理叫灼烧。

图 7-6　非晶形沉淀的包法

烘干的目的是除去沉淀中的水分，以免在灼烧沉淀时因冷热不均而使坩埚破裂。将过滤所得的沉淀连同滤纸放在已恒重的瓷坩埚内进行烘干和灼烧。如用微孔玻璃坩埚过滤沉淀，只需按指定温度在恒温干燥箱中干燥即可。

灼烧的目的是烧去滤纸，除去沉淀沾有的洗涤液，将沉淀变成符合要求的称量式。在滤纸燃烧时，可在灼烧前用几滴浓硝酸或硝酸铵饱和溶液润湿滤纸，以帮助滤纸在灰化时迅速氧化。

灼烧的温度和时间根据沉淀的性质而定，但最后都应灼烧至恒重，即连续两次灼烧后质量之差不超过 0.2 mg，灼烧好的沉淀连同容器，应该稍冷后放入干燥器中冷至室温，再进行称量。

① 烘干。在马弗炉中灼烧沉淀前，一般先在电炉上将滤纸和沉淀烘干。将带有沉淀的坩埚直立放在电炉上，坩埚盖半掩于坩埚上，使沉淀和滤纸慢慢干燥，在干燥过程中，温度不能太高，干燥不能急，否则瓷坩埚与水滴接触易炸裂。

② 炭化和灰化。滤纸和沉淀干燥后，继续加热，使滤纸炭化。但应防止滤纸着火燃烧，以免沉淀微粒飞失。如果滤纸着火，应立即将坩埚盖盖好，让火焰自行熄灭。绝不许用嘴吹灭。

滤纸炭化后，逐渐升高温度，并用坩埚钳不断转动坩埚，使滤纸灰化，将炭素燃烧成二氧化碳而除去的过程称灰化。滤纸若灰化完全，应不再呈黑色。

③ 灼烧与恒重。将灰化好带有沉淀的坩埚移入马弗炉中灼烧，将坩埚直立，先放在打开炉门的炉膛口预热后，再送至炉膛中盖上坩埚盖，留小缝隙。在要求的温度下灼烧一定时间，直至恒重，通常在马弗炉中灼烧沉淀时，第一次灼烧时间为 30 min 左右，第二次灼烧 15～20 min 左右，带沉淀的坩埚，连续两次称量结果相差在 0.2 mg 以内才算达到恒重。

用微孔玻璃坩埚过滤沉淀，只需放在干燥箱中烘干，一般应将它放在表面皿上，然后放入干燥箱中，根据沉淀性质确定烘干温度（均在 200 ℃以内）和烘干时间，第一次烘干时间要长些，第二次烘干时间要短些，反复烘干，直至恒重。

（5）冷却称量　将灼烧好的坩埚移到石棉板上，冷却到红热消退不感到烤手时，再把它放入干燥器中，送至天平室，冷却 15～20 min，与天平室温度相同时，取出称量。在干燥器中冷却的初期，应推动干燥器盖打开几次调节气压，以防干燥器内气温升高而冲开干燥器盖，也防止坩埚冷却后，器内压力降低致使推动干燥器盖困难，以致打不开盖。

继续灼烧一定时间，冷却后再称量，直至恒重为止，放干燥器内冷却的条件与时间应尽量一致，这样才容易达到恒重。

称量微孔玻璃坩埚的方法与上相同。

二、重量分析对沉淀的要求及影响沉淀溶解度的因素（难度系数：★★★★）

1. 重量分析对沉淀的要求

利用沉淀重量法进行分析时，待测组分在进行沉淀反应后，以"沉淀形式"沉淀出来，然后经过滤、洗涤、烘干或灼烧成为"称量形式"，再进行称量。"沉淀形式"和"称量形式"可能是相同的，也可能是不相同的。例如

$$
Ba^{2+} \xrightarrow{\text{沉淀}} BaSO_4 \xrightarrow{\text{灼烧}} BaSO_4
$$
$$
Fe^{3+} \xrightarrow{\text{沉淀}} Fe(OH)_3 \xrightarrow{\text{灼烧}} Fe_2O_3
$$

待测组分　　　　　沉淀形式　　　　　称量形式

（1）对沉淀形式的要求

① 沉淀的溶解度要小。沉淀的溶解度必须足够小，才能保证被测组分沉淀完全。通常要求沉淀溶解损失不应大于分析天平的称量误差即 0.2 mg。例如，测定 Ca^{2+} 时，以 $CaSO_4$ 与 CaC_2O_4 两种沉淀形式作比较，$CaSO_4$ 的溶解度较大（$K_{sp} = 2.45 \times 10^{-5}$），$CaC_2O_4$ 的溶解度小（$K_{sp} = 1.78 \times 10^{-9}$）。显然，沉淀为 CaC_2O_4 的溶解损失要少得多，不影响分析结果。

② 沉淀要纯净，并应容易过滤和洗涤。颗粒较大的晶形沉淀（如 $MgNH_4PO_4$）吸附杂质少，容易洗净。颗粒细小的晶形沉淀（如 $BaSO_4$、CaC_2O_4）就差一些，吸附杂质稍多，有时过滤会穿漏，洗涤次数也相应增多。

非晶形沉淀如 $Al(OH)_3$、$Fe(OH)_3$，体积庞大疏松，吸附杂质较多，过滤费时且不易洗净。对于这类沉淀，必须选择适当的沉淀条件以满足对沉淀形式的要求。

③ 沉淀容易转化为称量形式。沉淀经烘干、灼烧时，应容易转化为称量形式。例如 Al^{3+} 的测定，若沉淀为 8- 羟基喹啉铝［$Al(C_9H_6NO)_3$］，在 130 ℃烘干后即可称量；而沉淀为 $Al(OH)_3$，则必须在 1200 ℃灼烧转变为无吸湿性的 Al_2O_3 后，方可称量。因此，测定 Al^{3+} 时选前一种方法比较好。

（2）对称量形式的要求

① 组成必须与化学式符合。称量形式的组成与化学式符合，这是计算分析结果的基本依据。例如 PO_4^{3-} 的测定，可以形成磷钼酸铵沉淀，但组成不固定，无法将它作为测定 PO_4^{3-} 的称量形式。若用磷钼酸喹啉法测定 PO_4^{3-}，则可得到组成与化学式符合的称量形式。

② 称量形式要有足够的稳定性。称量形式应不受空气中的水分、CO_2 和 O_2 的影响。例如测定 Ca^{2+} 时，若沉淀为 $CaC_2O_4 \cdot H_2O$，灼烧后得到的 CaO 易吸收空气中水分和 CO_2，不宜作称量形式。

③ 称量形式的摩尔质量要大。称量形式的摩尔质量大，则待测组分在称量形式中所占比率小，可以减少称量误差。例如测定铝时，分别用 $Al(C_9H_6NO)_3$ 和 Al_2O_3 两种称量形式测定（摩尔质量分别为 459.44 $g \cdot mol^{-1}$ 和 101.96 $g \cdot mol^{-1}$），若在操作过程中都是损失 0.2 mg，则铝的损失量分别为：

$$\frac{Al}{Al(C_9H_6NO)_3} \times 0.2 = \frac{26.98}{459.44} \times 0.2 = 0.01(mg)$$

$$\frac{2Al}{Al_2O_3} \times 0.2 = \frac{2 \times 26.98}{101.96} \times 0.2 = 0.10(mg)$$

显然，以 $Al(C_9H_6NO)_3$ 作为称量形式比用 Al_2O_3 作为称量形式测定 Al 的准确度高。

2. 沉淀的溶解度及其影响因素

利用沉淀反应进行重量分析时，要求沉淀反应定量地进行完全，重量分析的准确度才高。沉淀反应是否完全，可以根据沉淀反应到达平衡后，溶液中未被沉淀的被测组分的量来衡量，也就是说，可以根据沉淀溶解度的大小来衡量。溶解度越小，沉淀越完全；溶解度越大，沉淀越不完全。沉淀的溶解度，可以根据沉淀的溶度积常数 K_{sp} 来计算。哪些因素影响沉淀的溶解度呢？下面分别讨论。

（1）同离子效应　通常采用加入过量沉淀剂，利用同离子效应来降低沉淀的溶解度，达到沉淀完全，减小测量误差的目的。

例如，以 $BaCl_2$ 为沉淀剂，沉淀 SO_4^{2-}，生成 $BaSO_4$ 沉淀，当滴加 $BaCl_2$ 到达化学计量点时，在 200 mL 溶液中溶解的 $BaSO_4$ 质量为（$K_{sp,BaSO_4} = 8.7 \times 10^{-11}$）

$$\sqrt{8.7 \times 10^{-11}} \times 233 \times \frac{200}{1000} = 4.3 \times 10^{-4} \ g = 0.43 \ mg$$

重量分析中，一般要求沉淀的溶解损失不超过 0.2 mg，现按化学计量关系加入沉淀剂，沉淀溶解损失超过重量分析的要求。如果加入过量的 $BaCl_2$，利用同离子效应，设过量的 $[Ba^{2+}] = 0.01$ $mol \cdot L^{-1}$，计算在 200 mL 溶液中溶解 $BaSO_4$ 的质量为：

$$\frac{8.7 \times 10^{-11}}{0.01} \times 233 \times \frac{200}{1000} = 4.0 \times 10^{-7} \ g = 0.0004 \ mg$$

溶解损失符合重量分析的要求，因此可认为 $BaSO_4$ 实际上沉淀完全。所以，利用同离子效应是降低沉淀溶解度的有效措施之一。

但是，在实际操作中，并非加沉淀剂越过量越好，由于盐效应、配位效应等原因，有时沉淀剂过量太多，反而使沉淀的溶解度增大，沉淀剂究竟应过量多少，应根据沉淀的具体情况和沉淀剂的性质而定。如果沉淀剂在烘干或灼烧时能挥发除去，一般可过量 50%～100%；不易除去的沉淀剂，只宜过量 10%～30%。

（2）盐效应　在难溶电解质的饱和溶液中，加入其他易溶强电解质时，使难溶电解质的溶解度比同温度下在纯水中的溶解度增大，这种现象称为盐效应。例如，在 $PbSO_4$ 饱和溶液中加入 Na_2SO_4，就同时存在着同离子效应和盐效应，而哪种效应占优势，取决于 Na_2SO_4 的浓度。表 7-2 为 $PbSO_4$ 溶解度随 Na_2SO_4 浓度变化的情况。从表中可知，初始时由于同离子效应，$PbSO_4$ 溶解度降低，可是当加入 Na_2SO_4 浓度大于 0.04 $mol \cdot L^{-1}$ 时，盐效应超过同离子效应，使 $PbSO_4$ 溶解度反而逐步增大。

表 7-2　PbSO₄ 在 Na₂SO₄ 溶液中的溶解度

Na₂SO₄ 浓度 /（mol·L⁻¹）	0	0.001	0.01	0.02	0.04	0.100	0.200
PbSO₄ 溶解度 /（g·100 g⁻¹）	45	7.3	4.9	4.2	3.9	4.9	7.0

又如，AgCl 在 $0.1\ mol\cdot L^{-1}$ HNO₃ 中的溶解度比在纯水中的溶解度约大 33%。

通过上述讨论得知：同离子效应与盐效应对沉淀溶解度的影响恰恰相反，所以进行沉淀时应避免加入过多的沉淀剂；如果沉淀的溶解度本身很小，一般来说，可以不考虑盐效应。

（3）酸效应　溶液的酸度对沉淀溶解度的影响称为酸效应。例如，CaC₂O₄ 是弱酸盐的沉淀，受酸度的影响较大。CaC₂O₄ 在溶液中存在如下平衡：

$$CaC_2O_4 \rightleftharpoons Ca^{2+} + C_2O_4^{2-}$$

$$-H^+ \big\Updownarrow +H^+$$

$$HC_2O_4^- \xrightleftharpoons[-H^+]{+H^+} H_2C_2O_4$$

溶液中 H^+ 浓度增大时，平衡向生成 $HC_2O_4^-$ 和 $H_2C_2O_4$ 的方向移动，破坏了 CaC₂O₄ 沉淀的平衡，致使 $C_2O_4^{2-}$ 浓度降低，CaC₂O₄ 沉淀的溶解度增加。所以，对于某些弱酸盐的沉淀，为了减少对沉淀溶解度的影响，通常应在较低的酸度下进行沉淀。

（4）配位效应　溶液中如有配位剂能与构成沉淀离子形成可溶性配合物，而增大沉淀的溶解度，甚至不产生沉淀，这种现象称为配位效应。例如，在 AgNO₃ 溶液中加入 Cl⁻，开始时有 AgCl 沉淀生成，但若继续加入过量的 Cl⁻，则 Cl⁻ 与 AgCl 形成 $AgCl_2^-$ 和 $AgCl_3^{2-}$ 等配离子而使 AgCl 沉淀逐渐溶解。显然，形成的配合物越稳定，配位剂的浓度越大，其配位效应就越显著。

上面介绍的四种效应对沉淀溶解度的影响，在实际分析中应根据具体情况确定哪种效应是主要的。一般来说，对无配位效应的强酸盐沉淀，主要考虑同离子效应；对弱酸盐沉淀主要考虑酸效应；对能与配位剂形成稳定的配合物而且溶解度又不是太小的沉淀，应该主要考虑配位效应。此外，还要考虑其他因素如温度、溶剂及沉淀颗粒大小等对沉淀溶解度的影响。

三、重量分析对沉淀形成的要求（难度系数：★★★）

重量分析中，为了获得准确的分析结果，要求沉淀完全、纯净，而且易于过滤和洗涤。为此，必须根据不同类型沉淀的特点，选择适宜的沉淀条件，采取相应的措施，以期达到重量法对沉淀形成的要求。

1. 晶形沉淀的沉淀条件

为了获得易于过滤、洗涤的大颗粒晶形沉淀（BaSO₄、CaC₂O₄、MgNH₄PO₄ 等），减少杂质的包藏，必须掌握以下条件：

① 沉淀应在比较稀的热溶液中进行，缓缓地滴加沉淀剂稀溶液，并不断搅拌，以降低其相对过饱和度，减小聚集速度，有利于晶体逐渐长大，同时也减少杂质的吸附。

② 沉淀完成后，应将沉淀与母液一起放置陈化一段时间，由于小颗粒结晶的溶解度比大颗粒结晶的溶解度大，同一溶液对小颗粒结晶是未饱和的，而对于大颗粒结晶则是饱和的，因此陈化过程中小结晶将溶解，而大结晶长大。同时也会释放出部分包藏在晶体中的杂质，

减少杂质的吸附，使沉淀更为纯净。

③ 为减少沉淀的溶解损失，应将沉淀冷却后再过滤。

2. 非晶形沉淀的沉淀条件

非晶形沉淀如 $Fe(OH)_3$ 和 $Al(OH)_3$ 等，溶解度一般都很小，很难通过减小溶液的相对过饱和度来改变沉淀的性状。针对非晶形沉淀的特点是体积庞大、疏松、吸附杂质多，易形成胶体，过滤洗涤困难，应当着重考虑的是加速沉淀凝聚、减少杂质的吸附和防止形成胶体。

（1）在较浓的溶液中进行沉淀　在较浓的溶液中，离子水化程度小，加入沉淀剂的速度适当加快，得到的沉淀含水量少、体积较小，结构也较紧密，容易过滤和洗涤。但是在浓溶液中，杂质的浓度也比较高，沉淀吸附杂质的量也较多。因此在沉淀完毕后，应加热水搅拌稀释，使被吸附的杂质离子转移到溶液中。

（2）在热溶液中及电解质存在下进行沉淀　在热溶液中进行沉淀可防止生成胶体，并减少杂质的吸附。电解质的存在，可促使带电荷的胶体粒子相互凝聚沉降。电解质一般选用易挥发的铵盐如 NH_4NO_3、NH_4Cl 等，它们在灼烧沉淀时可分解除去。有时加入与胶体带相反电荷的另一种胶体来代替电解质。例如测定 SiO_2 时，加入带正电荷的动物胶与带负电荷的硅酸胶体凝聚而沉降下来。

（3）趁热过滤洗涤，不需陈化　沉淀完全后，趁热过滤，因为沉淀放置后会逐渐失去水分，聚集得更为紧密，使已吸附的杂质更难洗去。洗涤液也常选用电解质 NH_4NO_3 或 NH_4Cl，主要是防止沉淀重新变为胶体。

按上述条件进行沉淀得到的无定形沉淀，一般吸附杂质仍较晶形沉淀多，必要时可进行再沉淀。

3. 均相沉淀法

在溶液中通过缓慢的化学反应，逐步而均匀地在溶液中产生沉淀剂，使沉淀在整个溶液中均匀、缓慢地形成，因而生成颗粒较大的沉淀，该法称为均相沉淀法。例如，在含有 Ba^{2+} 的试液中加入硫酸二甲酯，利用酯水解产生的 SO_4^{2-}，均匀缓慢地生成 $BaSO_4$ 沉淀。

$$(CH_3)_2SO_4 + 2H_2O \Longrightarrow 2CH_3OH + SO_4^{2-} + 2H^+$$

此外，还可利用其他有机化合物的水解、配合物的分解、氧化还原反应等来缓慢产生所需的沉淀剂。

均相沉淀法是重量沉淀法的一种改进方法。但均相沉淀法对避免生成混晶及后沉淀的效果不大，且长时间煮沸溶液使溶液在容器壁上沉积一层黏结的沉淀，不易洗去，往往需要用溶剂溶解再沉淀，这也是均相沉淀法的不足之处。

【思考与练习】

一、选择题

1. 下列要求不是重量分析法对称量形式的要求的是（　　）。

A. 要稳定　　　　　　　　　　　　B. 颗粒要粗大

C. 分子量要大　　　　　　　　　　D. 组成与化学式完全相符

2. 晶形沉淀的沉淀条件是（　　）。

A. 浓、冷、慢、搅、陈　　　　　　B. 稀、热、慢、搅、陈

C. 稀、热、快、搅、陈　　　　　　D. 稀、冷、慢、搅、陈

资料扫一扫

重量分析的
计算和应用

3. 在重量法测定硫酸根实验中，$BaSO_4$ 沉淀是（　　　）。

A. 非晶形沉淀　　　　　　B. 晶形沉淀　　　　　　C. 胶体　　　　　　D. 凝乳状沉淀

4. 用滤纸过滤时，玻璃棒下端（　　　），并尽可能接近滤纸。

A. 对着一层滤纸的一边　　　　　　　　B. 对着滤纸的锥顶

C. 对着三层滤纸的一边　　　　　　　　D. 对着滤纸的边缘

5. 直接干燥法测定样品中的水分，达到恒重是指两次称量前后质量差不超过（　　　）。

A. 0.0002 g　　　　　B. 0.0020 g　　　　　C. 0.0200 g　　　　　D. 0.2000 g

二、判断题

1. 在重量分析法中，沉淀的颗粒度愈大，沉淀的溶解度愈大。（　　　）

2. 同离子效应可以减小沉淀的溶解度，那么加入沉淀剂的量越多越好。（　　　）

3. 硫酸钡沉淀为强碱强酸盐的难溶化合物，所以酸度对溶解度影响不大。（　　　）

4. 沉淀硫酸钡应在热溶液中进行，然后趁热过滤。（　　　）

5. 用洗涤液洗涤沉淀时，要少量多次。（　　　）

三、问答题

1. 重量分析法的基本原理是什么？有何优点和缺点？

2. 沉淀重量法中如何决定沉淀剂的用量？

3. 影响沉淀溶解度的因素有哪些？

4. 欲获得晶形沉淀，应注意掌握哪些沉淀条件？

5. 均相沉淀法与一般的沉淀操作相比，有何优点？

四、计算题

1. 称取某可溶性盐 0.1616 g，用 $BaSO_4$ 重量法测定其含硫量，称得 $BaSO_4$ 沉淀为 0.1491 g，计算试样中 SO_3 的质量分数。

2. 称取磁铁矿试样 0.1666 g，经溶解后将 Fe^{3+} 沉淀为 $Fe(OH)_3$，最后灼烧为 Fe_2O_3（称量形式），其质量为 0.1370 g，求试样中 Fe_3O_4 的质量分数。

3. 某一含 K_2SO_4 及 $(NH_4)_2SO_4$ 混合试样 0.6490 g，溶解后加 $Ba(NO_3)_2$，使全部 SO_4^{2-} 都形成 $BaSO_4$ 沉淀，共重 0.9770 g，计算试样中 K_2SO_4 的质量分数。

4. 称取硅酸盐试样 0.5000 g，经分解后得到 NaCl 和 KCl 混合物质量为 0.1803 g。将该混合物溶解于水中，加入 $AgNO_3$ 溶液得 AgCl 沉淀，称得该沉淀质量为 0.3904 g，计算试样中 KCl 和 NaCl 的质量分数。

5. 称取磷矿石试样 0.4530 g，溶解后以 $MgNH_4PO_4$ 形式沉淀，灼烧后得 $Mg_2P_2O_7$ 0.2825 g，计算试样中 P 及 P_2O_5 的质量分数。

模块八

紫外－可见分光光度法

📖 模块说明

前面几个模块讨论的滴定分析法和重量分析法都属于化学分析方法，它们适用于测定试样中含量大于 1% 的常量组分，而对于含量小于 1% 的微量组分则不适宜。而使用仪器分析法则使这个问题迎刃而解。本模块学习的紫外－可见分光光度法，是根据物质发生的电磁辐射或电磁辐射与物质相互作用而建立起来的分析方法。紫外－可见分光光度法是研究物质在紫外、可见光区的分子吸收光谱的分析方法。它属于分子光谱法的一种，是利用某些物质的分子吸收 200 ~ 800 nm 光谱区的辐射来进行分析测定的方法。这种分子吸收光谱产生于价电子和分子轨道上的电子在电子能级间的跃迁，广泛用于无机和有机物质的定性、定量测定。

育心笃行：匠心筑梦，技能报国

我国经济要靠实体经济作支撑，这就需要大量专业技术人才，需要大批大国工匠。因此职业教育大有可为。

——习近平总书记 2019 年 8 月 20 日在甘肃省张掖市山丹培黎学校考察时指出

📖 学习目标

知识目标：

1. 了解紫外 - 可见吸收光谱的产生；
2. 理解化合物电子能级跃迁的类型和特点；
3. 熟悉紫外 - 可见分光光度计的工作原理；
4. 掌握光吸收定律的应用及测量条件的选择；
5. 掌握可见分光光度法在定量分析中的应用；
6. 掌握紫外分光光度法在定量分析中的应用。

能力目标：

1. 能解释物质产生的颜色；
2. 能操作常见的紫外 - 可见分光光度计；
3. 能应用紫外 - 可见分光光度法进行物质的定量分析。

素质目标：

1. 养成认真观察、勤于思考的习惯；
2. 增强规范操作与安全意识；
3. 培养与他人包括团队协同工作和互动沟通能力；

4. 增强主动完成工作卫生的责任意识;

5. 养成爱护仪器的好习惯, 以及诚实守信的品德。

> 分光光度法测定微量铁是 2021 年全国职业院校技能大赛化学实验技术赛项的竞赛内容。

项目一　认识紫外－可见分光光度法

【案例导入】

在夏天参加户外活动时, 如果天气晴朗, 暴露在火辣辣太阳光下的皮肤, 数小时后就会出现红肿、瘙痒、发热、刺痛等症状, 数日后还会出现蜕皮现象。这表明太阳光中有一种光线能伤害生物细胞, 这种光线是紫外线。

根据可见光、紫外光与物质分子的相互作用建立了紫外 - 可见分光光度法, 它是通过被测物质在紫外光区或可见光区的特定波长处或一定波长范围内的吸光度, 从而建立对物质的定性或定量分析。

【知识探究】

一、紫外－可见分光光度法概述（难度系数：★★）

微课扫一扫

紫外 - 可见分光光度法概述

1. 紫外 - 可见分光光度计的分类

紫外 - 可见分光光度计是度量介质对紫外 - 可见光区波长的单色光吸收程度的分析仪器, 按不同的分类标准可作如下分类。

（1）按工作波段的不同分类　可分为：真空紫外分光光度计（10 ～ 200 nm）; 可见分光光度计（350 ～ 800 nm）; 紫外 - 可见分光光度计（185 ～ 900 nm）; 紫外 - 可见近红外分光光度计（185 ～ 2500 nm）。

（2）按仪器结构分类　可分为：单光束紫外 - 可见分光光度计、准双光束紫外 - 可见分光光度计、双光束紫外 - 可见分光光度计和双波长紫外 - 可见分光光度计。

2. 紫外 - 可见分光光度法的特点

紫外 - 可见分光光度法是仪器分析中应用最为广泛的分析方法之一。它所测试溶液的浓度下限可达 10^{-5} ～ 10^{-6} $mol \cdot L^{-1}$（达微克量级）, 在某些条件下甚至可测定 10^{-7} $mol \cdot L^{-1}$ 的物质, 因而它具有较高的灵敏度, 适用于微量组分的测定。

紫外 - 可见分光光度法测定的相对误差为 2% ～ 5%, 若采用精密分光光度计进行测量, 相对误差可达 1% ～ 2%。显然, 对于常量组分的测定, 准确度不及化学法, 但对于微量组分的测定, 已完全满足要求。因此, 它特别适合于测定低含量和微量组分, 而不适用于中、高含量组分的测定。不过, 如果采取适当的技术措施, 比如用差示法, 则可提高准确度, 可用于测定高含量组分。

紫外 - 可见分光光度法分析速度快, 仪器设备不复杂, 操作简便, 价格低廉, 应用广泛。

大部分无机离子和许多有机物质的微量成分都可以用这种方法进行测定。紫外吸收光谱法还可用于芳香化合物及含共轭体系化合物的鉴定及结构分析。此外，紫外－可见分光光度法还常用于化学平衡等研究。

二、紫外－可见分光光度法的基本原理（难度系数：★★★★）

物质的颜色与光有密切关系，例如蓝色硫酸铜溶液放在钠光灯（黄光）下就呈黑色；如果将它放在暗处，则什么颜色也看不到了。可见，物质的颜色不仅与物质本质有关，也与有无光照和光的组成有关，因此为了深入了解物质对光的选择性吸收，首先应对光的基本特性有所了解。

1. 光的基本特性

（1）电磁波谱　光是一种电磁波，具有波动性和粒子性。光是一种波，因而它具有波长（λ）和频率（ν）；光也是一种粒子，它具有能量（E）。它们之间的关系为：

$$E = h\nu = h\frac{c}{\lambda}$$

式中，E 为能量，eV；h 为普朗克常数，6.626×10^{-34} J·s^{-1}；ν 为频率，Hz；c 为光速，真空中约为 3×10^{10} cm·s^{-1}；λ 为波长，nm。

从上式可知，不同波长的光能量不同，波长愈长，能量愈小，波长愈短，能量愈大。若将各种电磁波（光）按其波长或频率大小顺序排列画成图表（如表8-1），则称该图表为电磁波谱。

表 8-1　电磁波谱

波谱区	波长范围	波数 /cm^{-1}	频率 /MHz	光子能量 /eV	跃迁能级类型
γ 射线	$5 \times 10^{-3} \sim 0.14$ nm	$2 \times 10^{10} \sim 7 \times 10^7$	$6 \times 10^{14} \sim 2 \times 10^{12}$	$2.5 \times 10^6 \sim 8.3 \times 10^3$	核能级
X 射线	$10^{-2} \sim 10$ nm	$10^{10} \sim 10^6$	$3 \times 10^{14} \sim 3 \times 10^{10}$	$1.2 \times 10^6 \sim 1.2 \times 10^2$	内层电子能级
远紫外光	$10 \sim 200$ nm	$10^6 \sim 5 \times 10^4$	$3 \times 10^{10} \sim 1.5 \times 10^9$	$125 \sim 6$	原子、分子价电子或成键电子能级
近紫外光	$200 \sim 380$ nm	$5 \times 10^4 \sim 2.5 \times 10^4$	$1.5 \times 10^9 \sim 7.5 \times 10^8$	$6 \sim 3.1$	
可见光	$380 \sim 780$ nm	$2.5 \times 10^4 \sim 1.3 \times 10^4$	$7.5 \times 10^8 \sim 4.0 \times 10^8$	$3.1 \sim 1.7$	
近红外光	$0.78 \sim 2.5$μm	$1.3 \times 10^4 \sim 4 \times 10^3$	$4.0 \times 10^8 \sim 1.2 \times 10^8$	$1.7 \sim 0.5$	分子振动能级
中红外光	$2.5 \sim 50$μm	$4000 \sim 200$	$1.2 \times 10^8 \sim 6.0 \times 10^6$	$0.5 \sim 0.02$	
远红外光	$50 \sim 1000$μm	$200 \sim 10$	$6.0 \times 10^6 \sim 10^5$	$2.0 \times 10^{-2} \sim 4 \times 10^{-4}$	分子转动能级
微波	$0.1 \sim 100$ cm	$10 \sim 0.01$	$10^5 \sim 10^2$	$4 \times 10^{-4} \sim 4 \times 10^{-7}$	
射频	$1 \sim 1000$ cm	$10^{-2} \sim 10^{-5}$	$10^2 \sim 0.1$	$4 \times 10^{-7} \sim 4 \times 10^{-10}$	核自旋能级

（2）单色光和互补光　具有同一种波长的光，称为单色光。纯单色光很难获得，激光的单色性虽然很好，但也只是接近于单色光。含有多种波长的光称为复合光，白光就是复合光，例如日光、白炽灯光等白光都是复合光。人的眼睛对不同波长的光的感觉是不一样的。表8-2是各种色光的波长。凡是能被肉眼感觉到的光称为可见光，波长范围为 $380 \sim 780$ nm。凡波长小于 380 nm 的紫外光或波长大于 780 nm 的红外光均不能被人的眼睛感觉出，所以这些波长范围的光是看不到的。

表 8-2　各种色光的波长

项目	波段	颜色	波长范围 /nm
日光	紫外光	无色	<380
	可见光	紫	380 ～ 450
		蓝	450 ～ 480
		绿蓝	480 ～ 490
		蓝绿	490 ～ 500
		绿	500 ～ 560
		黄绿	560 ～ 580
		黄	580 ～ 610
		橙	610 ～ 650
		红	650 ～ 780
	红外光	无	>780

日常见到的日光、白炽灯光等白光就是由这些波长不同的有色光混合而成的。这可以用一束白光通过棱镜后色散为红、橙、黄、绿、青、蓝、紫等七色光来证实。如果把适当颜色的两种光按一定强度比例混合，也可成为白光，这两种颜色的光称为互补色光。表 8-3 为各种颜色的互补色光。如黄绿光与紫色光互补，蓝色光与黄色光互补等，它们按一定强度比混合都可以得到白光，所以日光等白光实际上由一对对互补色光按适当强度比混合而成。

表 8-3　各种颜色的互补色光

λ/nm	颜色	互补色光
380 ～ 450	紫	黄绿
450 ～ 480	蓝	黄
480 ～ 490	绿蓝	橙
490 ～ 500	蓝绿	红
500 ～ 560	绿	红紫
560 ～ 580	黄绿	紫
580 ～ 610	黄	蓝
610 ～ 650	橙	绿蓝
650 ～ 780	红	蓝绿

2. 吸收定律

（1）朗伯 - 比尔定律

当一束平行的单色光垂直照射到一定浓度的均匀透明溶液时（见图 8-1），入射光被溶液吸收的程度与溶液厚度的关系为：

$$\lg \frac{\Phi_0}{\Phi_{tr}} = kb$$

式中　Φ_0——入射光通量；

Φ_{tr}——通过溶液后透射光通量；

b——溶液液层厚度，或称光程长度；

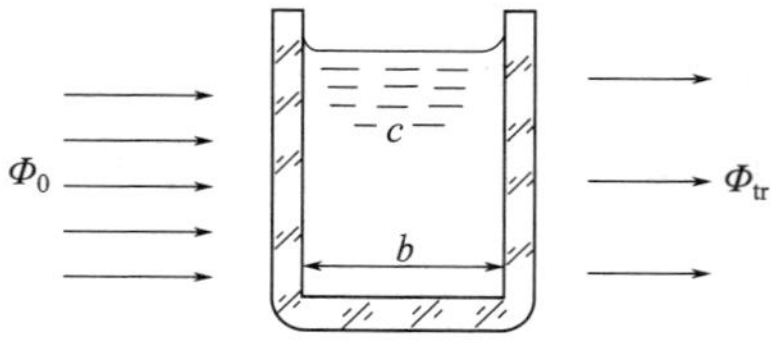

图 8-1　单色光通过溶液吸收池

k——比例常数，它与入射光波长溶液性质、浓度和温度有关。

这就是朗伯（S.H.Lambert）定律。Φ_{tr}/Φ_0 表示溶液对光的透射程度，称为透射比，用符号 τ 表示。透射比愈大说明透过的光愈多。而 Φ_0/Φ_{tr} 是透射比的倒数，它表示 Φ_0 一定时，透射光通量愈小，即 $\lg(\Phi_0/\Phi_{tr})$ 愈大，光吸收愈多。所以 $\lg(\Phi_0/\Phi_{tr})$ 表示单色光通过溶液时被吸收的程度，通常称为吸光度，用 A 表示，即

$$A = \lg\frac{\Phi_0}{\Phi_{tr}} = \lg\frac{1}{\tau} = -\lg\tau$$

当一束平行单色光垂直照射到同种物质不同浓度、相同液层厚度的均匀透明溶液时，入射光通量与溶液浓度的关系为：

$$\lg\frac{\Phi_0}{\Phi_{tr}} = k'c$$

式中，k' 为比例常数，它与入射光波长、液层厚度、溶液性质和温度有关；c 为溶液浓度。这就是比尔（Beer）定律。比尔定律表明：当溶液液层厚度和入射光通量一定时，光吸收的程度与溶液浓度成正比。必须指出的是：比尔定律只能在一定浓度范围才适用。因为浓度过低或过高时，溶质会发生电离或聚合，而产生误差。当溶液厚度和浓度都可改变时，这时就要考虑两者同时对透射光通量的影响，则有：

$$A = \lg\frac{\Phi_0}{\Phi_{tr}} = \lg\frac{1}{\tau} = Kbc$$

式中，K 为比例常数，与入射光的波长、物质的性质和溶液的温度等因素有关。这就是朗伯-比尔定律，即光吸收定律。它是紫外-可见分光光度法进行定量分析的理论基础。光吸收定律表明：当一束平行单色光垂直入射通过均匀、透明的吸光物质的稀溶液时，溶液对光的吸收程度与溶液的浓度及液层厚度的乘积成正比。

朗伯-比尔定律应用的条件：

一是必须使用单色光；二是吸收发生在均匀的介质；三是吸收过程中，吸收物质互相不发生作用。

（2）吸光系数　比例常数 K 称为吸光系数；其物理意义是：单位浓度的溶液液层厚度为 1 cm 时，在一定波长下测得的吸光度。K 值的大小取决于吸光物质的性质、入射光波长、溶液温度和溶剂性质等，与溶液浓度大小和液层厚度无关。但 K 值大小因溶液浓度所采用的单位的不同而不同。

① 摩尔吸光系数 ε。当溶液的浓度以物质的量浓度（$mol \cdot L^{-1}$）表示，液层厚度以厘米（cm）表示时，相应的比例常数 K 称为摩尔吸光系数，以 ε 表示，其单位为 $L \cdot mol^{-1} \cdot cm^{-1}$。

$$A = \varepsilon bc$$

摩尔吸光系数的物理意义是：浓度为 $1\ mol \cdot L^{-1}$ 的溶液，于厚度为 1 cm 的吸收池中，在一定波长下测得的吸光度。摩尔吸光系数是吸光物质的重要参数之一，它表示物质对某一特定波长光的吸收能力。ε 愈大，表示该物质对某波长光的吸收能力愈强，测定的灵敏度也就愈高。因此，测定时，为了提高分析的灵敏度，通常选择摩尔吸光系数大的有色化合物进行测定，选择具有最大 ε 值的波长作入射光。一般认为 $\varepsilon < 1 \times 10^4\ L \cdot mol^{-1} \cdot cm^{-1}$，灵敏度较低；$\varepsilon$ 在 $1 \times 10^4 \sim 6 \times 10^4\ L \cdot mol^{-1} \cdot cm^{-1}$ 属中等灵敏度；$\varepsilon > 6 \times 10^4\ L \cdot mol^{-1} \cdot cm^{-1}$ 属高灵敏度。摩尔吸光系数由实验测得。在实际测量中，不能直接取 $1\ mol \cdot L^{-1}$ 这样高浓度的溶液去测量摩

尔吸光系数，只能在稀溶液中测量后，换算成摩尔吸光系数。

【例 8.1】已知含 Fe^{3+} 浓度为 500 μg·L^{-1} 溶液用 KCNS 显色，在波长 480 nm 处用 2 cm 吸收池测得 $A=0.197$，计算摩尔吸光系数。

解：

$$c_{(Fe^{3+})} = \frac{500 \times 10^{-6}}{55.85} = 8.95 \times 10^{-6} (\text{mol} \cdot L^{-1})$$

$$\varepsilon = \frac{A}{bc} = \frac{0.197}{2 \times 8.95 \times 10^{-6}} = 1.1 \times 10^{4} (L \cdot \text{mol}^{-1} \cdot \text{cm}^{-1})$$

② 质量吸光系数。质量吸光系数适用于摩尔质量未知的化合物。若溶液浓度以质量浓度 ρ（g·L^{-1}）表示，液层厚度以厘米（cm）表示，相应的吸光系数则为质量吸光系数，以 a 表示，其单位为 L·g^{-1}·cm^{-1}。

$$A = ab\rho$$

（3）吸光度的加和性　多组分的体系中，在某一波长下，如果各种对光有吸收的物质之间没有相互作用，则体系在该波长的总吸光度等于各组分吸光度的和，即吸光度具有加和性，称为吸光度加和性原理。可表示如下：

$$A_{总} = A_1 + A_2 + \cdots + A_n = \sum A_n$$

式中，各吸光度的下标表示组分 1, 2, …, n。吸光度的加和性对多组分同时定量测定、校正干扰等都极为有用。

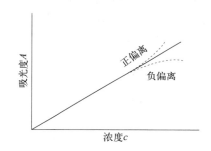

图 8-2　偏离郎伯-比尔定律的工作曲线

（4）影响吸收定律的主要因素　根据吸收定律，在理论上，吸光度对溶液浓度作图所得的直线的截距为零，斜率为 εb。实际上吸光度与浓度关系有时是非线性的，或者不通过零点，这种现象称为偏离光吸收定律。如果溶液的实际吸光度比理论值大，则为正偏离吸收定律；吸光度比理论值小，为负偏离吸收定律，如图 8-2 所示。

引起偏离吸收定律的原因主要有以下几方面：

① 入射光非单色性引起偏离。吸收定律成立的前提是：入射光是单色光。但实际上，一般单色器所提供的入射光并非纯单色光，而是由波长范围较窄的光带组成的复合光。而物质对不同波长的吸收程度不同（即吸光系数不同），因而导致了对吸光定律的偏离。入射光中不同波长的摩尔吸光系数差别愈大，偏离吸收定律就愈严重。实验证明，只要所选的入射光，其所含的波长范围在被测溶液的吸收曲线较平坦的部分，偏离程度就较小（见图 8-3）。

② 溶液的化学因素引起偏离。溶液中的吸光物质因离解、缔合，形成新的化合物而改变了吸光物质的浓度，导致偏离吸收定律。因此，测量前的化学预处理工作是十分重要的，如控制好显色反应条件，控制溶液的化学平衡等，以防止产生偏离。

③ 比尔定律的局限性引起偏离。严格说，比尔定律是一个有限定律，它只适用于浓度小于 0.01 mol·L^{-1} 的稀溶液。因为浓度高时，吸光粒子间平均距离减小，以致每个粒子都会影响其邻近粒子的电荷分布。这种相互作用使它们的摩尔吸光系数 ε 发生改变，因而导致偏离比尔定律。为此，在实际工作中，待测溶液的浓度应控制在 0.01 mol·L^{-1} 以下。

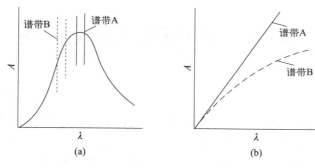

图 8-3 入射光的非单色性对吸收定律的影响

【思考与练习】

一、选择题

1. 紫外 - 可见分光光度法的适合检测波长范围是（   ）。

A. 380 ～ 780 nm
B. 200 ～ 380 nm
C. 200 ～ 780 nm
D. 200 ～ 1000 nm

为科学家擦亮双眼的光谱仪发明者——本生和基尔霍夫

紫外 - 可见分光光度计的组成部分、检验与维修保养

2. 紫外 - 可见分光光度法测定的相对误差一般为（   ）。

A. 0.1% ～ 0.2%
B. 0.2% ～ 1%
C. 2% ～ 5%
D. 5% ～ 10%

3. 比色分析一般用于稀溶液，当被测物质的浓度较高时采用（   ）能较正确地进行测定。

A. 紫外分光光度法
B. 可见分光光度法
C. 示差分光光度法
D. 双波长分光光度法

4. 人眼能感觉到的光称为可见光，其波长范围是（   ）。

A. 380 ～ 780 nm
B. 200 ～ 380 nm
C. 200 ～ 600 nm
D. 200 ～ 780 nm

5. （   ）为互补色。

A. 黄与蓝
B. 红与绿
C. 橙与蓝绿
D. 紫与绿蓝

二、判断题

1. 光的吸收定律不仅适用于溶液，同样也适用于气体和固体。（   ）
2. 对石英比色皿进行成套性检查时用的是重铬酸钾的高氯酸溶液。（   ）
3. 吸光系数越小，说明比色分析方法的灵敏度越高。（   ）
4. 吸收池在使用后应立即洗净，当被有色物质污染时，可用铬酸洗液洗涤。（   ）
5. 物质呈现不同的颜色，仅与物质对光的吸收有关。（   ）

三、问答题

1. 物质为什么会有颜色？
2. 物质对光产生选择性吸收的本质是什么？
3. 当溶液浓度改变时，最大吸收波长是否会改变？吸光系数是否会改变？
4. 光吸收定律成立的前提条件是什么？
5. 紫外 - 可见分光光度法分类和特点有哪些？

项目二　选择正确的分析条件

【案例导入】

维生素 C 又称"抗坏血酸"，能防治坏血病。多年来经动物实验和临床研究发现，维生素 C 可以降低血胆固醇含量，增强免疫力，增加毛细血管弹性，促进创口和手术切口愈合，预防感冒，促进生长发育，防治慢性汞、铅等金属性中毒，延缓衰老，预防肿瘤等。所以，除治病外，目前有意识地服用维生素 C 的人也较多，特别是一些中老年人更喜欢经常或长期服用。那么如何使用紫外 - 可见分光光度法测定购买的水果、药品或者保健品中维生素 C 的含量呢？在测定的过程中需要注意哪些条件的选择呢？

【知识探究】

一、显色反应及显色条件（难度系数：★★★★）

可见分光光度法是利用测量有色物质对某一单色光吸收程度来进行测定的，而许多物质本身无色或色浅，必须通过显色反应使该物质转变为有色化合物，才能对可见光产生较强吸收，进而用光度法测定。在可见分光光度法实验中，选择合适的显色反应，并严格控制反应条件是十分重要的实验技术。

1. 显色反应和显色剂

（1）显色反应　将待测组分转变成有色化合物的反应称为显色反应。显色反应可以是氧化还原反应，某些元素的氧化态，如 Mn（Ⅶ）、Cr（Ⅵ）在紫外或可见光区能强烈吸收，可利用氧化还原反应对待测离子进行显色后测定。例如：钢中微量锰的测定，Mn^{2+} 不能直接进行光度测定，将 Mn^{2+} 氧化成紫红色的 MnO_4^- 后，在 525 nm 处进行测定。显色反应也可以是配位反应，当金属离子与有机显色剂形成配合物时，通常会发生电荷转移跃迁，产生很强的紫外 - 可见吸收光谱。显色反应亦可以兼有上述两种反应，其中配位反应应用最普遍。选择显色反应，应考虑下面几个因素：

① 选择性好。一种显色剂最好只与一种被测组分起显色反应，或显色剂与共存组分生成的化合物的吸收峰与被测组分的吸收峰相距比较远，干扰少。

② 灵敏度高。要求反应生成的有色化合物的摩尔吸光系数大。实际分析中还应该综合考虑选择性。

③ 生成的有色化合物组成恒定，化学性质稳定，测量过程中应保持吸光度基本不变，否则将影响吸光度测定准确度及再现性。

④ 如果显色剂有色，则要求有色化合物与显色剂之间的颜色差别要大，以减小试剂空白值，提高测定的准确度。通常把两种有色物质最大吸收波长之差称为"对比度"。一般要求显色剂与有色化合物的对比度 $\Delta\lambda$ 在 60 nm 以上。

⑤ 显色条件要易于控制，以保证其有较好的再现性。

（2）显色剂　与待测组分形成有色化合物的试剂称为显色剂。

① 无机显色剂。许多无机试剂能与金属离子发生显色反应，但由于灵敏度和选择性都

不高，具有实际应用价值的品种很有限。常用的无机显色剂有硫氰酸盐、钼酸铵、过氧化氢等。

② 有机显色剂。有机显色剂与金属离子形成的配合物的稳定性、灵敏度和选择性都比较高，而且有机显色剂的种类较多，实际应用广。表 8-4 列出了几种重要的有机显色剂。随着科学技术的发展，还在不断地合成出各种新的高灵敏度、高选择性的显色剂。

表 8-4　几种重要的有机显色剂

显色剂	测定元素	反应介质	λ_{max}/nm	ε/（L·mol·cm^{-1}）
磺基水杨酸	Fe^{2+}	pH 2～3	520	1.6×10^3
邻菲罗啉	Fe^{2+}、Cu^+	pH 3～9	510 435	1.1×10^4 7×10^3
丁二酮肟	Ni（Ⅳ）	氧化剂、碱性	470	1.3×10^4
1- 亚硝基 -2- 苯酚	Co^{2+}		415	2.9×10^4
钴试剂	Co^{2+}		570	1.3×10^5
双硫腙	Cu^{2+}、Pb^{2+}、Zn^{2+}、Cd^{2+}、Hg^{2+}	不同酸度	490～550（Pb520）	4.5×10^4～3.0×10^4 （Pb6.8×10^4）
偶氮砷（Ⅲ）	Th（Ⅳ）、Zr（Ⅳ）、La^{3+}、Ce^{4+}、Ca^{2+}、Pb^{2+} 等	强酸至弱酸	665～675（Th665）	10^4～1.5×10^5 （Th1.3×10^5）
4-(2- 吡啶偶氮) 间苯二酚 (PAR)	Co、Pd、Nb、Ta、Th、In、Mn	不同酸度	（Nb550）	（Nb3.6×10^4）
二甲酚橙	Zr（Ⅳ）、Hf（Ⅳ）、Nb（Ⅴ）、UO_2^{2+}、Bi^{3+}、Pb^{2+}	不同酸度	530～580（Hf530）	1.6×10^4～5.5×10^4 （Hf4.7×10^4）
铬天青 S	Al	pH 5～5.8	530	5.9×10^4
结晶紫	Ca	7 mol·L^{-1}HCl、CHCl$_3$-丙酮萃取液		5.4×10^4
罗丹明 B	Ca、Tl	6 mol·L^{-1}HCl 苯萃取、1 mol·L^{-1}HBr 异丙醚萃取		5.9×10^4 1.0×10^5
孔雀绿	Ca	6 mol·L^{-1}HCl、C$_6$H$_5$Cl-CCl$_4$ 萃取		9.9×10^4
亮绿	Tl B	0.1 mol·L^{-1}HBr 乙酸乙酯萃取、pH3.5 苯萃取		7.0×10^4 5.2×10^4

③ 三元配合物显色体系。前面所介绍的多是一种金属离子（中心离子）与一种配体配位的显色反应，这种反应生成的配合物是二元配合物。近年来以形成三元配合物为基础的分光光度法受到关注。由于利用三元配合物显色体系可以提高测定的灵敏度，改善分析特性，因此已得到广泛应用，有些成熟的方法也已被纳入新修订的国家标准中。三元配合物是指由三种不同组分所形成的配合物。在三种不同的组分中至少有一种组分是金属离子，另外两种是配体；或者至少有一种配体，另外两种是不同的金属离子，前者称为单核三元配合物，后者称为双核三元配合物。例如：Al-CAS-CTMAC（铝 - 铬天菁 S- 氯化十六烷基三甲铵）就是单核三元配合物，而 [FeSnCl$_5$] 是双核三元配合物。

2. 显色条件的选择

显色反应是否满足分光光度法要求，除了与显色剂性质有关以外，控制好显色条件是十分重要的。

（1）显色剂用量　设 M 为被测物质，R 为显色剂，MR 为反应生成的有色配合物，则此显色反应可以用下式表示：

$$M + R \rightleftharpoons MR$$

从反应平衡角度上看，加入过量的显色剂显然有利于 MR 的生成，但过量太多也会带来副作用，例如增加了试剂空白或改变了配合物的组成等。因此显色剂一般应适当过量。

在具体工作中显色剂用量具体是多少需要经实验来确定，即通过作吸光度（A）-显色剂浓度（c_R）曲线来获得显色剂的适宜用量。其方法是：固定被测组分浓度和其他条件，然后加入不同量的显色剂，分别测定吸光度 A 值，绘制 A-c_R 曲线，一般可得如图 8-4 所示的三种曲线。

若得到是图 8-4（a）的曲线，则表明显色剂浓度在 ab 范围内吸光度出现稳定值，因此可以在 ab 间选择合适的显色剂用量。这类显色反应生成的配合物稳定，对显色剂浓度控制不太严格。若出现的是图 8-4（b）的曲线，则表明显色剂浓度在 $a'b'$ 这一段范围内吸光度值比较稳定，因此在显色时要严格控制显色剂用量。而图 8-4（c）曲线表明，随着显色剂浓度增大，吸光度不断增大，这种情况下必须十分严格控制显色剂加入量或者另换合适的显色剂。

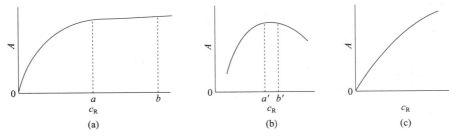

图 8-4　吸光度与显色剂浓度的关系曲线

（2）溶液酸度　酸度是显色反应的重要条件，它对显色反应的影响主要有以下几方面：

① 当酸度不同时，同种金属离子与同种显色剂反应，可以生成不同配位数的不同颜色的配合物。例如 Fe^{3+} 可与水杨酸在不同 pH 条件下，生成配位比不同的配合物。

pH < 4	$Fe(C_7H_4O_3)^+$	紫红色（1:1）
pH ≈ 4～7	$Fe(C_7H_4O_3)_2$	橙红色（1:2）
pH ≈ 8～10	$Fe(C_7H_4O_3)_3^{3-}$	黄色（1:3）

可见只有控制溶液的 pH 在一定范围内，才能获得组成恒定的有色配合物，得到正确测定结果。

② 溶液酸度过高会降低配合物的稳定性，特别是对弱酸型有机显色剂和金属离子形成的配合物的影响较大。

当溶液酸度增大时显色剂的有效浓度要减少，显色能力被减弱。有色物的稳定性也随之降低。因此显色时，必须将酸度控制在某一适当范围内。

③ 溶液酸度变化，显色剂的颜色可能发生变化。其原因是：多数有机显色剂往往是一种酸碱指示剂，它本身所呈的颜色随 pH 变化而变化。例如 PAR 是一种二元酸（表示为 H_2R）它所呈的颜色与 pH 的关系如下：

$$\text{pH } 2.1 \sim 4.2 \qquad\qquad 黄色（H_2R）$$
$$\text{pH } 4 \sim 7 \qquad\qquad 橙色（HR^-）$$
$$\text{pH} > 10 \qquad\qquad 红色（R^{2-}）$$

PAR 可作多种离子的显色剂，生成的配合物的颜色都是红色，因而这种显色剂不能在碱性溶液中使用。否则，因显色剂本身的颜色与有色配合物颜色相同或相近（对比度小），将无法进行分析。

④ 溶液酸度过低可能引起被测金属离子水解，因而破坏了有色配合物，使溶液颜色发生变化，甚至无法测定。

综上所述，酸度对显色反应的影响是很大的，而且是多方面的。显色反应适宜的酸度必须通过实验来确定。其方法是：固定待测组分及显色剂浓度，改变溶液 pH，制得数个显色液。在相同测定条件下分别测定其吸光度，作出 A-pH 关系曲线，如图 8-5 所示。

选择曲线平坦部分对应的 pH 作为应该控制的 pH 范围。

（3）显色温度　不同的显色反应对温度的要求不同。大多数显色反应是在常温下进行的，但有些反应必须在较高温度下才能进行或进行得比较快。例如 Fe^{3+} 和邻二氮菲的显色反应常温下就可完成，而硅钼蓝法测微量硅时，应先加热，使之生成硅钼黄，然后将硅钼黄还原为硅钼蓝，再进行光度法测定。也有的有色物质加热时容易分解，例如 $Fe(SCN)_3$，加热时褪色很快。因此对不同的反应，应通过实验找出各自适宜的显色温度范围。由于温度对光的吸收及颜色的深浅都有影响，因此在绘制工作曲线和进行样品测定时应该使溶液温度保持一致。

（4）显色时间　在显色反应中应该从两个方面来考虑时间的影响：

一是显色反应完成所需要的时间，称为"显色（或发色）时间"；

二是显色后有色物质色泽保持稳定的时间，称为"稳定时间"。

确定适宜时间的方法：配制一份显色溶液，从加入显色剂开始，每隔一定时间测吸光度一次，绘制吸光度-时间关系曲线。曲线平坦部分对应的时间就是测定吸光度的最适宜时间，如图 8-6 所示。

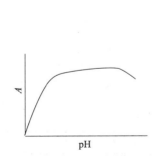
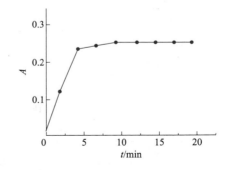

图 8-5　吸光度 A 与 pH 关系曲线　　　　图 8-6　吸光度 A 与显色时间 t 关系曲线

（5）溶剂的选择　有机溶剂常常可以降低有色物质的解离度，增加有色物质的溶解，从而提高了测定的灵敏度，例如 $Fe(SCN)^{2+}$ 在水中的 $K_稳$ 为 200，而在 90% 乙醇中，$K_稳$ 为 5×10^4，可见 $Fe(SCN)^{2+}$ 的稳定性大大提高，颜色也明显加深。因此，利用有色化合物在有机溶剂中稳定性好、溶解度大的特点，可以选择合适的有机溶剂，采用萃取光度法来提高方法灵敏度和选择性。

3. 显色反应中的干扰及消除

（1）干扰离子的影响　分光光度法中共存离子的干扰主要有以下几种情况：

① 共存离子本身具有颜色。如 Fe^{3+}、Ni^{2+}、Co^{2+}、Cu^{2+}、Cr^{3+} 等的存在影响被测离子的测定。

② 共存离子与显色剂或被测组分反应，生成更稳定配合物或发生氧化还原反应，使显色剂或被测组分的浓度降低，妨碍显色反应的完成，导致测量结果偏低。

③ 共存离子与显色剂反应生成有色化合物或沉淀，导致测量结果偏高。若共存离子与显色剂反应后生成无色化合物，但由于消耗了大量的显色剂，致使显色剂与被测离子的显色反应不完全。

（2）干扰的消除方法　干扰离子的存在给分析工作带来不小的影响。为了获得准确的结果，需要采取适当的措施来消除这些影响。消除共存离子干扰的方法很多，我们仅介绍几种常用方法，以便在实际工作中选择使用。

① 控制溶液的酸度。这是消除共存离子干扰的一种简便而重要的方法。控制酸度使待测离子显色，而干扰离子不生成有色化合物。例如：以磺基水杨酸测定 Fe^{3+} 时，若 Cu^{2+} 共存，此时 Cu^{2+} 也能与磺基水杨酸形成黄色配合物而干扰测定。若溶液酸度控制在 $pH=2.5$，此时铁能与磺基水杨酸形成配合物，而铜就不能，这样就可以消除 Cu^{2+} 的干扰。

② 加入掩蔽剂，掩蔽干扰离子。采用掩蔽剂来消除干扰的方法是一种有效而且常用的方法。该方法要求加入的掩蔽剂不与被测离子反应，掩蔽剂和掩蔽产物的颜色必须不干扰测定。表 8-5 列出了可见分光光度法中常用的掩蔽剂，以便在实际工作中参考使用。

表 8-5　可见分光光度法部分常用的掩蔽剂

掩蔽剂	pH	被掩蔽的离子
KCN	$pH>8$	Cu^{2+}、Co^{2+}、Ni^{2+}、Zn^{2+}、Hg^{2+}、Ca^{2+}、Ag^+、Ti^{4+} 及铂族元素离子
	$pH=6$	Cu^{2+}、Co^{2+}、Ni^{2+}
NH_4F	$pH=4\sim6$	Al^{3+}、Ti^{4+}、Sn^{4+}、Zr^{4+}、Nb^{5+}、Ta^{5+}、W^{6+}、Be^{2+} 等
酒石酸	$pH=5.5$	Fe^{3+}、Al^{3+}、Sn^{4+}、Sb^{3+}、Ca^{2+}
	$pH=5\sim6$	UO_2^{2+}
	$pH=6\sim7.5$	Mg^{2+}、Ca^{2+}、Fe^{3+}、Al^{3+}、Mo^{4+}、Nb^{5+}、Sb^{3+}、W^{6+}、UO_2^{2+}
	$pH=10$	Al^{3+}、Sn^{4+}
草酸	$pH=2.0$	Sn^{4+}、Cu^{2+} 及稀土元素离子
	$pH=5.5$	Zr^{4+}、Th^{4+}、Fe^{3+}、Fe^{2+}、Al^{3+}
柠檬酸	$pH=5\sim6$	UO_2^{2+}、Th^{4+}、Sr^{2+}、Zr^{4+}、Sb^{3+}、Ti^{4+}
	$pH=7$	Nb^{5+}、Ta^{5+}、Mo^{4+}、W^{6+}、Ba^{2+}、Fe^{3+}、Cr^{3+}
抗坏血酸	$pH=1\sim2$	Fe^{3+}
	$pH=2.5$	Cu^{2+}、Hg^{2+}、Fe^{3+}
	$pH=5\sim6$	Cu^{2+}、Hg^{2+}

③ 改变干扰离子的价态以消除干扰。利用氧化还原反应改变干扰离子价态，使干扰离子不与显色剂反应，以达到目的。例如：用铬天菁 S 显色 Al^{3+} 时，若加入抗坏血酸或盐酸羟胺便可以使 Fe^{3+} 还原为 Fe^{2+}，从而消除了干扰。

④ 选择适当的入射光波长消除干扰。例如用 4-氨基安替吡啉显色测定废水中酚时，氧化剂铁氰化钾和显色剂都呈黄色，干扰测定，但若选择用 520 nm 单色光为入射光，则可以消除干扰，获得满意结果。因为黄色溶液在 420 nm 左右有强吸收，但 500 nm 后则无吸收。

⑤ 选择合适的参比溶液可以消除显色剂和某些有色共存离子干扰。

⑥ 分离干扰离子。当没有适当掩蔽剂或无合适方法消除干扰时，应采用适当的分离方法（如电解法、沉淀法、溶剂萃取及离子交换法等），将被测组分与干扰离子分离，然后再进行测定。其中萃取分离法使用较多，可以直接在有机相中显色。

⑦ 可以利用双波长法、导数光谱法等新技术来消除干扰。

二、测量条件的选择（难度系数：★★★★）

1. 测量波长的选择

在测量吸光物质的吸光度时，测量准确度往往受多方面因素影响。如仪器波长准确度、吸收池性能、参比溶液、入射光波长、测量的吸光度范围、测量组分的浓度范围等都会对分析结果的准确度产生影响，必须加以控制。

2. 入射光波长的选择

当用分光光度计测定被测溶液的吸光度时，首先需要选择合适的入射光波长。选择入射光波长的依据是该被测物质的吸收曲线。在一般情况下，应选用最大吸收波长作为入射光波长。在 λ_{max} 附近波长的稍许偏移引起的吸光度的变化较小，可得到较好的测量精度，而且以 λ_{max} 为入射光波长测定灵敏度高。但是，如果最大吸收峰附近有干扰存在（如共存离子或所使用试剂有吸收），则在保证一定灵敏度情况下，可以选择吸收曲线中其他波长进行测定（应选曲线较平坦处对应的波长），以消除干扰。

微课扫一扫

紫外-可见分光光度计的使用

3. 参比溶液的选择

在分光光度分析中测定吸光度时，由于入射光的反射，以及溶剂、试剂等对光的吸收会造成透射光通量的减弱。为了使光通量的减弱仅与溶液中待测物质的浓度有关，需要选择合适组分的溶液作参比溶液，先以它来调节透射比 100%（$A=0$），然后再测定待测溶液的吸光度。这实际上是通过参比池的光作为入射光来测定试液的吸光度。这样就可以消除显色溶液中其他有色物质的干扰，抵消吸收池和试剂对入射光的吸收，比较真实地反映了待测物质对光的吸收，因而也就比较真实地反映了待测物质的浓度。

（1）溶剂参比　当试样溶液的组成比较简单，共存的其他组分很少且对测定波长的光几乎没有吸收，仅有待测物质与显色剂的反应产物有吸收时，可采用溶剂作参比溶液，这样可以消除溶剂、吸收池等因素的影响。

（2）试剂参比　如果显色剂或其他试剂在测定波长有吸收，此时应采用试剂参比溶液。即按显色反应相同条件，只不加入试样，同样加入试剂和溶剂作为参比溶液。这种参比溶液可消除试剂中的组分产生的影响。

（3）试液参比　如果试样中其他共存组分有吸收，但不与显色剂反应，则当显色剂在测定波长无吸收时，可用试样溶液作参比溶液，即将试液与显色溶液作相同处理，只是不加显色剂。这种参比溶液可以消除有色离子的影响。

（4）褪色参比　如果显色剂及样品基体有吸收，这时可以在显色液中加入某种褪色剂，选择性地与被测离子配位（或改变其价态），生成稳定无色的配合物，使已显色的产物褪色，用此溶液作参比溶液，称为褪色参比溶液。例如用铬天菁 S 与 Al^{3+} 反应显色后，可以加入 NH_4F 夺取 Al^{3+}，形成无色的 $[AlF_6]^{3-}$。将此褪色后的溶液作参比可以消除显色剂的颜色及样品中微量共存离子的干扰。褪色参比是一种比较理想的参比溶液，但遗憾的是并非任何显色溶液都能找到适当的褪色方法。

总之，选择参比溶液时，应尽可能全部抵消各种共存有色物质的干扰，使试液的吸光度真正反映待测物的浓度。

4. 吸光度测量范围的选择

任何类型的分光光度计都有一定的测量误差，但对一个给定的分光光度计来说，透射比读数误差 $\Delta\tau$ 都是一个常数（其值大约在 $\pm 0.2\%$ ～ $\pm 2\%$）。但透射比读数误差不能代表测定结果误差，测定结果误差常用浓度的相对误差 $\Delta c/c$ 表示。由于透射比 τ 与浓度之间为负对数关系，故同样透射比读数误差 $\Delta\tau$ 在不同透射比处所造成的 $\Delta c/c$ 是不同的，那么 τ 为多少时 $\Delta c/c$ 最小？

根据朗伯 - 比尔定律，则 $-\lg\tau=\varepsilon bc$。

将上式微分后，经整理可得：

$$\frac{\Delta c}{c}=\frac{0.0434}{\tau\lg\tau}\times\Delta\tau$$

令上式的导数为零，可求出当 $\tau=0.368$（$A=0.434$）时，$\Delta c/c$ 最小（$\Delta c/c=1.4\%$）。

假设 $\Delta\tau=\pm 0.5\%$，并将此值代入，则可计算出不同透射比时浓度相对误差（$\Delta c/c$），表 8-6 所示。

表 8-6　不同 τ（A）时的浓度相对误差

$\tau/\%$	A	$\Delta c/c/\%$	$\tau/\%$	A	$\Delta c/c/\%$
95	0.022	± 10.2	40	0.399	± 1.36
90	0.046	± 5.3	30	0.523	± 1.38
80	0.097	± 2.8	20	0.699	± 1.55
70	0.155	± 2.0	10	1.000	± 2.17
60	0.222	± 1.63	3	1.523	± 4.75
50	0.301	± 1.44	2	1.699	± 6.38

由表 8-6 可以看出，浓度相对误差大小不仅与仪器精度有关，还和透射比读数范围有关。在仪器透射比读数绝对误差为 $\pm 0.5\%$ 时，透射比在 70% ～ 10% 的范围内，浓度测量误差约为 $\pm 1.4\%$ ～ $\pm 2.2\%$。测量吸光度过高或过低，误差都很大，一般适宜的吸光度范围是 0.2 ～ 0.8。实际工作中，可以通过调节被测溶液的浓度（如改变取样量，改变显色后溶液总体积等）、使用厚度不同的吸收池来调整待测溶液吸光度，使其在适宜的吸光度范围内。

三、工作曲线法定量分析（难度系数：★★★）

紫外 - 可见分光光度法的最广泛和最重要的用途是进行微量成分的定量分析，它在工业生产和科学研究中都占有十分重要的地位。进行定量分析时，由于样品的组成情况及分析要求的不同，分析方法也有所不同。

　　如果样品是单组分的，且遵守吸收定律，这时只要测出被测吸光物质的最大吸收波长（λ_{max}），就可在此波长下，选用适当的参比溶液，测量试液的吸光度，然后再用工作曲线法求得分析结果。

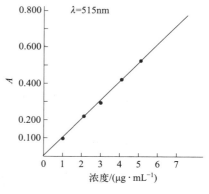

图 8-7　工作曲线

　　工作曲线法又称标准曲线法，它是实际工作中使用最多的一种定量方法。工作曲线的绘制方法是：配制四个以上浓度不同的待测组分的标准溶液，以空白溶液为参比溶液，在选定的波长下，分别测定各标准溶液的吸光度。以标准溶液浓度为横坐标，吸光度为纵坐标，在坐标纸上绘制曲线（如图 8-7），此曲线即称为工作曲线（或称标准曲线）。

　　实际工作中，为了避免使用时出差错，在所作的工作曲线上还必须标明标准曲线的名称、所用标准溶液（或标样）名称和浓度、坐标分度和单位、测量条件（仪器型号、入射光波长、吸收池厚度、参比液名称）以及制作日期和制作者姓名。

　　在测定样品时，应按相同的方法制备待测试液（为了保证显色条件一致，操作时一般是试样与标样同时显色），在相同测量条件下测量试液的吸光度，然后在工作曲线上查出待测试液浓度。为了保证测定准确度，要求标样与试样溶液的组成保持一致，待测试液的浓度应在工作曲线线性范围内，最好在工作曲线中部。

　　工作曲线应定期校准，如果实验条件变动（如更换标准溶液、所用试剂重新配制、仪器经过修理、更换光源等情况），工作曲线应重新绘制。如果实验条件不变，那么每次测量只需用一个标样校验一下实验条件是否符合，就可直接用此工作曲线测量试样的含量。工作曲线法适于成批样品的分析，它可以消除一定的随机误差。由于受到各种因素的影响，实验测出的各点可能不完全在一条直线上，这时"画"直线的方法就显得随意性大了一些，若采用最小二乘法来确定直线回归方程，要准确得多。

　　工作曲线可以用一元线性方程表示，即：

$$y = a + bx$$

　　式中，x 为标准溶液浓度；y 为相应的吸光度；a、b 为回归系数。直线称回归直线。

b 为直线斜率，可由下式求出：

$$b = \frac{\sum\limits_{i=1}^{n}(x_i - \bar{x})(y_i - \bar{y})}{\sum\limits_{i=1}^{n}(x_i - \bar{x})^2}$$

　　式中，$\bar{x}$、$\bar{y}$ 分别为 x 和 y 的平均值；x_i 为第 i 个点的标准溶液的浓度；y_i 为第 i 个点的吸光度（以下相同）。

　　a 为直线的截距，可由下式求出：

$$a = \frac{\sum\limits_{i=1}^{n}y_i - b\sum\limits_{i=1}^{n}x_i}{n} = \bar{y} - b\bar{x}$$

工作曲线线性的好坏可以用回归直线的相关系数来表示，相关系数 r 可由下式求得：

$$r = b\sqrt{\dfrac{\sum\limits_{i=1}^{n}(x_i - \overline{x})^2}{\sum\limits_{i=1}^{n}(y_i - \overline{y})^2}}$$

相关系数接近 1，说明工作曲线线性好，一般要求所做工作曲线的相关系数 r 要大于 0.999。

【例 8.2】用邻二氮菲法测定 Fe^{2+} 得下列实验数据，请确定工作曲线的直线回归方程，并计算相关系数。

标准溶液浓度 $c/(10^{-5}\,mol\cdot L^{-1})$	1.00	2.00	3.00	4.00	6.00	8.00
吸光度 A	0.114	0.212	0.335	0.434	0.670	0.868

设直线回归方程为 $y = a + bx$，令 $x = 10^5 c$，则得 $\overline{x} = 4.00$，$\overline{y} = 0.439$

计算得 $\sum\limits_{i=1}^{n}(x_i - \overline{x})(y_i - \overline{y}) = 3.71$；$\sum\limits_{i=1}^{n}(x_i - \overline{x})^2 = 34$；$\sum\limits_{i=1}^{n}(y_i - \overline{y})^2 = 0.405$

$$则\ b = \dfrac{\sum\limits_{i=1}^{n}(x_i - \overline{x})(y_i - \overline{y})}{\sum\limits_{i=1}^{n}(x_i - \overline{x})^2} = \dfrac{3.71}{34} = 0.109$$

$$a = \overline{y} - b\overline{x} = 0.439 - 0.109 \times 4.00 = 0.003$$

得直线回归方程：$y = 0.003 + 0.109x$。

相关系数：

$$r = b\sqrt{\dfrac{\sum\limits_{i=1}^{n}(x_i - \overline{x})^2}{\sum\limits_{i=1}^{n}(y_i - \overline{y})^2}} = 0.109 \times \sqrt{\dfrac{34}{0.405}} = 0.999$$

可见实验所作的工作曲线线性符合要求。

由回归方程得 $A_{试} = 0.003 + 0.109 \times 10^5 c$，故

$$c_{试} = \dfrac{A_{试} - 0.003}{0.109 \times 10^5}$$

因而，只要在相同条件下，测出试液吸光度 $A_{试}$，代入上式，即可得试样浓度 $c_{试}$。

【思考与练习】

一、选择题

1. 可见分光光度法属于（　　）。

A. 原子发射光谱　　　　B. 原子吸收光谱

C. 分子发射光谱　　　　D. 分子吸收光谱

光度分析装置和仪器的新技术

目视比色法及发展

2. 分子吸收紫外 - 可见光后，可发生哪种类型的分子能级跃迁？（　　）

A. 转动能级跃迁　　　　　　　　B. 振动能级跃迁

C. 电子能级跃迁　　　　　　　　D. 以上都能发生

3. 某吸光物质的吸光系数很大，则表明：（　　　）。

A. 该物质溶液的浓度很大　　　　　　　　B. 测定该物质的灵敏度高

C. 入射光的波长很大　　　　　　　　　　D. 该物质的分子量很大

4. 相同条件下，测定甲、乙两份同一有色物质溶液的吸光度，若甲溶液用 1 cm 的吸收池，乙溶液用 2 cm 的吸收池进行测定，结果吸光度相同，甲、乙两溶液浓度的关系：（　　　）。

A. $c_{甲}=c_{乙}$　　　　B. $c_{乙}=4c_{甲}$　　　　C. $c_{甲}=2c_{乙}$　　　　D. $c_{乙}=2c_{甲}$

5. 在符合光的吸收定律条件下，有色物质的浓度、最大吸收波长、吸光度三者的关系是：（　　　）。

A. 增加、增加、增加　　　　　　　　　　B. 增加、减小、不变

C. 减小、增加、减少　　　　　　　　　　D. 减小、不变、减小

二、判断题

1. 仪器分析中，浓度低于 $0.1\ mg\cdot mL^{-1}$ 的标准溶液，常在临使用前用较高浓度的标准溶液在容量瓶内稀释而成。（　　　）

2. 在定量测定时，同一厂家出品的同一规格的比色皿可以不用经常检验配套。（　　　）

3. 高锰酸钾溶液呈现紫红色是由于吸收了白光中的绿色光。（　　　）

4. 常见的紫外光源是氢灯或氘灯。（　　　）

5. 精密仪器在不使用的时候，应该盖上遮尘布以防止灰尘。（　　　）

三、问答题

1. Lambert-Beer 定律的物理意义是什么？为什么说 Lambert-Beer 定律只适用于单色光？

2. 浓度 c 与吸光度 A 线性关系发生偏离的主要因素有哪些？

3. 什么是吸收曲线？什么是标准曲线？

4. 光度测量时为什么要使用参比溶液？

5. 紫外-可见分光光度计由哪几部分组成？各部分的作用是什么？

项目三　紫外－可见分光光度法的应用

【案例导入】

亚硝酸盐是一种常用的食品添加剂，可保持肉质的粉红色，防止肉毒杆菌生长，并增加肉制品的风味和口感。然而，过量摄入亚硝酸盐可能对人体健康造成潜在危害，包括：

1. 致癌风险：长期大量摄入亚硝酸盐可能增加患癌症的风险，特别是胃癌和食管癌。

2. 血液毒性：亚硝酸盐可以与血液中的血红蛋白结合，形成高铁血红蛋白，降低血红蛋白的携氧能力，导致缺氧和头晕等症状。

3. 婴儿健康风险：对于年幼的婴儿，亚硝酸盐可能导致高铁血红蛋白血症，这是一种血液疾病，会导致皮肤发蓝和呼吸困难等症状。

为了减少亚硝酸盐的摄入风险，确保食品中的亚硝酸盐含量在安全范围内，那么我们选择哪些仪器设备对亚硝酸盐进行检测？

【知识探究】

一、比色皿的使用方法和配套性检验（难度系数：★★★）

微课扫一扫

比色皿的使用
方法和配套性
检验

1. 比色皿的使用

① 比色皿要配对使用，相同规格的比色皿仍有或多或少的差异，致使光通过比色溶液时，吸收情况将有所不同。

② 注意保护比色皿的透光面，拿取时，手指应捏住其毛玻璃的两面，以免污染或磨损透光面。

③ 在已配对的比色皿上，于毛玻璃面上做好记号，使其中一支专置参比溶液，另一支专置试液。同时还应注意放入比色皿槽架时应有固定朝向。

④ 如果试液是易挥发的有机溶剂，则应加盖后，放入比色皿槽架上。

⑤ 凡含有腐蚀玻璃的物质的溶液，不得长时间盛放在比色皿中。

⑥ 倒入溶液前，应先用该溶液淋洗比色皿内壁三次，倒入量不可过多，以比色皿高度的 3/4 为宜。

⑦ 每次使用完毕后，应用蒸馏水仔细淋洗，并以吸水性好的软纸吸干外壁水珠，放回比色皿盒内。

⑧ 不能用强碱或强氧化剂浸洗比色皿，而应用稀盐酸或有机溶剂，再用水洗涤，最后用蒸馏水淋洗三次。

⑨ 不得在火焰或电炉上进行加热或烘烤吸收池。

⑩ 若发现比色皿被污染，可以用洗液清洗，也可用 20W 的玻璃仪器清洗超声波清洗半小时。

2. 比色皿的配套性检验

（1）玻璃比色皿配套性检验

① 用 600 nm 波长检验。将仪器调试至工作状态，波长置于 600 nm 处，在一组比色皿中分别加入其容积 4/5 的蒸馏水，以其中任意一个比色皿为参比，调节透射比为 100%，测量并记录其他比色皿的透射比值。

② 用 400 nm 波长检验。将仪器调试至工作状态，波长置于 400 nm 处，在一组比色皿中分别加入其容积 4/5 的 0.06006 g·L⁻¹ 酸性重铬酸钾溶液，以其中任意一个比色皿为参比，调节透射比为 100%，测量并记录其他比色皿的透射比值。

（2）石英比色皿配套性检验

① 用 220 nm 波长检验。将仪器调试至工作状态，波长置于 220 m 处，在一组比色皿中分别加入其容积 4/5 的蒸馏水，以其中任意一个比色皿为参比，调节透射比为 100%，测量并记录其他比色皿的透射比值。

② 用 350 nm 波长检验。将仪器调试至工作状态，波长置于 350 nm 处，在一组比色皿中分别加入其容积 4/5 的 0.06006 g·L⁻¹ 酸性重铬酸钾溶液，以其中任意一个比色皿为参比，调节透射比为 100%，测量并记录其他比色皿的透射比值。

③ 比色皿配套性检验数据处理

a. 比色皿配套性检验记录。

比色皿编号			1#（参比）	2#	3#	4#
透射比 /%	玻璃 比色皿	600 nm（蒸馏水）				
		400 nm（重铬酸钾溶液）				
	石英 比色皿	220 nm（蒸馏水）				
		350 nm（重铬酸钾溶液）				

b. 数据处理根据上述记录计算，比色皿间的透射比偏差小于 0.5% 的即视为是同一套。如果多个比色皿同时使用，则必须保证任意两个间的透射比偏差小于 0.5%。

二、邻二氮菲分光光度法测定微量铁（难度系数：★★★★）

1. 方法原理

邻二氮菲又称邻菲罗啉，是测定 Fe^{2+} 的一种高灵敏度和高选择性试剂，与 Fe^{2+} 生成稳定的橙色配合物。

邻二氮菲分光光度法测定微量铁

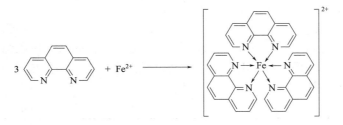

配合物的 $\varepsilon=1.1\times10^4$ L·mol^{-1}·cm^{-1}，pH 在 2～9（一般维持在 5～6）之间，颜色可保持几个月不变。Fe^{3+} 与邻二氮菲生成淡蓝色配合物，在加入显色剂之前，需用盐酸羟胺先将 Fe^{3+} 还原为 Fe^{2+}，此方法选择性高，相当于铁量 40 倍的 Sn^{2+}、Al^{3+}、Ca^{2+}、Mg^{2+} 等，不干扰测定。

2. 仪器设备与试剂材料

（1）仪器

① UV-1800 型紫外 - 可见分光光度计。

② 100 mL 容量瓶 1 个。

③ 50 mL 比色管 10 个。

④ 10 mL 移液管 1 支。

⑤ 2 mL 吸量管 1 支。

⑥ 1 mL 吸量管 1 支。

⑦ 5 mL 吸量管 3 支。

⑧ 50 mL 容量瓶 9 个。

⑨ 1000 mL 容量瓶 1 个。

（2）试剂

① 盐酸羟胺溶液 20 g·L^{-1}（用时配制）。

② 邻二氮菲溶液 1.5 g·L^{-1}：先用少量乙醇溶解，再用蒸馏水稀释至所需浓度（避光保存，两周内有效）。

③ 醋酸钠溶液 1.0 mol·L^{-1}。

④ 氢氧化钠溶液 1.0 mol·L^{-1}。

⑤ 铁标准贮备溶液（100.0 μg·mL^{-1}）：准确称取 0.8634 g NH$_4$Fe(SO$_4$)$_2$·12H$_2$O 置烧杯中，加入 10 mL 硫酸溶液，c(H$_2$SO$_4$)=3 mol·L^{-1}，移入 1000 mL 容量瓶中，用蒸馏水稀至标线，摇匀。

⑥ 铁标准溶液（10.00 μg·mL^{-1}）：移取 100.0 μg·mL^{-1} 铁标准贮备溶液 10.00 mL 至 100 mL 容量瓶中，并用蒸馏水稀释至标线，摇匀。

3. 实验步骤

（1）绘制工作曲线

取 6 个洁净的 50 mL 容量瓶，各加入 10.00 μg·mL^{-1} 铁标准溶液 0.00 mL、2.00 mL、4.00 mL、6.00 mL、8.00 mL、10.00 mL 和 3 mL 20 g·L^{-1} 盐酸羟胺溶液，摇匀。分别加入 2.0 mL 1.5 g·L^{-1} 邻二氮菲溶液和 5 mL 醋酸钠（1.0 mol·L^{-1}）溶液，用蒸馏水稀至刻线摇匀。用 1 cm 吸收池，以试剂空白为参比，在选定的波长下测定吸光度，记录各吸光度。

（2）铁含量测定

取 3 个洁净的 50 mL 容量瓶，分别加入适量（以吸光度落在工作曲线为宜）含铁未知试液，按照上述步骤显色，测量吸光度并记录。

（3）结束工作

测量完毕，关闭电源，拔下电源插头，取出吸收池，清洗晾干后入盒保存。清理工作台，罩上仪器防尘罩，填写仪器使用记录。清洗容量瓶和其他所用的玻璃仪器并放回原处。

（4）填写实验记录单

分析者：			班级：			学号：	分析日期：	
编号	1$^#$	2$^#$	3$^#$	4$^#$	5$^#$	未知液	未知液	未知液
$V_{(铁)}$/mL	2.0	4.0	6.0	8.0	10.0			
A								

4. 数据处理

① 绘制工作曲线。

② 数据处理。

工作曲线的绘制					
标准溶液稀释体积 /mL：					
编号	1$^#$	2$^#$	3$^#$	4$^#$	5$^#$
铁标液加入体积 /mL	2.0	4.0	6.0	8.0	10.0
铁标液浓度 /（μg·mL^{-1}）					
A					
斜率 b		截距 a		相关系数 r	
试样中微量铁的测定					
试样溶液移取体积 /mL					
试样溶液稀释体积 /mL					
编号	7$^#$		8$^#$		9$^#$
吸光度 A					
试样中铁的含量 /（μg·mL^{-1}）					
铁含量平均值 /（μg·mL^{-1}）					
相对平均偏差 %					

【思考与练习】

常见有机化合物紫外吸收光谱及其应用

一、选择题

1. 某化合物在正己烷和乙醇中分别测得最大吸收波长为 λ_{max}=317 mm 和 λ_{max}=305 mm，该吸收的跃迁类型为（　　　）。

A.$\sigma \to \sigma^*$　　　　　　　　B.$n \to \sigma^*$

C.$\pi \to \pi^*$　　　　　　　　D.$n \to \pi^*$

2. 下列化合物中，吸收波长最长的化合物是（　　　）。

A. $CH_3(CH_2)_6CH_3$　　　　　　　　B. $(CH_2)_2C=CHCH_2CH=C(CH_3)_2$

C. $CH_2=CHCH=CH_3$　　　　　　　　D. $CH_2=CHCH=CHCH=CHCH_3$

3. 在 300 nm 波长处进行分光光度测定时，应选用（　　　）吸收池。

A. 硬质玻璃　　　　　　B. 软质玻璃　　　　　　C. 石英　　　　　　D. 透明塑料

4. 某非水溶性化合物，在 200～250 nm 有吸收，当测定其紫外-可见吸收光谱时，应选用的合适溶剂是（　　　）。

A.正己烷　　　　　　B. 丙酮　　　　　　C. 甲酸甲酯　　　　　　D. 四氯乙烯

5. 下述操作中正确的是（　　　）。

A. 比色皿外壁有水珠　　　　　　B. 手捏比色皿的磨光面

C. 手捏比色皿的毛面　　　　　　D. 用报纸去擦比色皿外壁的水

二、判断题

1. 已经配对好的比色皿不可以交叉使用，是为了防止污染。（　　　）

2. 紫外-可见分光光度计在使用的过程中，为了避免仪器吸潮，不要将样品室中的干燥包取出。（　　　）

3. 区分一种化合物究竟是醛还是酮的最好的方法是紫外光谱分析法。（　　　）

4. 因为透射光（或反射光）和吸收光按一定比例混合而成白光，故称这两种光为互补光。（　　　）

5. 紫外-可见分光光度计在自检的过程中，禁止打开样品室。（　　　）

三、计算题

1. 某试液用 2 cm 的比色皿测得 τ=60%，若改用 1 cm 的比色皿，则 τ 及 A 各等于多少？

2. 用双硫腙光度法测定 Pb^{2+} 时，Pb^{2+} 的浓度为 0.08 mg·50 mL^{-1}，用 2 cm 比色皿于 520 nm 下测得 τ=53%，求摩尔吸光系数。

3. 某亚铁螯合物的摩尔吸光系数为 12000 L·mol^{-1}·cm^{-1}，若采用 1 cm 的吸收池，欲把吸光度值限制在 0.200～0.650 之间，分析的浓度范围是多少？

4. 称取维生素 C 0.05 g，溶于 100 mL 的稀硫酸溶液中，再量取此溶液 2.00 mL 准确稀释至 100 mL，取此溶液置 1 cm 厚的石英池中，用 245 nm 波长测定其吸光度为 0.551，求维生素 C 的质量分数（a=56 L·g^{-1}·cm^{-1}）。

5. 称取某药物一定量，用 0.1 mol·L^{-1} 的 HCl 溶解后，转移并定容至 100 mL 容量瓶中，吸取该溶液 5.00 mL，再稀释到 100 mL。取稀释液，用 2 cm 的吸收池在 310 nm 处进行吸光度测定，欲使吸光度为 0.350，需称样多少克？［摩尔吸光系数 ε=6130 L·mol^{-1}·cm^{-1}，摩尔质量 M=327.8 g·mol^{-1}。］

模块九
原子吸收光谱法

📖 模块说明

原子吸收光谱法（atomic absorption spectrometry，AAS），又称原子吸收分光光度法，是利用气态原子可以吸收一定波长的光辐射，使原子中外层的电子从基态跃迁到激发态的现象而建立的。由于各种原子中电子的能级不同，将有选择性地共振吸收一定波长的辐射光，这个共振吸收波长恰好等于该原子受激发后发射光谱的波长，由此可作为元素定性的依据，而吸收辐射的强度可作为定量的依据。AAS 现已成为无机元素定量分析应用最广泛的一种分析方法。

原子吸收光谱法具有灵敏度高、检出限低（火焰法可达 $\mu g \cdot mL^{-1}$ 级）、准确度好（火焰法相对误差小于 1%）、选择性好（即干扰少）、分析速度快、应用范围广（火焰法可分析 70 多种元素，石墨炉法可分析 30 多种元素，氢化物发生法可分析 11 种元素）等优点。

该法主要适用样品中微量及痕量组分分析。

育心笃行：

绿水青山不仅是金山银山，也是人民群众健康的重要保障。重金属污染对我们的健康造成了威胁，有效的检测和治理是"绿水青山就是金山银山"理念的实践。

📖 学习目标

知识目标：

1. 了解原子吸收光谱法的特点和应用；
2. 熟悉原子吸收分光光度计结构及测定原理；
3. 掌握火焰、石墨炉法的定量分析方法。

能力目标：

1. 熟练原子吸收光谱法的样品处理、分析最佳条件选择等操作技术；
2. 熟悉原子吸收分光光度计的使用，熟练火焰法及石墨炉法的操作步骤；
3. 熟悉标准曲线法与标准加入法在实际样品分析中的应用。

素质目标：

1. 培养规范操作习惯及环保意识；
2. 培养科学的思维方法和严谨的科学作风；
3. 增强团队协作精神；
4. 树立和践行"绿水青山就是金山银山"的理念；
5. 提升分析问题和解决问题的能力。

茶叶中重金属含量的检测是 2021 年全国职业院校技能大赛农产品质量安全检测赛项的竞赛内容。

项目一　认识原子吸收光谱法

【案例导入】

有人对山东省大沂河水体中的铜、铅、镉、锌和汞五种重金属的浓度进行了检测。研究结果显示，该河流中铜、铅、镉和锌的最高浓度分别为 0.018 mg·L^{-1}、0.230 mg·L^{-1}、0.176 mg·L^{-1} 和 0.490 mg·L^{-1}，汞未检出。铅的含量超过国家 V 类水标准值十几倍，而镉的浓度超过了两倍左右。那么如何获取上面详细的数据呢？我们一起来了解原子吸收光谱法。

【知识探究】

一、原子吸收光谱法的特点和应用范围（难度系数：★★）

1. 灵敏度高，检出限低

火焰原子吸收光谱法的检出限每毫升可达 10^{-5} g 级；非火焰原子吸收光谱法的检出限可达每毫升 10^{-10} ～ 10^{-14} g 级。

2. 准确度好

火焰原子吸收光谱法测定中等和高含量元素的相对标准偏差可小于 1%，其测量精度已接近于经典化学方法。石墨炉原子吸收光谱法的测量精度一般为 3% ～ 5%。原子吸收光谱用样量小，火焰原子化器 3 ～ 6 mL，石墨炉原子化器 10 ～ 30 μL。

3. 选择性好

用原子吸收光谱法测定元素含量时，通常共存元素对待测元素干扰少，若实验条件合适，一般可以在不分离共存元素的情况下直接测定。

4. 操作简便，分析速度快

在准备工作做好后，一般几分钟即可完成一种元素的测定。若利用自动原子吸收光谱仪，可在 35 min 内连续测定 50 个试样中的 6 种元素。

5. 应用广泛

原子吸收光谱法被广泛应用于各领域中，它可以直接测定 70 多种金属元素，也可以用间接方法测定一些非金属和有机化合物。

6. 原子吸收法的局限性

分析不同的元素需要更换光源，不便于多元素的同时测定，虽有多元素灯销售，但使用中还存在不少问题；多数元素分析线位于紫外光波段，其强度弱，给测量带来一些困难；校准曲线范围窄，通常为一个数量级；存在背景吸收时比较麻烦，要正确扣除。不能测定共振线处于真空紫外区域的元素，如磷、硫等。

二、原子吸收光谱法的基本原理（难度系数：★★★★）

原子吸收光谱法的基本原理

原子吸收光谱法基于从光源发出的被测元素的特征辐射通过样品蒸气时，被待测元素基态原子吸收，由辐射的减弱程度求得样品中被测元素含量。在光源发射线的半宽度小于吸收线的半宽度（锐线光源）的条件下，光源的发射线通过一定厚度的原子蒸气，并被基态原子所吸收，吸光度与原子蒸气中待测元素的基态原子数的关系遵循朗伯-比尔定律：

$$A=KN_0L$$

式中，N_0 为单位体积基态原子数；L 为光程长度。

实际工作中，要求测定的是试样中待测元素的浓度 c_0，在确定的实验条件下，试样中待测元素浓度 c_0 与蒸气中原子总数 N_0 有确定的关系，其表达式为：

$$N_0=ac_0$$

式中，a 为比例常数。

得公式：

$$A=Kac_0L=K'c_0L$$

这就是原子吸收光谱法的基本公式。它表示在确定实验条件下，吸光度与试样中待测元素浓度呈线性关系。

三、原子吸收分光光度计的类型和组成部件（难度系数：★★★）

原子吸收分光光度计型号繁多，自动化程度也各不相同，有单光束型和双光束型两大类。其主要组成部分均包括光源、原子化器、单色器和检测系统，如图 9-1 所示。

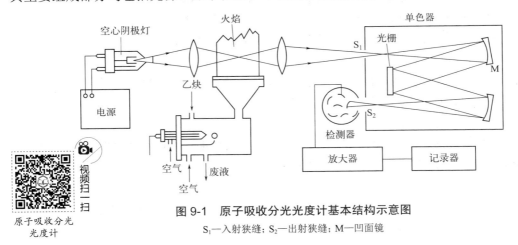

图 9-1　原子吸收分光光度计基本结构示意图
S_1—入射狭缝；S_2—出射狭缝；M—凹面镜

1. 光源

光源的作用是辐射待测元素的特征光谱。它应满足能发出比吸收线窄得多的锐线；有足够的辐射强度，稳定、背景小等特点。目前应用广泛的是空心阴极灯，其结构如图 9-2 所示。

它是一种锐线光源。灯管由硬质玻璃制成，一端由石英或玻璃制成光学窗口，两根钨棒封入管内，一根连接由钛、锆、钽等有吸气性能金属制成的阳极，另一根上镶有一个圆筒形的空心阴极。筒内衬上或熔入被测元素，管内充有几百帕低压载气，常用氖气或氩气。

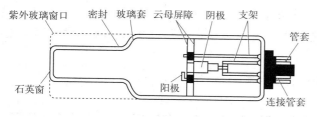

图 9-2　空心阴极灯

当在阴阳两极间加上电压时，气体发生电离，带正电荷的气体离子在电场作用下轰击阴极，使阴极表面的金属离子溅射出来，金属原子与电子、惰性气体的原子及离子碰撞激发而发出辐射。最后，金属原子又扩散回阴极表面而重新沉积下来。通常，改变空心阴极灯的电流可以改变灯的发射强度。

2. 原子化器

原子化器的作用是将试样中待测元素变成基态原子蒸气。常用原子化器有火焰原子化器和石墨炉原子化器等。

（1）火焰原子化器　火焰原子化器是利用化学火焰的燃烧热为待测元素的原子提供能量。火焰原子化器是最早也是最常用的原子化器，它操作简便、测定快速、精密度好。

① 火焰原子化器的结构。火焰原子化器由雾化器、雾化室和燃烧器 3 部分组成。雾化器的作用是将试样溶液雾化，使之成为微米级的湿气溶胶，如图 9-3 所示。当高压助燃气体由外管高速喷出时，在内管管口形成负压，试液由毛细管吸入并被高速气流分散成雾滴，当其从雾化器喷嘴喷出，进入雾化室时，将与喷嘴前的玻璃撞击球相撞，被进一步粉碎。

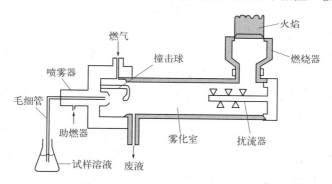

图 9-3　火焰原子化器结构示意图

雾化室（也称预混合室）的作用是使燃气、助燃气与试液的湿气溶胶在进入燃烧器头之前充分混合均匀，以减少它们进入火焰时对火焰的扰动；同时也使未被细化的较大雾滴在雾化室内凝结为液珠，沿室壁流入泄漏管内排走。可见火焰原子化效率低，试样利用率仅为 10% ～ 15%，这是影响火焰原子化方法测定灵敏度的因素之一。

燃烧器头是火焰燃烧的地方，通常用电子点火器将火焰点燃。试样随燃气、助燃气一起从燃烧器头的狭缝中喷出进入火焰，在火焰高温下被迅速干燥（去溶剂）、灰化、原子化。从光源发出的特征辐射平行穿过整个火焰，火焰中的基态原子对特征辐射产生吸收。

② 火焰的基本特性

a. 燃烧速率。燃烧速率是指火焰由着火点向可燃混合气其他点传播的速率。它影响火焰的安全操作和燃烧的稳定性。要使火焰稳定，可燃混合气体供气速率应大于燃烧速率。但供气速率过大，会使火焰离开燃烧器，变得不稳定，甚至吹灭火焰。供气速率过小将会引起回火。

b. 火焰温度。不同类型的火焰，其温度是不同的，见表 9-1。

表 9-1   几种常用火焰的燃烧特性

燃气	助燃气	最快燃烧速率 /(cm·s^{-1})	最高火焰温度 /℃	附注
乙炔	空气	158	2250	最常用火焰
乙炔	氧化亚氮	160	2700	用于测定难挥发和难原子化的物质
氢气	空气	310	2050	火焰透明度高，用于测定易电离元素
丙烷	空气	82	1920	用于测定易电离元素

c. 火焰的燃气与助燃气比例。火焰是由燃气（还原剂）和助燃气（氧化剂）在一起发生激烈的化学反应——燃烧而形成的，故也称为化学火焰。按照燃气与助燃气的混合比率（简称燃助比），可将火焰划分为 3 大类：化学计量火焰、富燃火焰、贫燃火焰。

化学计量火焰是指燃气与助燃气之比和化学反应计量关系相近，又称中性火焰。这类火焰温度高，稳定，背景低，适用于大多数元素的测定。

富燃火焰指燃气大于化学计量的火焰。其特点是燃烧不完全，火焰呈黄色，具有还原性，温度略低于化学计量火焰，适合于易形成难解离氧化物的元素测定，但背景高。

贫燃火焰指助燃气大于化学计量的火焰。特点是燃烧充分，火焰呈蓝色，有较强的氧化性，温度低于化学计量火焰，有利于测定易解离、易电离的元素，如碱金属等。

d. 几种常用的火焰。原子吸收测定中，最常用的火焰是乙炔 - 空气火焰。此外，还有氢气 - 空气火焰和乙炔 - 氧化亚氮火焰。

乙炔-空气火焰：燃烧稳定，重现性好，噪声低，燃烧速率不大，温度足够高（约 2300 ℃），对大多数元素有足够高的灵敏度，但它在短波紫外区有较大吸收。

氢气 - 空气火焰：氧化性火焰，燃烧速率较乙炔 - 空气火焰高，但温度低（约 2050 ℃），优点是背景发射较弱，透射性能较好。

乙炔－氧化亚氮火焰：优点是火焰温度高（约 2700 ℃），而燃烧速率并不快，是目前唯一获得广泛应用的高温化学火焰，适于难原子化元素的测定，用它可测定 70 多种元素。

（2）石墨炉原子化器   石墨炉原子化器是一种非火焰原子化装置，如图 9-4 所示。它是用电加热方法使试样干燥、灰化、原子化。试样用量只需几微升。为了防止试样及石墨管氧化，在加热时通入氮气或氩气，在这种气氛中有石墨提供大量碳，故能得到较好的原子化效率，特别是易形成耐熔氧化物的元素。其最大优点是注入的试样几乎完全原子化，故灵敏度高。缺点是基体干扰及背景吸收较大，测定重现性较火焰原子化器差。

其他原子化法：用化学反应进行原子化也是常用的方法。砷、硒、锡等元素通过化学反应，生成易挥发的氢化物，送入乙炔 - 空气火焰或电加热的石英管中使之原子化。

汞原子化可将试样中汞盐用 $SnCl_2$ 还原为金属汞。由于汞的挥发性，用氮气或氩气将汞蒸气带入气体吸收管进行测定。

3. 单色器

单色器由入射和出射狭缝、反射镜和色散元件组成，其作用是将被测元素所需要的共振

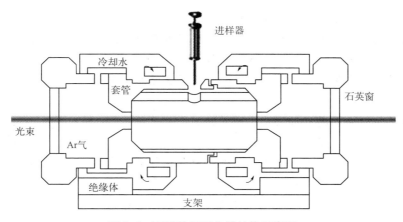

图9-4　石墨炉原子化器结构示意图

吸收线分离出来。单色器的关键部件是色散元件，现在仪器都采用光栅。原子吸收分光光度计对单色器的分辨率要求不高，能分开 Mn 279.5 nm 和 Mn 279.8 nm 即可。光栅放置在原子化器之后，以阻止来自原子化器内的所有不需要的辐射进入检测器。

4. 检测系统

原子吸收分光光度计的检测系统是由光电转换器、放大器和显示器组成的，它的作用就是把单色器发出的光信号转换为电信号，经放大器放大后以透射比或吸光度的形式显示出来。原子吸收分光光度计中广泛使用的检测器是光电倍增管（PMT），近年来，一些仪器也采用电荷耦合器件（CCD）和电荷注入器件（CID）作为检测器。

【思考与练习】

资料扫一扫
我国原子吸收分析化学家黄本立院士

资料扫一扫
原子吸收分光光度计的使用要求和维护

一、选择题

1. 原子吸收分析属于（　　）。

A. 紫外吸收　　　　　　　B. 分子吸收

C. 原子吸收　　　　　　　D. 红外吸收

2. 原子吸收分光光度计的结构中一般不包括（　　）。

A. 空心阴极灯　　　　B. 原子化系统　　　　C. 分光系统　　　　D. 进样系统

3. 原子化器的作用是（　　）。

A. 将样品中的待测元素转化为基态原子　　　B. 点火产生高温使元素电离

C. 蒸发掉溶剂，使样品浓缩　　　　　　　　D. 发射线光谱

4. 在原子吸收分析中，下列火焰组成的温度最高的是（　　）。

A. 空气 - 煤气　　　　B. 空气 - 乙炔　　　　C. 氧气 - 氢气　　　　D. 笑气 - 乙炔

5. 使用空心阴极灯不正确的是（　　）。

A. 预热时间随灯元素的不同而不同，一般在 20 ～ 30 min

B. 低熔点元素灯要等冷却后才能移动

C. 长期不用，应每隔半年在工作电流下 1h 点燃处理

D. 测量过程中不要打开灯室盖

二、判断题

1. 原子吸收法是根据基态原子和激发态原子对特征波长吸收而建立起来的分析方法。（　　）

2. 原子吸收光谱是带状光谱，而紫外 - 可见光谱是线状光谱。（　　）

3. 原子吸收光谱是由气态物质中激发态原子的外层电子跃迁产生的。（　　）

4. 原子吸收分光光度计的光源是连续光源。（　　）

5. 原子吸收分光光度计中的单色器是放在原子化系统之前的。（　　）

三、问答题

1. 原子吸收光谱法的特点和应用范围是什么？

2. 空心阴极灯为什么发出的是锐线光？

3. 原子吸收光谱法和可见分光光度法相比有什么异同？

4. 什么是原子化？常用哪些原子化方法？

5. 原子吸收分光光度计的组成部件包括哪些？

项目二　掌握原子吸收光谱分析实验技术

【案例导入】

重金属如铅、镉、汞等对人体健康有害。原子吸收光谱法可以准确地测定食品中这些重金属的含量。例如，检测大米中镉的含量。将大米样品经过消解处理后，使其中的镉转化为可溶于溶液的形态。然后，将溶液引入原子吸收光谱仪中，通过镉元素的特征吸收线来定量分析镉的含量。这样的检测可以确保食品中重金属含量符合安全标准，保障消费者的健康。

这只是原子吸收光谱法在生活中的一个应用案例，实际上，它在环境监测、医药、化工等领域也有广泛的应用。

【知识探究】

一、试样的制备及标准样品溶液的配制（难度系数：★★★）

1. 试样的制备

（1）取样　试样制备的第一步是取样，取样要有代表性，取样量大小要适当。取样量过小，不能保证必要的测定精度和灵敏度；取样量太大，增加了工作量和试剂的消耗量。取样量大小取决于试样中的被测元素的含量、分析方法和所要求的测量精度。

样品在采样、包装、运输、碎样等过程中要防止污染，污染是限制灵敏度和检出限的重要原因之一。污染主要来源于容器、大气、水和所用试剂。如用橡皮布、磁漆和颜料对固体样品编号时，可能引入 Zn、Pb 等元素；利用碎样机碎样时，可能引入 Fe、Mn 等元素；使用玻璃、玛瑙等制成的研钵制样，可能会引入 Si、Al、Ca、Mg 等元素。对于痕量元素还要考虑大气污染。在普通的化验室中，空气中常含有 Fe、Ca、Mg、Si 等元素，而大气污染一般很难校正。样品通过加工制成分析试样后，其化学组成必须与原始样一致。样品存放的容器材质要根据测定要求而定，对不同容器应采取各自合适的洗涤方法洗净。无机样品溶液应置于聚氯乙烯容器中，并维持必要的酸度，存放于清洁、低温、阴暗处；有机试样存放时应避免与塑料、胶木瓶盖等物质直接接触。

（2）样品预处理　原子吸收光谱分析通常是溶液进样，被测样品需要事先转化为溶液样品。其处理方法与通常的化学分析相同，要求试样分解完全，在分解过程中不引入杂质和造成待测组分的损失，所用试剂及反应产物对后续测定无干扰。

① 样品溶解。对无机试样，首先考虑能否溶于水，若能溶于水，应首选去离子水为溶剂来溶解样品，并配成合适的浓度范围。若样品不能溶于水则考虑用稀酸、浓酸或混合酸处理后配成合适浓度的溶液。常用的酸是 HCl、H_2SO_4、H_3PO_4、HF、HNO_3、$HClO_4$。H_3PO_4常与 H_2SO_4 混合用于某些合金试样的溶解；HF 常与另一种酸生成氟化物而促进溶解。对于用酸不能溶解或溶解不完全的样品采用熔融法。熔剂的选择原则是：酸性试样用碱性熔剂，碱性试样用酸性熔剂。常用的酸性熔剂有 $NaHSO_4$、$KHSO_4$、$K_2S_2O_7$、酸性氟化物等。常用的碱性熔剂有 Na_2CO_3、K_2CO_3、NaOH、Na_2O_2、$LiBO_2$（偏硼酸锂）、$Li_2B_4O_7$（四硼酸锂），其中偏硼酸锂和四硼酸锂应用广泛。

② 样品的灰化。灰化又称消化，灰化处理可除去有机物基体。灰化处理分为干法灰化和湿法消化两种。

a. 干法灰化。干法灰化是在较高温度下，用氧来氧化样品。具体做法是：准确称取一定量样品，放在石英坩埚或铂坩埚中，于 80～150 ℃低温加热，除去大量有机物，然后放于高温炉中，加热至 450～550 ℃进行灰化处理。冷却后再将灰分用 HNO_3、HCl 或其他溶剂进行溶解。如有必要则加热溶液以使残渣溶解完全，最后转移到容量瓶中，稀释至标线。干法灰化技术简单，可处理大量样品，一般不受污染。广泛用于无机物分析前破坏样品中有机物。这种方法不适于易挥发元素，如 Hg、As、Pb、Sn、Sb 等的测定，因为这些元素在灰化过程中损失严重。对于 Bi、Cr、F、Ni、V 和 Zn 来说，在一定条件下可能以金属、氯化物或有机金属化合物形式而损失掉。

干法灰化有时可加入氧化剂帮助灰化。在灼烧前加少量盐溶液润湿样品，或加几滴酸，或加入纯 $Mg(NO_3)_2$、醋酸盐作灰化基体，可加速灰化过程和减少某些元素的挥发损失。

已有一种低温干法灰化技术，它是在高频磁场中通入氧，氧被活化，然后将这种活化氧通过被灰化的有机物上方，可以使其在低于 100 ℃的温度下氧化。这种技术优点是能保留样品的形态，并减少样品的挥发造成的损失，从容器或大气中引入的污染也较少。

b. 湿法消化。湿法消化是在样品升温下用合适的酸加以氧化。最常用的氧化剂是 HNO_3、H_2SO_4 和 $HClO_4$，它们可以单独使用也可以混合使用，如 HNO_3+HClO_4、HNO_3+HClO_4 和 $HNO_3+H_2SO_4$ 等，其中最常用的混合酸是 $HHNO_3+H_2SO_4+HClO_4$（体积比为 3:1:1）。湿法消化样品损失少，不过 Hg、Se、As 等易挥发元素不能完全避免。湿法消化时由于加入试剂，故污染可能性比干法灰化大，而且需要小心操作。

目前，微波消解法已被广泛采用。无论是地质样品，还是有机样品，微波消解均可获得满意结果。采用微波消解法，可将样品放在聚四氟乙烯罐中，于专用微波炉中加热。这种方法样品消解快、分解完全、损失少，适合大批量样品的处理工作，适合微量、痕量元素的测定。

塑料类和纺织类样品的溶解，应根据样品性质合理选择方法。如聚苯乙烯、乙醇纤维、乙醇丁基纤维可溶于甲基异丁基酮，聚丙烯酯可溶于二甲基甲酰胺，聚碳酸酯、聚氯乙烯可溶于环己酮，聚酰胺（尼龙）可溶于甲醇，聚酯也可溶于甲醇，羊毛可溶于质量浓度为 50 $g·L^{-1}$ 的 NaOH 中，棉花和纤维可溶于质量分数为 12% 的 H_2SO_4 中。

（3）被测元素的分离与富集　分离共存干扰组分同时使被测组分得到富集是提高痕量组分测定相对灵敏度的有效途径。目前常用的分离与富集方法有沉淀和共沉淀法、萃取法、离子交换法、浮选分离富集技术、电解预富集技术及应用泡沫塑料、活性炭等的吸附技术。其中应用较普遍的是萃取和离子交换法。

2. 标准样品溶液的配制

标准样品的组成要尽可能接近未知试样的组成。配制标准溶液通常使用各元素合适的盐类来配制，当没有合适的盐类可供使用时，也可直接溶解相应的高纯（99.99%）金属丝、棒、片于合适的溶剂中，然后稀释成所需浓度范围的标准溶液，但不能使用海绵状金属或金属粉末来配制。金属在溶解之前，要磨光并用稀酸清洗，以除去表面氧化层。

非水标准溶液可将金属有机物溶于适宜的有机溶剂中配制（或将金属离子转变成可萃取化合物），用合适的溶剂萃取，通过测定水相中的金属离子含量间接加以标定。

所需标准溶液的浓度在低于 $0.1 \ mg \cdot mL^{-1}$ 时，应先配成比使用的浓度高 $1 \sim 3$ 个数量级的浓溶液（大于 $11 \ mg \cdot mL^{-1}$）作为储备液，然后经稀释配成。储备液配制时一般要维持一定酸度，以免器皿表面吸附。配好的储备液应贮于聚四氟乙烯、聚乙烯或硬质玻璃容器中。浓度很小（小于 $1 \ \mu g \cdot mL^{-1}$）的标准溶液不稳定，使用时间不应超过 $1 \sim 2$ 天。

表 9-2 列出了常用储备标准溶液的配制方法。

表 9-2　常用储备标准溶液的配制方法

金属	基准物	配制方法（浓度 $1 \ mg \cdot mL^{-1}$）
Ag	金属银（99.99%）	溶解 1.000 g 银于 20 mL（1+1）硝酸中，用水稀释至 1 L
	$AgNO_3$	溶解 1.575 g 硝酸银于 50 mL 水中，加 10 mL 浓硝酸，用水稀释至 1 L
Au	金属金	将 0.1000 g 金溶解于数毫升王水中，在水浴上蒸干，用盐酸和水溶解，稀释到 100 mL，盐酸浓度约 $1 \ mol \cdot L^{-1}$
Ca	$CaCO_3$	将 2.4972 g 在 110 ℃烘干过的碳酸钙溶于 1:4 硝酸中，用水稀释至 1 L
Cd	金属镉	溶解 1.000 g 金属镉于（1+1）硝酸中，用水稀释到 1 L
Co	金属钴	溶解 1.000 g 金属钴于（1+1）盐酸中，用水稀释至 1 L
Cr	$K_2Cr_2O_7$	溶解 2.829 g 重铬酸钾于水中，加 20 mL 硝酸，用水稀释至 1 L
	金属铬	溶解 1.000 g 金属铬于（1+1）盐酸中，加热使之溶解完全，冷却，用水稀释至 1 L

标准溶液的浓度下限取决于检出限，从测定精度的观点出发，合适的浓度范围应该是在能产生 $0.2 \sim 0.8$ 单位吸光度或 $15\% \sim 65\%$ 透射比之间的浓度。

二、定量分析方法（难度系数：★★★）

1. 工作曲线法

工作曲线法也称标准曲线法，它与紫外 - 可见分光光度法的工作曲线法相似，关键都是绘制一条工作曲线。其方法是：先配制一组浓度合适的标准溶液，在最佳测定条件下，由低浓度到高浓度依次测定它们的吸光度，然后以吸光度 A 为纵坐标，标准溶液浓度为横坐标，绘制吸光度（A）- 浓度（c）的工作曲线。

用与绘制工作曲线相同的条件测定样品的吸光度，利用工作曲线以内插法求出被测元素的浓度。为了保证测定的准确度，测定时应注意以下几点。

① 标准溶液与试液的基体（指溶液中除待测组分外的其他成分的总体）要相似，以消除"基体效应"。标准溶液浓度范围应将试液中待测元素的浓度包括在内。浓度范围大小应以获得合适的吸光度读数为准。

② 随着时间的变化仪器条件会发生微小变化，导致吸光度信号的变化。因此，标准系列溶液与样品溶液的吸光度应在同一时段内测量。

③ 如果样品数量很大，应该观察标准溶液的吸光度是否发生明显变化，如果发生明显变化则应重新进行标准系列斜率校正，或者分段进行测定。

④ 如果样品溶液吸光度超过标准系列最高浓度吸光度，则应稀释样品溶液到标准系列内再重新测定。

⑤ 测定过程中要吸喷去离子水或空白溶液来校正零点漂移。如果个别样品吸光度特别高，在测定后也应该吸喷去离子水至吸光度回到零后，再进行下一个样品测定。

⑥ 个别测定数据如果变动大，应重新测定。

工作曲线法简单、快速，适于组成较简单的大批样品分析。

2. 标准加入法

当试样中共存物不明或基体复杂而又无法配制与试样组成相匹配的标准溶液时，使用标准加入法进行分析是合适的。

标准加入法具体操作方法是：吸取试液四份以上，第一份不加待测元素标准溶液，第二份开始，依次按比例加入不同量待测组分标准溶液，用溶剂稀释至同一体积，以空白为参比，在相同测量条件下，分别测量各份试液的吸光度，绘出工作曲线，并将它外推至浓度轴，则在浓度轴上的截距，即为未知浓度 c_x，使用标准加入法时应注意下面几个问题。

① 相应的标准曲线应是一条通过坐标原点的直线，待测组分的浓度应在此线性范围之内。

② 第二份中加入的标准溶液的浓度与试样的浓度应当接近（可通过试样品和标准溶液比较两者的吸光度来判断），以免曲线的斜率过大或过小，给测定结果引入较大的误差。

③ 为了保证能得到较为准确的外推结果，至少要采用四个点来制作外推曲线。标准加入法可以消除基体效应带来的影响，并在一定程度上消除了化学干扰和电离干扰，但不能消除背景干扰。因此只有在扣除背景之后，才能得到待测元素的真实含量，否则将使测量结果偏高。

3. 稀释法

稀释法实质是标准加入法的一种形式。设体积为 V_s 的待测元素标准溶液的浓度为 c_s。测得吸光度为 A_s，然后往该溶液中加入浓度为 c_x 的样品溶液 V_x，测得混合液的吸光度为 $A_{(s+x)}$，则 c_x 为

$$c_x = \frac{\left[A_{(s+x)}(V_x + V_s) - A_s V_s \right] c_s}{A_s V_s}$$

如果两次测量都很准确，则这一方法是快速易行的。因为无需单独测定样品溶液，此方法所用样品溶液的体积可比标准加入法少。对于高含量样品溶液，亦无需稀释，直接加入即可进行测定，简化了操作过程。

4. 内标法

内标法是指将一定量试液中不存在的元素 N 的标准物质加到一定试液中进行测定的方法，所加入的这种标准物质称为内标物质或内标元素。内标法与标准加入法的区别就在于前者所加入标准物质是试液中不存在的；而后者所加入的标准物质是待测组分的标准溶液，是试液中存在的。

内标法具体操作是：在一系列不同浓度的待测元素标准溶液及试液中依次加入相同量的

内标元素 N，稀释至同一体积。在同一实验条件下，分别在内标元素及待测元素的共振吸收线处，依次测量每种溶液中待测元素 M 和内标元素 N 的吸光度 A_M 和 A_N，并求出它们的比值 A_M/A_N，再绘制 A_M/A_N-c_M 的内标工作曲线。

由待测试液测出 A_M/A_N 的比值，在内标工作曲线上用内插法查出试液中待测元素的浓度并计算试样中待测元素的含量。

在使用内标法时要注意选择好内标元素。该方法要求所选用内标元素在物理及化学性质方面应与待测元素相同或相近；内标元素加入量应接近待测元素的量。在实际工作中往往是通过试验来选择合适的内标元素和内标元素量。内标法仅适用于双道或多道仪器，单道仪器上不能用。内标法的优点是能消除物理干扰，还能消除实验条件波动而引起的误差。

三、原子吸收光谱分析的灵敏度、检出限和回收率（难度系数：★★★★★）

原子吸收光谱分析中，常用灵敏度、检出限和回收率对定量分析方法及测定结果进行评价。

1. 灵敏度

根据国际纯粹与应用化学联合会（IUPAC）的规定，灵敏度定义为校正曲线 $A=f(c)$ 的斜率，它表示当被测元素浓度或含量改变一个单位时吸光度的变化量。S 越大，表示灵敏度越高。其数学表达式为：

$$S=dA/dc \text{ 或 } S=dA/dm$$

式中，A 为吸光度；c 为待测元素浓度；m 为待测元素质量。

灵敏度用于检验仪器的固有性能和估计最适宜的测量范围及取样量。测试灵敏度的通常方法是选择最佳测量条件和一组浓度合适的标准溶液，测量其吸光度值，作一条标准溶液，测量其吸光度值，作一条标准溶液浓度 - 吸光度校正曲线，求其斜率，计算其灵敏度值。

在火焰原子吸收分析中，通常习惯于用能产生 1% 吸收（即吸光度值为 0.0044）时所对应的待测溶液浓度（$\mu g \cdot mL^{-1}$）来表示分析的灵敏度，称为特征浓度（C_0），然后按下式计算：

$$C_0 = \frac{c \times 0.0044}{A}$$

式中　C_0——特征浓度，$\mu g \cdot mL^{-1}$/1%；

　　　c——被测溶液质量浓度，$\mu g \cdot mL^{-1}$；

　0.0044——1% 吸收的吸光度；

　　　A——测得的溶液吸光度。

2. 检出限

由于灵敏度没有考虑仪器噪声的影响，故不能作为衡量仪器最小检出量的指标。检出限可用于表示能被仪器检出的元素的最小浓度或最小质量。

根据 IUPAC 规定，将检出限定义为，能够给出 3 倍于空白标准偏差的吸光度时，所对应的待测元素的浓度或质量。可用下式进行计算：

$$D_c = \frac{c \times 3\sigma}{A} \qquad \sigma = \sqrt{\frac{\sum(x_i - \bar{x})^2}{n-1}}$$

式中　D_c——相对检出限，$\mu g \cdot mL^{-1}$；

　　　c——被测溶液质量浓度，$\mu g \cdot mL^{-1}$；

　　　A——测得的溶液吸光度；

σ——空白溶液测量的标准偏差；

x_i——空白溶液单次测量的吸光度；

$\bar{x}$——空白溶液多次平行测量的平均吸光度；

n——测定次数（$n \geqslant 10$）。

检出限取决于仪器稳定性，并随样品基体的类型和溶剂的种类不同而变化。信号的波动来源于光源、火焰及检测器噪声，因而不同类型仪器的检测器可能相差很大。两种不同元素可能有相同的灵敏度，但由于每种元素光源噪声、火焰噪声及检测器噪声等不同，检出限就可能不一样。因此，检出限是仪器性能的一个重要指标。待测元素的存在量只有高出检出限，才可能可靠地将有效分析信号与噪声信号分开。"未检出"就是待测元素的量低于检出限。

3. 回收率

进行原子吸收分析实验时，通常需要测出所用方法的待测元素的回收率，以此评价方法的准确度和可靠性。回收率的测定可采用下面两种方法。

（1）利用标准物质进行测定　将已知含量的待测元素标准物质，在与试样相同条件下进行预处理，在相同仪器及相同操作条件下，以相同定量方法进行测量，求出标样中待测组分的含量，则回收率为测定值与真实值之比，即回收率＝含量测定值／含量真实值。此法简便易行，但多数情况下，含量已知的待测元素标样不易得到。

（2）利用标准加入法测定　在给定的实验条件下，先测定未知试样中待测元素的含量，然后在一定量的该试样中，准确加入一定量待测元素，以同样方法进行样品处理，在同样条件下，测定其中待测元素的含量，则回收率等于加标样测定值与未加标样测定值之差与标样加入量之比，显然回收率愈接近 1，则方法的可靠性就愈高。

【思考与练习】

色谱 - 原子吸
收联用技术

一、选择题

1. 下列关于原子吸收光谱法说法正确的是（　　　）。

A. 原子吸收光谱分析中的吸光物质是溶液中的分子或离子

B. 原子吸收光谱法可以同时测定多个元素，使用方便

C. 原子吸收光谱法的准确度好，与经典化学分析方法相近

D. 原子吸收光谱是带状光谱

2. 下列不属于原子吸收分光光度计组成部分的是（　　　）。

A. 光源　　　　　　　　B. 单色器　　　　　　　C. 吸收池　　　　　　　D. 检测器

3. 原子吸收分光光度计中最常用的光源为（　　　）。

A. 空心阴极灯　　　　　B. 无极放电灯　　　　　C. 蒸气放电灯　　　　　D. 氢灯

4. 原子吸收光谱是（　　　）。

A. 带状光谱　　　　　　B. 线性光谱　　　　　　C. 宽带光谱　　　　　　D. 分子光谱

5. 消除物理干扰常用的方法是（　　　）。

A. 配制与被测试样相似组成的标准样品　　　　B. 标准加入法或稀释法

C. 化学分离　　　　　　　　　　　　　　　　D. 使用高温火焰

二、判断题

1. 无机样品溶液存放时，放在任何材质的容器中都可以，只要保持低温环境即可。（　　　）

2. 标准加入法可以消除所有干扰，从而准确测定待测元素含量。（　　　）

3. 在火焰原子吸收分析中，特征浓度是指能产生5%吸收时所对应的待测溶液浓度。（　　）

4. 采用微波消解样品法只能处理地质样品，对有机样品不适用。（　　）

5. 灵敏度和检出限都能衡量仪器的最小检出量，二者含义相同。（　　）

三、问答题

1. 在试样制备的取样环节，为何要严格控制取样量？

2. 样品预处理中，干法灰化和湿法消化各有什么优缺点？

3. 原子吸收分析中，灵敏度和检出限的定义分别是什么？它们有何区别？

4. 工作曲线法和标准加入法在应用场景上有何不同？

5. 简述利用标准加入法测定回收率的步骤及回收率的意义。

项目三　原子吸收光谱法的应用

【案例导入】

原子吸收光谱法是一种基于原子对光的吸收来测量元素含量的分析技术。它具有灵敏度高、选择性好、操作简便等优点，被广泛应用于各个领域。

在环境监测方面，原子吸收光谱法可以用来检测水、土壤和空气中的重金属污染。通过测量这些样品中特定重金属元素的吸收光谱，可以快速准确地确定它们的含量，为环境保护提供重要的数据支持。

在化学分析领域，原子吸收光谱法常用于测定金属元素的含量。它可以准确测量各种样品中的微量金属元素，如食品、药品、化妆品等。这对于确保产品质量、安全和合规性非常重要。

在材料科学中，原子吸收光谱法可以用于研究金属材料的组成和结构。通过分析材料中的元素含量和分布，可以深入了解材料的特性和性能，为材料研发和改进提供指导。

此外，原子吸收光谱法还在生物医学、地质勘探等领域有着广泛的应用。它为科学研究、工业生产和环境保护等提供了一种重要的分析手段。

【知识探究】

一、重金属及其危害

重金属指相对密度大于4或5的金属，约有45种，如铜、铅、锌、铁、钴、镍、锰、镉、汞、钨、钼、金、银等。尽管锰、铜、锌等重金属是生命活动所需要的微量元素，但是大部分重金属如汞、铅、镉等并非生命活动所必需，而且所有重金属超过一定浓度都对人体有害。从环境污染方面，重金属是指汞、镉、铅以及"类金属"砷等生物毒性显著的重金属。对人体毒害最大的有5种：铅、汞、砷、镉、铬。这些重金属在水中不能被分解，人饮用后毒性放大，与水中的其他毒素结合生成毒性更大的有机物。

重金属一般以天然浓度广泛存在于自然界中，但由于人类对重金属的开采、冶炼、加工及商业制造活动日益增多，造成不少重金属如铅、汞、镉等进入大气、水、土壤中，引起严重的环境污染。以各种化学状态或化学形态存在的重金属，在进入环境或生态系统后就会存留、积累和迁移，造成危害。如随废水排出的重金属，即使浓度小，也可在藻类和底泥中积累，被鱼和贝的体表吸附，产生食物链浓缩，从而造成公害。

二、火焰原子吸收光谱法测定茶叶中的铅（难度系数：★★★★）

1. 样品的前处理

（1）湿法消解　称取固体试样 0.2～3 g（精确至 0.001 g）或准确移取液体试样 0.50～5.00 mL 于带刻度消化管中，加入 10 mL 硝酸和 0.5 mL 高氯酸，在可调式电热炉上消解（参考条件：初始温度 120 ℃，保持 0.5～1h；升至 180 ℃，保持 2～4h；最后升至 200～220 ℃）。若消化液呈棕褐色，再加少量硝酸，消解至冒白烟，消化液呈无色透明或略带黄色，取出消化

火焰原子吸收
光谱法测定茶
叶中的铅

管，冷却后用水定容至 10 mL，混匀备用，同时做试剂空白试验。亦可采用锥形瓶，于可调式电热板上，按上述操作方法进行湿法消解。

（2）微波消解　称取固体试样 0.2～0.8 g（精确至 0.001 g）或准确移取液体试样 0.50～3.00 mL 于微波消解罐中，加入 5 mL 硝酸，按照微波消解的操作步骤消解试样。消解条件：微波消解采用程序升温，先设定温度 120 ℃，恒温 5 min；再设定 160 ℃，恒温 10 min；最后设定 180 ℃，恒温 10 min。冷却后取出消解罐，在电热板上于 140～160 ℃ 赶酸至 1 mL 左右。消解罐放冷后，将消化液转移至 10 mL 容量瓶中，用少量水洗涤消解罐 2～3 次，合并洗涤液于容量瓶中并用水定容至刻度，混匀备用，同时做试剂空白试验。

（3）压力罐消解　称取固体试样 0.2～1 g（精确至 0.001 g）或准确移取液体试样 0.50～5.00 mL 于消解内罐中，加入 5 mL 硝酸。盖好内盖，旋紧不锈钢外套，放入恒温干燥箱，于 140～160 ℃下保持 4～5 h。冷却后缓慢旋松外罐，取出消解内罐，放在可调式电热板上于 140～160 ℃ 赶酸至 1 mL 左右。冷却后将消化液转移至 10 mL 容量瓶中，用少量水洗涤内罐和内盖 2～3 次，合并洗涤液于容量瓶中并用水定容至刻度，混匀备用，同时做试剂空白试验。

2. 茶叶中重金属铅含量测定的原理和目标

（1）测定原理　试样经处理后，铅离子在一定 pH 条件下与二乙基二硫代氨基甲酸钠（DDTC）形成配合物，经 4-甲基-2-戊酮（MIBK）萃取分离，导入原子吸收光谱仪中，经火焰原子化，在 283.3 nm 处测定吸光度。在一定浓度范围内铅的吸光度值与铅含量成正比，与标准系列比较定量。

茶叶中的铅含
量测定原理

（2）达成目标

① 独立完成单火焰原子吸收分光光度计的操作，包括开关气体、点火、仪器参数的正确设置。

② 正确移取溶液并正确操作分液漏斗，完成标准溶液和样品中铅的萃取。

③ 绘制标准曲线，完成样品中铅含量的测定并处理数据。

3. 仪器设备、试剂清单

主要设备	原子吸收分光光度计（单火焰，配备 Pb 空心阴极灯），计算机
	电子天平（感量 0.0001 g）
玻璃器皿	容量瓶（50 mL）；锥形瓶（250 mL）；烧杯
	吸量管（1 mL、2 mL、5 mL、10 mL）
	分液漏斗（125 mL）；具塞刻度管（10 mL）

续表

药品与试剂	硫酸铵溶液（300 g·L⁻¹）、柠檬酸铵（250 g·L⁻¹）
	硝酸铅标准品、铅标准储备液（100 μg·mL⁻¹）、消解样品溶液、空白液
	溴百里酚蓝水溶液（1 g·L⁻¹）、1：1 氨水
	DDTC（50 g·L⁻¹）；MIBK
	去离子水

4. 参数设置

空压机调出口压力为 0.2 ～ 0.25 MPa，乙炔调出口压力为 0.05 ～ 0.07 MPa；波长（nm）：283.31；光谱带宽（nm）：0.4；负高压（V）：387.00；灯电流（mA）：2.0；灯元素：Pb；燃气流量（mL·min⁻¹）：1200；燃烧器高度（mm）：12；燃烧器位置（mm）：0.0。

5. 茶叶样品中铅含量的测定

（1）样品称量　用称量纸称取（2.0000±0.0050）g 茶叶样品 1 份，及时填写样品称量记录单。

（2）试样准备　采用湿法消解，制备 3 份消解液和 1 份试剂空白液。

（3）萃取分离

① 分别准确吸取样品消解液及试剂空白液 10 mL，置于 125 mL 分液漏斗中，补加水至 60 mL。

② 准确加入 2 mL 柠檬酸铵溶液，加入溴百里酚蓝水溶液 3 ～ 5 滴，用氨水调 pH 至溶液由黄变蓝，准确加入硫酸铵溶液 10 mL，DDTC 溶液 10 mL，摇匀。

③ 放置 5 min 左右，准确加入 10 mL MIBK，剧烈振摇提取 1 min，静置分层后，弃去水层，将 MIBK 层放入 10 mL 具塞刻度管中，备用。

④ 将铅标准储备液（100 μg·mL⁻¹）稀释到 10 μg·mL⁻¹。

⑤ 分别吸取铅标准使用液（10 μg·mL⁻¹）0.00 mL、1.00 mL、2.00 mL、3.00 mL、4.00 mL、5.00 mL（相当于 0.0 μg、10.0 μg、20.0 μg、30.0 μg、40.0 μg、50.0 μg 铅）于 125 mL 分液漏斗中，与试样相同方法萃取。

（4）上机测定

① 参数设定，选择检测使用灯，并预热 30 min，进行样品检测参数和样品设置。

② 点火，空压机调出口压力为 0.2 ～ 0.25 MPa，乙炔调出口压力为 0.05 ～ 0.07 MPa。

③ 标准溶液测定。

④ 试剂空白和样品测定，保存数据。

⑤ 关气并关闭仪器。

（5）结果处理

$$x=(m_1-m_0)/m_2$$

式中　x——试样中铅的含量，mg·kg⁻¹ 或 mg·L⁻¹；

m_1——试样溶液中铅的质量，μg；

m_0——空白溶液中铅的质量，μg；

m_2——试样称样量或移取体积，g 或 mL。

以重复性条件下获得的两次独立测定结果的算术平均值表示最终结果。当铅含量 ≥ 10.0 mg·kg⁻¹（或 mg·L⁻¹）时，计算结果保留三位有效数字；当铅含量 <10.0 mg·kg⁻¹

（或 mg·L^{-1}）时，计算结果保留两位有效数字。

（6）误差分析

消化样 RSD 计算公式：

$$RSD = \frac{\sqrt{\dfrac{\sum\limits_{i=1}^{n}\left(x_i - \bar{x}\right)^2}{n-1}}}{\bar{x}} \times 100\%$$

式中　$\bar{x}$——三份消解液中铅含量平均值，mg·kg^{-1}；

　　　　n——平行样品个数，为3；

　　　　x_i——每个平行样品中铅含量，mg·kg^{-1}。

（7）评分标准

项目	考核内容		考核知识点/技能点	分值
茶叶中重金属铅含量的检测	样品预处理	样品称重	分析天平的使用	5
		标样稀释	移液管的使用；容量瓶的使用	15
		萃取分离	分液漏斗的使用	20
	上机测量		单火焰原子吸收分光光度计的操作：开关气体和点火；软件操作、参数设置；标样、样品液和空白液的进样；测量数据的正确读取	20
	数据处理		原始数据记录规范；标准曲线的制作；数据计算方法；数据修约原则；精密度；准确度	30
	规范与安全		着装规范；标识规范；文明操作规范；安全操作规范	10

【思考与练习】

一、选择题

1.现代原子吸收分光光度计分光系统的组成主要是（　　　　）。

A. 棱镜＋凹面镜＋狭缝　　　　　　　B. 光栅＋凹面镜＋狭缝

C. 光栅＋平面反射镜＋狭缝　　　　　D. 光栅＋透镜＋狭缝

资料扫一扫

重金属检测治理，
还绿水青山

2.富燃火焰的特点是其具有（　　　　）。

A. 氧化性　　　　　　　　　　　　　B. 还原性

C. 中性　　　　　　　　　　　　　　D. 稳定性

3. 火焰原子吸收分光光度法常用的燃气和助燃气为（　　　　）。

A. 乙炔 - 空气　　　　　　　　　　　B. 氢气 - 空气

C. 氮气 - 空气　　　　　　　　　　　D. 氩气 - 空气

资料扫一扫

石墨炉原子吸收
光谱法的应用

4. 下列关于原子吸收光谱法操作描述正确的是（　　　　）。（多选）

A. 打开灯电源开关后，应慢慢将电流调至规定值

B. 空心阴极灯如长期搁置不用，将会因漏气、气体吸附等原因而不能正常使用，甚至不能点燃，所以每隔3～4个月，应将不常用的灯通电点燃2～3h，以保持灯的性能并延长其使用寿命

C. 取放或装卸空心阴极灯时，应拿灯座，不要拿灯管，更不要碰灯的石英窗口，以防止灯管破裂或窗口被污染，导致光能量下降

D. 空心阴极灯一旦打碎，阴极物质暴露在外面，为了防止阴极材料上的某些有害元素影响人体健康，应按规定对有害材料进行处理，切勿随便乱丢

5. 导致原子吸收分光光度计噪声过大的原因中不正确的是（   ）。（多选）

A. 电压不稳定

B. 空心阴极灯有问题

C. 灯电流、狭缝、乙炔气和助燃气流量的设置不适当

D. 实验室附近有磁场干扰

二、判断题

1. 在原子吸收分光光度分析中，如果待测元素与共存物质生成难挥发性的化合物则会产生负误差。（   ）

2. 原子光谱理论上是线光谱，原子吸收峰具有一定宽度的原因主要是光栅的分光能力不够。（   ）

3. 原子吸收分光光度法测定茶叶中铅含量时，相对于火焰法，石墨炉原子化灵敏度低、重现性好。（   ）

4. 原子吸收线变宽主要是由自然变宽所导致的。（   ）

5. 在进行原子吸收分光光度法测定重金属元素之前，要先对样品进行消解，以除去有机成分。（   ）

三、计算题

1. 测定某样品中的铜含量，称取样品 0.9986 g，经化学处理后，移入 250 mL 容量瓶中，以蒸馏水稀释至标线，摇匀。喷入火焰，测出其吸光度为 0.320，从工作曲线中查得相当于纯铜 6.32 mg·L^{-1}，求该样品中铜的质量分数。

2. 以火焰原子吸收法测定某试样中铅含量，测得铅平均含量为（4.6×10^{-6}）%，在含铅量为（4.6×10^{-6}）% 试样中加入（5.0×10^{-6}）% 的铅标液，在相同条件下测得铅含量（9.0×10^{-6}）%，则该方法的回收率是多少？

3. 已知镁的分析线为 285.21 nm，在附近有锡的一条分析线 286.33 nm，若选用线色散率倒数为 2 nm·mm^{-1} 的单色器，狭缝宽度为 0.2 mm，锡是否干扰？

4. 用原子吸收光谱法测定元素 M 时。由未知样品得到的吸光度为 0.435，若 9 mL 试样中加入 1 mL 100 mg·L^{-1} 的 M 标准溶液，测得该混合液吸光度为 0.835。未知试液中 M 的浓度是多少？

5. 测得含 Fe 1.00 mg·L^{-1} 溶液的吸光度为 0.055，估算该原子吸收分光光度计对 Fe 的灵敏度。

模块十
色谱分析法

模块说明

本模块是仪器分析传统分类中的色谱分析部分，主要分析对象是有机化合物。它是一种应用物理分离技术的分析方法，即根据混合物中各个组分在互不相溶的两相之间溶解或吸附的差异，而使它们得到分离。色谱仪就是利用色谱分离技术和检测技术对混合物进行分离和检测，从而实现定性和定量地分析多组分复杂混合物。该方法的使用范围广，实用价值高。本模块内容包括气相色谱和液相色谱，不仅介绍色谱分析方法的理论知识，还强调它的实际应用。

育心笃行：国产仪器当自强

质量体现着人类的劳动创造和智慧结晶，体现着人们对美好生活的向往。中国高度重视质量建设，不断提高产品和服务质量，努力为世界提供更加优良的中国产品、中国服务。

视频扫一扫
气相色谱仪

学习目标

知识目标：

1. 掌握色谱常用术语及参数，熟悉理论塔板数的计算，理解塔板理论、速率理论；
2. 掌握气相色谱仪结构组成，了解气相色谱固定相和填充柱；
3. 熟悉气相色谱常用检测器，熟悉分离条件的选择；
4. 掌握气相色谱定性及定量分析方法，了解气相色谱法的应用；
5. 熟悉液相色谱法的原理及应用；
6. 掌握色谱法的定量分析方法。

能力目标：

1. 能独立规范操作气相、液相色谱仪和检测器；
2. 能对样品进行定性定量分析；
3. 能准确配制标准溶液和完成样品的前处理；
4. 能独立完成气相、液相色谱相关参数计算、数据记录和处理；
5. 能完成气相、液相色谱仪的日常维护和简单故障的检查排除。

素质目标：

1. 树立环保理念，强化安全责任意识；
2. 养成实事求是的工作态度；
3. 增强社会责任心和使命感；

4. 提高认真观察、分析问题的能力；

5. 严守检验规范，提高分析结果的准确性。

气相色谱法测定蔬菜中有机磷类农药的残留是 2021 年全国职业院校技能大赛农产品质量安全检测赛项的竞赛内容。

项目一　认识色谱分析法

【案例导入】

微课扫一扫

色谱分析法
概述

1906 年，俄国植物学家 M.Tswett 发表了他的实验结果：为了分离植物色素，他将含有植物色素的石油醚提取液倒入装有碳酸钙颗粒的玻璃管中，并用石油醚自上而下淋洗，由于不同的色素在碳酸钙颗粒表面的吸附力不同，随着淋洗的进行，不同色素向下移动的速度不同，从而形成一圈圈不同颜色的色带，使各色素成分得到了分离。他将这种分离方法命名为色谱法（chromatography）。在此后的 20 多年里，几乎无人问津这一技术。到了 1931 年，德国的 Kuhn 等用同样的方法成功地分离了胡萝卜素和叶黄素，从此色谱法开始为人们所重视，相继出现了各种色谱方法。

【知识探究】

一、色谱分析法的起源和分类（难度系数：★★★）

色谱分析法简称色谱法，是一种物理或物理化学分离分析方法。从 20 世纪初起，特别是在近 50 年中，由于气相色谱法、高效液相色谱法及薄层扫描色谱法的飞速发展，而形成一门专门的科学——色谱学。色谱法已广泛应用于各个领域，成为多组分混合物的最重要分析方法，在各学科中起着重要作用。历史上曾有两次诺贝尔化学奖是授予色谱研究工作者的：1948 年，瑞典科学家 Tiselins 因电泳和吸附分析的研究而获奖，1952 年，英国的 Martin 和 Synge 因发展了分配色谱而获奖。此外在 1937—1972 年期间有 12 次获诺贝尔奖的研究中，色谱法都起了关键的作用。

色谱法创始于 20 世纪初，Tsweet 创立并命名了色谱法。而玻璃管内填充物称为固定相（stationary phase），冲洗剂称为流动相（mobile phase）。随着其不断发展，色谱法不仅用于有色物质的分离，而且大量用于无色物质的分离。虽然"色"已失去原有意义，但色谱法名称仍沿用至今。

20 世纪 30 ～ 40 年代，相继出现了薄层色谱法与纸色谱法。20 世纪 50 年代，气相色谱法兴起，把色谱法提高到分离与"在线"分析的新水平，奠定了现代色谱法的基础。1957 年，诞生了毛细管色谱分析法。20 世纪 60 年代，推出了气相色谱 - 质谱联用技术（GC-MS），有效地弥补了色谱法定性特征差的弱点。20 世纪 70 年代，高效液相色谱法（HPLC）的崛起，为难挥发、热不稳定及高分子样品的分析提供了有力手段，扩大了色谱法的应用范围，把色谱法又推进到一个新的里程碑。20世纪80年代初，出现了超临界流体色谱法（SFC），兼有GC与HPLC的某些优点。20世纪80年代末飞速发展起来的高效毛细管电泳法（high performance capillary electrophoresis，HPCE）更令人瞩目，其柱效更高。该法对于生物大分子的分离具有独特优点。

色谱法的分离原理主要是利用物质在流动相与固定相之间的分配系数差异而实现分离。色谱法与光谱法的主要区别在于色谱法具有分离及分析两种功能，而光谱法不具备分离功能。色谱法是先将混合物中各组分分离，而后逐个分析，因此是分析混合物最有力的手段。这种方法还具有高灵敏度、高选择性、高效能、分析速度快及应用范围广等优点。

色谱法可从不同的角度进行分类：

1. 按流动相与固定相的分子聚集状态分类

在色谱法中流动相可以是气体、液体和超临界流体，这些方法相应称为气相色谱法（gas chromatography，GC）、液相色谱法（liquid chromatography，LC）和超临界流体色谱法（supercritical fluid chromatography，SFC）等。按固定相为固体（如吸附剂）或液体，气相色谱法又可分为气-固色谱法（GSC）与气-液色谱法（GLC）；液相色谱法又可分为液-固色谱法（LSC）及液-液色谱法（LLC）。

2. 按操作形式分类

可分为柱色谱法、平面色谱法、毛细管电泳法等。

柱色谱法（column chromatography）是将固定相装于柱管内构成色谱柱，色谱过程在色谱柱内进行。按色谱柱的粗细等，又可分为填充柱（packed column）色谱法、毛细管柱（capillary column）色谱法及微填充柱（microbore packed column）色谱法等。气相色谱法、高效液相色谱法（high performance liquid chromatography，HPLC）及超临界流体色谱法等属于柱色谱法范围。

平面色谱法（planar/plane chromatography）是色谱过程在固定相构成的平面状层内进行的色谱法。又分为纸色谱法（paper chromatography；用滤纸作固定液的载体）、薄层色谱法（thin layer chromatography，TLC；将固定相涂在玻璃板或铝箔板等板上）及薄膜色谱法（thin film chromatography；将高分子固定相制成薄膜）等，这些都属于液相色谱法范围。

毛细管电泳法（capillary electrophoresis，CE）的分离过程在毛细管内进行，利用组分在电场作用下的迁移速度不同进行分离。

3. 按色谱过程的分离机制分类

可分为分配色谱法（partition chromatography）、吸附色谱法（adsorption chromatography）、离子交换色谱法（ion exchange chromatography，IEC）、空间排阻色谱法（steric exclusion chromatography，SEC）及亲和色谱法（affinity chromatography）等类型。

色谱法简单分类如图10-1所示。

二、色谱分析法的特点和局限性（难度系数：★★）

1. 色谱分析法的特点

（1）具有极高的分辨效力　只要选择适当的色谱法（色谱类型、色谱条件），它就能很好地分离理化性质极为相近的混合物，如同系物、同分异构体，甚至同位素，这是经典的物理化学分离方法不可能达到的。

（2）具有极高的分析效率　一般说来，对某一混合组分的分析，只需几十分钟，甚至几

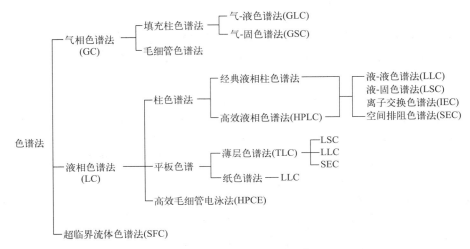

图 10-1　色谱法的简单分类

分钟就可完成一个分析周期。如用现代气相色谱仪，在 12 min 内就可完成含有 12 个组分的混合物的分离分析工作；用现代的快速蛋白液相色谱（FPLC）在 15 ～ 20 min 就可完成对血浆蛋白质等的分离分析工作；选用空心毛细管色谱柱一次就解决含有 100 多个组分的烃类混合物的分离分析工作；用现代的高效薄层色谱（higth performance thin layer chromatography，HPTLC）一次仅 10 min 就可完成 40 个样品的点样和分析工作。

（3）具有极高的灵敏度　样品组分含量仅数微克，或不足 1 μg 就可进行很好的分析。现代的气相色谱仪，由于使用了高灵敏的检测器，可检出 10^{-11} ～ 10^{-13} g 的样品组分。一般样品中只要含有 10^{-6} g，乃至 10^{-9} g 的杂质，使用现代的气相色谱仪都将之检出，而且样品还不需浓缩。

（4）操作简便，应用广泛　它广泛地应用于农业、化学、化工、医药卫生、环境保护、大气监测等各个方面，是现代实验室中常用的分析手段之一。在生物化学中常用于各种体液，组织抽提液的化学组分的分离、纯化及检测，也用于帮助鉴定某种提取物是否纯净。在现代生化制备技术中色谱法占有核心地位。

2. 色谱分析法的局限性

① 在定量分析中需要纯制的标准物质。

② 不能精确地解决物质的化学结构问题。

【思考与练习】

一、选择题

1. 色谱法又称色层法，是一种（　　）。当其应用于分析化学领域，并与适当的检测手段相结合，就构成了色谱分析法。

A. 分离技术　　　　　　B. 富集技术　　　　　　C. 进样技术　　　　　　D. 萃取技术

2. 物理学家茨维特以石油醚为淋洗液，分离植物叶子色素的方法属于（　　）。

A. 吸附色谱　　　　　B. 分配色谱　　　　　C. 离子交换色谱　　　D. 凝胶渗透色谱

3. 良好的气 - 液色谱固定液应（　　）。

A. 蒸气压低、稳定性好　　　　　　　　B. 化学性质稳定

马丁和辛格：
气相色谱研究
资料扫一扫

C. 溶解度大，对相邻两组分有一定的分离能力

D. 以上都是

4. 在色谱法中，按分离原理分类，气 - 固色谱法属于（　　　）。

A. 排阻色谱法　　　　　B. 吸附色谱法　　　　　C. 分配色谱法　　　　　D. 离子交换色谱法

5. 用高效液相色谱法分析环境中的污染物时，常选用（　　　）作为分离柱。

A. 离子交换色谱柱　　　　　　　　　　　B. 凝胶色谱柱

C. C_{18} 烷基键合硅胶柱　　　　　　　　　　D. 硅胶柱

二、判断题

1. 根据分离原理分类，液相色谱主要分为液 - 液色谱与液 - 固色谱。（　　　）

2. 气相色谱对试样组分的分离是物理分离。（　　　）

3. 高效液相色谱分析中，固定相极性大于流动相极性称为正相色谱法。（　　　）

4. 色谱试剂是用作色谱分析的标准物质。（　　　）

5. 某试样的色谱图上出现三个峰，该试样最多有三个组分。（　　　）

三、问答题

1. 简述液相色谱法的特点。

2. 简述气 - 固色谱和气 - 液色谱的分离原理，二者有何不同？

3. 色谱法中，固定相和流动相的作用是什么？

4. 试按流动相和固定相的不同将色谱分析进行分类。

5. 简述气相色谱法的特点。

项目二　气相色谱法

【案例导入】

　　道路千万条，安全第一条，开车不喝酒，喝酒不开车！2010 年 8 月 23 日，全国人大常委会审议刑法修正案（八）草案，将醉驾、飙车，情节恶劣的，定为犯罪。2011 年 5 月 1 日起，《中华人民共和国刑法修正案（八）》正式实施，醉酒驾驶作为危险驾驶罪被追究驾驶人刑事责任。

　　那么如何准确地界定驾驶人是醉酒驾驶呢？本项目讲述其中必须用到的检测方法——气相色谱法。

【知识探究】

一、气相色谱分析的方法原理（难度系数：★★★★★）

　　在气 - 液色谱法中，基于不同的组分在固定液中溶解度的差异实现组分的分离。当载气携带被测样品进入色谱柱后，气相中的被测组分就溶解到固定液中。载气连续流经色谱柱，溶解在固定液中的组分会从固定液中挥发到气相中，随着载气的流动，挥发到气相中的组分又会溶解到前面的固定液中。这样反复多次溶解、挥发，实现被测组分的分离。由于各组分在固定液中的溶解度不同，溶解度大的组分较难挥发，停留在色谱柱中的时间就长些；而溶

解度小的组分易挥发，停留在色谱柱中的时间就短些，经过一定时间后，各组分就彼此分离并依次流出色谱柱被检测器检测。

在气 - 固色谱法中，主要是基于不同的组分在固体吸附剂上吸附能力的差别实现组分的分离。气 - 固色谱中的固定相是一种具有多孔性及比表面积较大的吸附剂。样品由载气携带进入色谱柱时，立即被吸附剂所吸附。载气不断通过吸附剂，使吸附的被测组分被洗脱下来，洗脱的组分随载气流动，又被前面的吸附剂所吸附。随着载气的流动，被测组分在气 - 固吸附剂表面进行反复的吸附、解吸。由于各被测组分在气 - 固吸附剂表面吸附能力不同，吸附能力强的组分停留在色谱柱中的时间就长些，而吸附能力弱的组分停留在色谱柱中的时间就短些。

经过一定时间后，各组分彼此分离并依次流出色谱柱被检测器检测。被测组分在流动相与固定相之间的吸附、解吸和溶解、挥发的过程，称为分配过程。气相色谱分离的基本原理是被测组分在色谱柱内流动相和固定相分配系数的不同而实现分离。当载气携带样品进入色谱柱后，样品中的各个组分就在两相间进行多次分配，即使原来分配系数相差较小的组分也会在色谱分离过程中分离开来。

气相色谱分析流程见图 10-2。

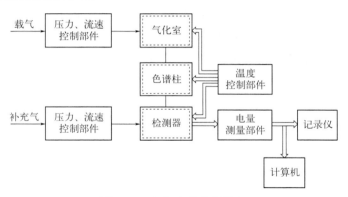

图 10-2　气相色谱分析流程

二、气相色谱的定性、定量分析（难度系数：★★★★）

1. 食品中农药残留的种类、特性及危害

农药进入粮食、蔬菜、水果、鱼、虾、肉、蛋、奶中，造成食物污染，危害人的健康。目前我国的农副产品中主要有三类农药残留：

（1）有机磷农药　此类农药是使用最广泛的广谱杀虫剂。有机磷农药大多呈油状或结晶状，工业品呈淡黄色至棕色，除敌百虫和敌敌畏之外，大多有蒜臭味。一般不溶于水，易溶于有机剂如苯、丙酮、乙醚、三氯甲烷及油类，对光、热、氧均较稳定，在中性和酸性条件下稳定，不易水解，在碱性条件下易水解失效，敌百虫例外。作为神经毒物，会引起神经功能紊乱、震颤、精神错乱、语言失常等症状。

（2）拟除虫菊酯类农药　此类农药是模拟天然除虫菊素由人工合成的一类杀虫剂。其主要特性：包含多个光学和立体异构体；拟除虫菊酯分子较大，亲脂性强，可溶于多种有机溶剂，在水中的溶解度小，对光热和酸稳定，遇碱时易分解；拟除虫菊酯具有高效、广谱、生物降解等特性。其毒性一般较大，有蓄积性，中毒表现症状为神经系统症状和皮肤刺激症状。

（3）六六六、滴滴涕（DDT）等有机氯农药　主要是苯或环戊二烯为原料合成的有机化合物，其主要特性：蒸气压低，挥发性小，使用后消失缓慢；脂溶性强，水中溶解度大多低于 1 mg·L⁻¹；氯苯结构稳定，不易为体内酶降解，在生物体内消失缓慢；土壤微生物对这些农药的作用大多是把它们还原或氧化为类似的衍生物，这些产物也像其亲体一样存在残留毒性问题，一般有机氯农药在人体内代谢速度很慢，累积时间长，主要集中在脂肪中。DDT 在人的血液、大脑、肝和脂肪组织中含量比例为 1∶4∶30∶300；狄氏剂为 1∶5∶30∶150。

由于农药残留对人和生物危害很大，各国对农药的施用都进行严格的管理，并对食品中农药残留容许量做了详细的规定。

2. 黄瓜中有机磷类农药残留的测定

（1）测定原理　试样中有机磷类农药经乙腈提取，提取溶液经过滤、浓缩后，用丙酮定容，注入气相色谱仪，经毛细管柱分离后进行检测。用保留时间定性，外标法进行定量。

（2）达成目标

① 独立完成黄瓜样品的制备及有机磷农药的提取；

② 正确使用氮吹仪对样品进行浓缩；

③ 完成黄瓜样品中有机磷农药残留的测定并处理数据。

（3）仪器设备、试剂清单

主要设备	气相色谱仪（配备毛细管色谱柱、FID 检测器、程序升温柱温箱）、计算机
	电子天平（感量 0.01 g）、氮吹仪、食品加工器、涡旋振荡器
玻璃器皿	具塞量筒（50 mL）、具塞刻度试管（10 mL）
	移液管（2 mL、5 mL、20 mL）
	普通漏斗
药品与试剂	农药标准品
	乙腈、丙酮、氯化钠
	去离子水

（4）参数设置

① 色谱柱 DB-1701，30 m×0.25 mm×0.1 μm。

② 温度。进样口：240 ℃；检测器：250 ℃；柱温：60 ℃（保持 1 min），以 25 ℃·min⁻¹ 升温到 160 ℃，保持 2 min，然后以 20 ℃·min⁻¹ 升温到 240 ℃，保持 13 min。

③ 气体及流量

a. 载气：氮气，纯度≥99.999%，流量 1.0 mL·min⁻¹。

b. 燃气：氢气，纯度≥99.999%，流量 75 mL·min⁻¹。

c. 助燃气：空气，流量为 100 mL·min⁻¹。

微课扫一扫

移液枪的使用

（5）测定步骤

① 制样。黄瓜两根去皮，切小块，放入搅拌机中，打浆。

② 样品提取。准确称取（10.00±0.1）g 黄瓜匀浆于 50 mL 离心管中，用移液枪加入标液 80 μL，用 20 mL 移液管准确移入 20 mL 乙腈，于涡旋振荡器上混匀 2 min 后用滤纸过滤，滤液收集到装有 2～3 g 氯化钠的 50 mL 具塞量筒中，收集滤液 20 mL 左右，盖上塞子，剧烈振荡 1 min，在室温下静置 30 min，使乙腈相和水相完全分层。

③ 净化。用 5 mL 移液管从具塞量筒中准确移取 4 mL 乙腈相溶液于 10 mL 刻度试管中，

将其置于氮吹仪中，温度设为 75 ℃，缓缓通入氮气，蒸发近干，用 2 mL 移液管准确移入 2 mL 丙酮，在涡旋振荡器上混匀，用 0.2 μm 滤膜过滤后，分别移入至自动进样器进样瓶中，做好标记，供色谱测定。

④ 色谱分析。设定参数后，采用分流进样，自动进样器吸取 1.0 μL 标准混合溶液和净化后的样品溶液注入色谱仪中，以保留时间定性，以获得的样品溶液峰面积与标准溶液峰面积比较定量。

将样品溶液中未知组分的保留时间与标准溶液在同一色谱柱上的保留时间相比较，如果样品溶液中某组分的保留时间与标准溶液中某一农药的保留时间相差在 ±0.05 min 内，可认定为该农药。

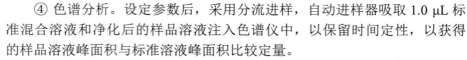

⑤ 结果处理。试样中被测农药含量以质量分数 ω 计，单位以 mg·kg^{-1} 表示，按下式计算。

$$\omega = \frac{V_1 \times A \times V_3}{V_2 \times A_s \times m} \times \rho$$

式中　ρ——标准溶液中农药的质量浓度，mg·L^{-1}；

　　A——样品溶液中被测农药的峰面积；

　　A_s——农药标准溶液中被测农药的峰面积；

　　V_1——提取溶剂总体积，mL；

　　V_2——吸取出用于检测的提取溶液的体积，mL；

　　V_3——样品溶液定容体积，mL；

　　m——试样的质量，g。

⑥ 回收率计算及加标样 RSD 计算

a. 每种农药，根据 3 个加标试样的农药测定质量，分别计算出一个回收率，再算出回收率平均值。

回收率根据下式计算：

$$P = \frac{M - M_0}{M_s} \times 100\%$$

式中　P——加标回收率，%；

　　M——样品溶液农药的质量，mg；

　　M_0——空白样中农药的质量，mg；

　　M_s——加入标准农药的质量，mg。

b. 每种农药，根据 3 个加标试样质量分数测定值，计算出一个 RSD。

RSD 根据下式计算：

$$\text{RSD} = \frac{\sqrt{\dfrac{\sum\limits_{i=1}^{n}\left(x_i - \bar{x}\right)^2}{n}}}{\bar{x}} \times 100\%$$

式中　$\bar{x}$——三个平行加标试样中农药质量分数平均值，mg·kg^{-1}；

　　n——平行样品个数，为 3；

　　x_i——每个平行样中农药质量分数。

⑦ 评分标准

项目	考核内容		考核知识点/技能点	分值
黄瓜中有机磷类农药残留的检测	样品预处理	制样	制样方法；食品加工器的使用	5
		提取	天平的使用；移液枪的使用；移液管的使用；涡旋振荡器的使用；过滤方法	14
		净化	氮吹仪的使用；涡旋振荡器的使用；移液管的使用	16
		规范与安全	标识规范；文明操作规范；安全操作规范；操作熟练度	10
	检测结果	回收率	上机检测，考察回收率结果，仪器操作不作为考核点	8
		RSD 值	上机检测，考察回收率结果，仪器操作不作为考核点	7
	数据处理	定性分析	图谱解读；数据记录表填写；标液的配制	5
		定量分析	数据修约原则；计算公式的使用；回收率和 RSD 的计算方法	10
	气相三维仿真操作	实验室安全	实验室安全知识；实验仪器设备管理与维护；检测过程中所涉及实验室安全隐患排查；安全防护用品使用及穿戴等	5
		工作站仿真	能够正确配制标液；建立检测方法包括进样口、检测器、色谱柱温度设置，气体流量等设置；设置样品信息并进样；建立标准曲线，对未知样品进行定性和定量分析	20

【思考与练习】

一、选择题

1. 在气-液色谱法中，实现组分分离的依据是（　　）。

A. 不同组分在固定液中吸附能力的差异

B. 不同组分在固定液中溶解度的差异

C. 不同组分在载气中溶解度的差异

D. 不同组分在载气中吸附能力的差异

2. 以下哪种农药属于神经毒物，会引起神经功能紊乱等症状？（　　）

A. 拟除虫菊酯类农药 　　　　　　　　B. 六六六

C. 有机磷农药 　　　　　　　　　　　D. DDT

3. 蔬菜中有机磷类农药残留测定时，提取溶液用什么定容？（　　）

A. 乙腈 　　　　B. 丙酮 　　　　C. 氯化钠溶液 　　　D. 去离子水

4. 气相色谱仪的 FID 是指（　　）。

A. 火焰离子化检测器 　　　　　　　　B. 热导检测器

C. 电子捕获检测器 　　　　　　　　　D. 氮磷检测器

5. 黄瓜中有机磷类农药残留测定时，柱温升温程序中，从 60 ℃升温到 160 ℃的速率是（　　）。

A. 20 ℃·min^{-1} 　　　B. 25 ℃·min^{-1} 　　　C. 15 ℃·min^{-1} 　　　D. 30 ℃·min^{-1}

资料扫一扫
微型气相色谱的特点及应用

资料扫一扫
气相色谱分离操作条件的选择

二、判断题

1. 气-固色谱法主要基于不同组分在固体吸附剂上溶解度的差别实现组分分离。（　　）

2. 拟除虫菊酯类农药对光热和碱稳定，遇酸时易分解。（　　）

3. 蔬菜中有机磷类农药残留测定时，用内标法进行定量。（　　）

4. 气相色谱分析中，载气流量对分离效果没有影响。（   ）

5. 黄瓜中有机磷类农药残留测定时，制样只需将黄瓜切块即可。（   ）

三、简答题

1. 简述气相色谱分离的基本原理。

2. 列举我国农副产品中主要的三类农药残留及其特性。

3. 简述蔬菜中有机磷类农药残留测定的样品提取步骤。

4. 气相色谱仪的参数设置包括哪些方面？

5. 简述黄瓜中有机磷类农药残留测定结果处理中回收率的计算方法。

项目三   液相色谱法

【案例导入】

近些年，越来越多的药物研究人员发现，在生产药品时经常会不小心引入一些杂质，直接影响了消费者的权益。因此，相关部门及人员应当重视药物中杂质的检测工作，通过高效液相色谱法等方法，对药物中的杂质进行检测和控制，保障药品的质量和安全性。

【知识探究】

一、液相色谱法的主要类型和选择（难度系数：★★★）

视频扫一扫
高效液相色谱仪

以液体作流动相的色谱称液相色谱。高效液相色谱（HPLC）又称为高压液相色谱、高速液相色谱、高分离度液相色谱或现代液相色谱，与经典液相（柱）色谱法比较，HPLC能在短的分析时间内获得高柱效和高分离能力。

广义地讲，薄层色谱（液－固色谱）和纸色谱（液－液色谱）也属于液相色谱。我们这里只讨论狭义的液相色谱，即柱色谱。柱色谱法按分离机理可分为液－固吸附色谱、液－液分配色谱、键合相色谱、凝胶色谱、离子色谱等。

1. 液－固吸附色谱

（1）分离原理   液-固吸附色谱是基于各组分吸附能力的差异进行混合物分离的，其固定相是固体吸附剂，它们是一些多孔性的极性微粒物质，如氧化铝、硅胶等。当混合物随流动相通过吸附剂时，由于流动相与混合物中各组分对吸附剂的吸附能力不同，故在吸附剂表面组分分子和流动相分子对吸附剂表面活性中心发生吸附竞争。与吸附剂结构和性质相似的组分易被吸附，呈现出高保留值，反之，与吸附剂结构和性质差异较大的组分不易被吸附，呈现了低保留值。

（2）固定相   吸附色谱固定相可分为极性和非极性两大类。极性固定相主要有硅胶（酸性）、氧化镁和硅酸镁分子筛（碱性）等。非极性固定相有高强度多孔微粒活性炭和近年来开始使用的 5～10 μm 的多孔石墨化炭黑，以及高交联度苯乙烯－二乙烯基苯共聚物的单分散多孔微球（5～10 μm）与碳多孔小球等，其中应用最广泛的是极性固定相硅胶。早期的经典液相色谱中，通常使用粒径在 100 μm 以上的无定形硅胶颗粒，其传质速度慢，柱效低。

现在主要使用全多孔型和表面多孔型硅胶微粒固定相。其中，表面多孔型硅胶微粒固定相吸附剂出峰快、柱效高，适用于极性范围较宽的混合样品的分析，缺点是样品容量小。而全多孔型硅胶微粒固定相由于其表面积大，柱效高而成为液-固吸附色谱中使用最广泛的固定相。

实际工作中，应根据分析样品的特点及分析仪器来选择合适的吸附剂，选择时考虑的因素主要有吸附剂的形状、粒度、比表面积等。表 10-1 列出了液-固吸附色谱法中常用的固定相的物理性质，可供选择时参考。

表 10-1 液-固吸附色谱法常用的固定相的物理性质

类型	商品名称	形状	粒度 /μm	比表面积 /（$m^2 \cdot g^{-1}$）	平均孔径 /nm	生产厂家
全多孔硅胶	YQG	球形	5～10	300	30	北京化学试剂研究所
	YQG-1	球形	37～55	400～300	10	青岛海洋化工厂
	Chromegasorb	无定形	5，10	500	60	ES Industries
	Chromegasphere	球形	3，5，10	500	60	ES Industries
	Si 60，Si 100	球形	5，10	250	100	Merck
	Nucleosil 50	球形	5，7，5，10	500	50	Macherey-Nagel
薄壳硅胶	Zipax	球形	37～44	1	80	Du Pont（美）
	Corasil Ⅰ，Corasil Ⅱ	球形	37～50	14～7	5	Waters（美）
	Perisorb A	球形	30～40	14	6	Merck
	Vydac SC	球形	30～40	12	5.7	Separation Group（美）
堆积硅胶	YDG	球形	3，5，10	300	10	上海试剂一厂
全多孔氧化铝	Spherisorb AY	球形	5，10，30	100	15	Chrompak（荷兰）
	Spherisorb AX	球形	5，10，30	175	8	Chrompak（荷兰）
	Lichrosorb ALOXT	无定形	5，10，30	70	15	Merck
	Micro Pak-AL	无定形	5，10	70	—	Varian（美）
	Bio-Rab AG	无定形	74	200	—	Bio-Rad（美）

注：平均孔径指多孔基体所有孔洞的平均直径。

（3）流动相 在液-固吸附色谱分析中，除了固定相对样品的分离起主要作用外，合适的流动相（也称作洗脱液）对改善分离效果也会产生重要的辅助作用。

从实用角度考虑，作为流动相的溶剂除具有价廉、易购的特点外，还应满足液-固吸附色谱分析的下述要求：

① 选用的溶剂应当与固定相互不相溶，并能保持色谱柱的稳定性。

② 选用的溶剂应有高纯度，以防所含微量杂质在柱中积累，引起柱性能的改变。

③ 选用的溶剂性能应与所使用的检测器相匹配，如使用紫外吸收检测器，就不能选用在检测波长下有紫外吸收的溶剂；若使用示差折光检测器，就不能使用梯度洗脱。

④ 选用的溶剂应对样品有足够的溶解能力，以提高测定的灵敏度。

⑤ 选用的溶剂应具有低的黏度和适当低的沸点。使用低黏度溶剂，可减少溶质的传质阻力，有利于提高柱效。

⑥ 应尽量避免使用具有显著毒性的溶剂，以保证工作人员的安全。在液-固吸附色谱中，选择流动相的基本原则是极性大的试样用极性较强的流动相，极性小的则用低极性流动相。流动相的极性强度可用溶剂强度参数 ε_0 表示。ε_0 是指每单位面积吸附剂表面的溶剂的吸附

能力，ε_0 越大，表明流动相的极性也越大。表 10-2 列出了以氧化铝为吸附剂时，一些常用流动相洗脱强度的次序。

色谱柱：115 mm×4 mm；填料：7.5 μm 的 Spherisorb AY；流动相：正己烷/二氧六环（50∶50，V/V）；检测器：UV，254 nm。

表 10-2   氧化铝上的洗脱次序

溶剂	ε_0	溶剂	ε_0
正戊烷	0.00	二氯乙烷	0.44
异戊烷	0.01	四氢呋喃	0.45
环己烷	0.04	丙酮	0.56
四氯化碳	0.18	乙腈	0.65
甲苯	0.29	二甲亚砜	0.75
氯仿	0.40	异丙醇	0.82
二氯甲烷	0.42	甲醇	0.95

实际工作中，应根据流动相的洗脱次序，通过实验，选择合适强度的流动相。若样品各组分的分配比 k' 值差异比较大，可采用梯度洗脱（即间断或连续地改变流动相的组成或其他操作条件，从而改变其色谱洗脱能力的过程）。

（4）应用   液-固吸附色谱是以表面吸附性能为依据的，所以它常用于分离极性不同的化合物，但也能分离那些具有相同极性基团，但数量不同的样品。此外，液-固吸附色谱还适于分离异构体，这主要是因为异构体有不同的空间排列方式，因此吸附剂对它们的吸附能力有所不同，从而得到了分离。

2. 液-液分配色谱

（1）分离原理   在液-液分配色谱中，一个液相作为流动相，另一个液相（即固定液）则分散在很细的惰性载体或硅胶上作为固定相。作为固定相的液相与流动相互不相溶，它们之间有一个界面。固定液对被分离组分是一种很好的溶剂。当被分析的样品进入色谱柱后，各组分按照它们各自的分配系数，很快地在两相间达到分配平衡。与气-液色谱一样，这种分配平衡的结果导致各组分迁移速度不同，从而实现了分离。很明显，分配色谱法的基本原理与液-液萃取相同，都是分配定律。

依据固定相和流动相的相对极性的不同分配色谱法可分为：正相分配色谱法——固定相的极性大于流动相的极性；反相分配色谱法——固定相的极性小于流动相的极性。在正相分配色谱法中，固定相载体上涂布的是极性固定液，流动相是非极性溶剂。它可用来分离极性较强的水溶性样品，洗脱顺序与液-固吸附色谱法在极性吸附剂上的洗脱结果相似，即非极性组分先洗脱出来，极性组分后洗脱出来。在反相分配色谱法中，固定相载体上涂布极性较弱或非极性的固定液，而用极性较强的溶剂作流动相。它可用来分离油溶性样品，其洗脱顺序与正相分配色谱相反，即极性组分先被洗脱，非极性组分后被洗脱。

（2）固定相   分配色谱固定相由两部分组成，一部分是惰性载体，另一部分是涂渍在惰性载体上的固定液。在分配色谱中使用的惰性载体（也叫担体），主要是一些固体吸附剂，如全多孔球形或无定形微粒硅胶、全多孔氧化铝等。在分配色谱法中常用的固定液如表 10-3 所示。

表 10-3　分配色谱法常用的固定液

正相分配色谱法的固定液		反相分配色谱法的固定液
β,β-氧二丙腈	乙二醇	甲基硅酮
1,2,3-三（2-氰乙氧基）丙烷	乙二胺	氰丙基硅酮
聚乙二醇 400，聚乙二醇 600	二甲亚砜	聚烯烃
甘油，丙二醇	硝基甲烷	正庚烷
冰醋酸	二甲基甲酰胺	

液 - 液分配色谱中固定液的涂渍方法与气 - 液色谱中基本一致。

机械涂渍固定液后制成的液 - 液色谱柱，在实际使用过程中由于大量流动相通过色谱柱，会溶解固定液而造成固定液的流失，并导致保留值减小，柱选择性下降。实际工作中，一般可采用如下几种方法来防止固定液的流失：

① 应尽量选择对固定液仅有较低溶解度的溶剂作为流动相。

② 流动相进入色谱柱前，应预先用固定液饱和，这种被固定液饱和的流动相再流经色谱柱时就不会再溶解固定液了。

③ 使流动相保持低流速经过固定相，并保持色谱柱温度恒定。

④ 选择时若溶解样品的溶剂对固定液有较大的溶解度，应避免过大的进样量。

（3）流动相　在分配色谱中，除一般要求外，还要求流动相尽可能不与固定液互溶。

在正相分配色谱中，使用的流动相类似于液 - 固吸附色谱中使用极性吸附剂时应用的流动相。此时流动相主体为己烷、庚烷，可加入 <20% 的极性改性剂，如 1- 氯丁烷、异丙醚、二氯甲烷、四氢呋喃、氯仿、乙酸乙酯、乙醇、乙腈等。在反相分配色谱中，使用的流动相类似于液 - 固吸附色谱中使用非极性吸附剂时应用的流动相。此时流动相的主体为水，可加入一定量的改性剂，如二基亚砜、乙二醇、乙腈、甲醇、丙酮、二氧六环、乙醇、四氢呋喃、异丙醇等。

（4）应用　液 - 液分配色谱法既能分离极性化合物，又能分离非极性化合物，如烷烃、烯烃、芳烃、稠环、染料、甾族等化合物。由于不同极性键合固定相的出现，分离的选择性可得到很好控制。

3. 键合相色谱

采用化学键合相的液相色谱称为键合相色谱。键合固定相非常稳定，在使用中不易流失。由于键合到载体表面的官能团可以是各种极性的，因此，它适用于各种样品的分离分析。目前键合固定相色谱法已逐渐取代分配色谱法，获得了日益广泛的应用，在液相色谱法中占有极其重要的地位。

根据键合固定相与流动相相对极性的强弱，可将键合相色谱法分为正相键合相色谱法和反相键合相色谱法。在正相键合相色谱法中，键合固定相的极性大于流动相的极性，适用于分离油溶性或水溶性的极性与强极性化合物。在反相键合相色谱法中，键合固定相的极性小于流动相的极性，适用于分离非极性、极性或离子型化合物，其应用范围比正相键合相色谱法广泛得多。据统计，在液相色谱法中，约 70% ～ 80% 的分析任务是由反相键合相色谱法来完成的。

（1）分离机理　键合相色谱中的固定相特性和分离机理与分配色谱法都存有差异，所以一般不宜将化学键合相色谱法统称为液 - 液分配色谱法。

① 正相键合相色谱的分离机理。正相键合相色谱使用的是极性键合固定相，以极性有机基团如氨基（—NH₂）、氰基（—CN）、醚基（—O—）等键合在硅胶表面制成，溶质在此类固定相上的分离机理属于分配色谱。

② 反相键合相色谱的分离机理。反相键合相色谱使用的是极性较小的键合固定相（以极性较小的有机基团如苯基、烷基等键合在硅胶表面制成），其分离机理可用疏溶剂作用理论来解释。这种理论认为：键合在硅胶表面的非极性或弱极性基团具有较强的疏水特性，当用极性溶剂为流动相来分离含有极性官能团的有机化合物时，一方面，分子中的非极性部分与疏水基团产生缔合作用，使它保留在固定相中；另一方面，被分离物的极性部分受到极性流动相的作用，促使它离开固定相，并减小其保留作用（如图10-3所示）。显然，键合固定相对每一种溶质分子缔合和解缔能力之差，决定了溶质分子在色谱分离过程中的保留值。由于不同溶质分子这种能力的差异是不一致的，所以流出色谱柱的速度是不一致的，从而使得各种不同组分得到了分离。

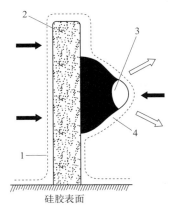

图 10-3　反相色谱中固定相表面上溶质分子与烷基键合相之间的缔合作用

➡—缔合物的形成；⇨—缔合物的解缔；
1—溶剂膜；2—非极性烷基键合相；3—溶质分子的极性官能团部分；4—溶质分子的非极性部分

（2）固定相　化学键合固定相广泛使用全多孔或薄壳型微粒硅胶作为基体，这是由于硅胶具有机械强度好、表面硅羟基反应活性高、表面积和孔结构易控制的特点。

化学键合固定相按极性大小可分为非极性、弱极性、极性化学键合固定相三种。非极性烷基键合相是目前应用最广泛的柱填料，尤其是 C_{18} 反相键合相（简称ODS），在反相液相色谱中发挥着重要作用。

（3）流动相　在键合相色谱中使用的流动相类似于液-固吸附色谱、液-液分配色谱中的流动相。

① 正相键合相色谱的流动相。正相键合相色谱中，采用和正相液-液分配色谱相似的流动相，流动相的主体成分为己烷（或庚烷）。为改善分离的选择性，常加入的优选溶剂为质子受体乙醚或甲基叔丁基醚、质子给体氯仿、偶极溶剂二氯甲烷等。

② 反相键合相色谱的流动相。反相键合相色谱中，采用和反相液-液分配色谱相似的流动相，流动相的主体成分为水。为改善分离的选择性，常加入的优选溶剂为质子受体甲醇、质子给体乙腈和偶极溶剂四氢呋喃等。

实际使用中，一般采用甲醇-水体系已能满足多数样品的分离要求。由于甲醇的毒性是乙腈的1/5，且价格约为其1/6，因此，反相键合相色谱中应用最广泛的流动相是甲醇。

除上述三种流动相外，反相键合相色谱中也经常采用乙醇、丙醇及二氯甲烷等作为流动相，其洗脱强度顺序依次为：

水（最弱）<甲醇<乙腈<乙醇<四氢呋喃<丙醇<二氯甲烷（最强）

虽然实际上采用适当比例的二元混合溶剂就可以适应不同类型的样品分析，但有时为了获得最佳分离，也可以采用三元甚至四元混合溶剂作流动相。

（4）应用

① 正相键合相色谱法的应用。正相键合相色谱多用于分离各类极性化合物如染料、炸

药、甾体激素、多巴胺、氨基酸和药物等。

② 反相键合相色谱法的应用。反相键合相色谱系统由于操作简单、稳定性与重复性好，已成为一种通用型液相色谱分析方法。极性、非极性，水溶性、油溶性，离子性、非离子性，小分子、大分子，具有官能团差别或分子量差别的同系物，均可采用反相液相色谱技术实现分离。

a. 在生物化学和生物工程中的应用。在生命科学和生物工程研究中，经常涉及对氨基酸、多肽、蛋白质及核碱、核苷、核苷酸、核酸等生物分子的分离分析，反相键合相色谱法正是这类样品的主要分析手段。

b. 在医药研究中的应用。人工合成药物的纯化及成分的定性、定量测定，中草药有效成分的分离、制备及纯度测定，临床医药研究中人体血液和体液中药物浓度、药物代谢物的测定，新型高效手性药物中手性对映体含量的测定等，都可以用反相键合相色谱予以解决。

c. 在食品分析中的应用。反相键合相色谱法在食品分析中的应用主要包括三个方面：第一，食品本身组成，尤其是营养成分的分析，如维生素、脂肪酸、香料、有机酸、矿物质等；第二，人工加入的食品添加剂的分析，如甜味剂、防腐剂、人工合成色素、抗氧剂等；第三，在食品加工、储运、保存过程中由周围环境引起的污染物的分析，如农药残留、霉菌毒素、病原微生物等。

d. 在环境污染分析中的应用。反相键合相色谱方法可用于对环境中存在的高沸点有机污染物的分析，如大气、水、土壤和食品中存在的多环芳烃、多氯联苯、有机氯农药、有机磷农药、氨基甲酸酯农药、含氮除草剂、苯氧基酸除草剂、酚类、胺类、黄曲霉素、亚硝胺等。

4. 凝胶色谱

凝胶色谱法又称分子排阻色谱法，它是按分子尺寸大小顺序进行分离的一种色谱方法。

凝胶色谱法的固定相凝胶是一种多孔性的聚合材料，有一定的形状和稳定性。当被分离的混合物随流动相通过凝胶色谱柱时，尺寸大的组分不发生渗透作用，沿凝胶颗粒间孔隙随流动相流动，流程短，流动速度快，先流出色谱柱。尺寸小的组分则渗入凝胶颗粒内，流程长，流动速度慢，后流出色谱柱。

根据所用流动相的不同，凝胶色谱法可分为两类：即用水溶剂作流动相的凝胶过滤色谱法（GFC）与用有机溶剂如四氢呋喃作流动相的凝胶渗透色谱法（GPC）。

凝胶色谱法主要用来分析高分子物质的分子量分布，以此来鉴定高分子聚合物。由于聚合物的分子量及其分布与其性能有着密切的关系，因此凝胶色谱的结果可用于研究聚合机理，选择聚合工艺及条件，并考察聚合材料在加工和使用过程中分子量的变化等。在未知物的剖析中，凝胶色谱作为一个预分离手段，再配合其他分离方法，能有效解决各种复杂的分离问题。

二、高效液相色谱法的实验技术（难度系数：★★★★★）

1. 目的与要求

① 掌握高效液相色谱法测定碳酸饮料中苯甲酸和山梨酸的原理和方法。

② 了解高效液相色谱仪的基本结构和使用方法。

③ 熟悉碳酸饮料样品的处理方法。

2. 方法原理

苯甲酸和山梨酸广泛用于食品防腐剂，能够导致人的再生障碍性贫血、粒细胞缺乏症等，因此国家严格限制其使用量。在本实验中，样品首先经过超声和加热处理，以除去二氧化碳和乙醇。然后经滤膜过滤后注入高效液相色谱仪，通过反相 C_{18} 液相色谱柱分离后，紫外检测器 230 nm 波长处检测。以色谱峰的保留时间定性，色谱峰面积在一定范围内与浓度呈线性关系进行定量分析。

3. 仪器和材料

（1）仪器与器皿

高效液相色谱仪（Waters，美国）：2487 紫外检测器、1525 高压输液系统、717 进样系统、Waters Breeze 色谱工作站；超声振荡仪；100 mL 烧杯（3 个）；1.00 mL 和 100 μL 移液枪；离心管若干个；离心管架；微孔滤膜（0.22 μm）。

（2）试剂

① 甲醇（色谱纯）。

② 醋酸铵溶液（0.02 mol·L^{-1}，色谱纯）；流动相使用前均超声脱气处理 10 min。

③ 山梨酸储备液（1.0 mg·mL^{-1}）：准确称取 0.2500 g 山梨酸，加超纯水定容至 250 mL。

④ 苯甲酸储备液（1.0 mg·mL^{-1}）：准确称取 0.2500 g 苯甲酸，加超纯水定容至 250 mL。

4. 操作步骤

（1）样品处理

碳酸饮料（雪碧）：移取 10 mL 碳酸饮料于烧杯中，超声处理 5 min。然后用微孔滤膜（0.22 μm）过滤于另一烧杯中，滤液备用。吸取 100 μL 滤液于离心管中，并加入 900 μL 超纯水，混合均匀标记为样品。

（2）标准溶液配制

① 取一定量的苯甲酸储备液，经滤膜过滤于离心管中。吸取 50 μL 滤液于另一离心管并加入 950 μL 超纯水，得到 50 μg·mL^{-1} 的苯甲酸标准品，混合均匀后标记为苯甲酸标准品。

② 同理得到 50 μg·mL^{-1} 的山梨酸标准品，做好标记。

③ 混合标准品配制：分别吸取 500 μL 苯甲酸标准品与山梨酸标准品于离心管中，混合均匀后得到 25 μg·mL^{-1} 的混合标样，标记为混标。

（3）色谱条件

色谱柱：C_{18} 反相键合色谱柱；

流动相：甲醇 - 醋酸铵溶液（体积比为 5∶95）；

流速：1 mL·min^{-1}；

检测波长：230 nm；

进样量：10 μL。

（4）标准品和样品测定

① 色谱柱中分别进苯甲酸（50 μg·mL^{-1}）、山梨酸（50 μg·mL^{-1}）标准品，确定保留时间，填写下表：

物质名称	苯甲酸	山梨酸
保留时间 /min		

② 记录混合标准品（25 μg·mL^{-1}）中两个物质的峰面积，并计算样品中苯甲酸和山梨酸含量：

物质名称	苯甲酸	山梨酸	样品	
			苯甲酸	山梨酸
峰面积				

5. 实验结果

计算方法：

$$C_x = C_s \times \frac{A_x}{A_s} \times 稀释倍数$$

式中，C_x 为样品中被测物的含量，$\mu g \cdot mL^{-1}$；C_s 为苯甲酸或山梨酸标准品的含量，$\mu g \cdot mL^{-1}$；A_x 为样品的峰面积；A_s 为标准品的峰面积。

6. 注意事项

① 如果被测溶液含有气泡，对测定和仪器的使用均有影响，因此需要将被测溶液超声加热除去二氧化碳。

② 苯甲酸的灵敏波长为 230 nm，山梨酸的灵敏波长为 254 nm，在波长 254 nm 处测定时苯甲酸的灵敏度较低。因此波长选择 230 nm。

③ 平衡前用甲醇 - 水（5∶95）冲洗柱子 15 min，再用甲醇 - 醋酸铵溶液（5∶95）进行平衡。

④ 开机顺序：高压输液系统、进样系统、柱温箱、检测器、计算机软件。

⑤ 使用盐做流动相时用水 - 甲醇（95∶5）冲洗柱子 20 min 以上；然后用甲醇冲洗色谱柱 20 min 以上，保存色谱柱。

⑥ 关机：清洗结束后，将泵流量设置为 0，等压力降为 0 时，关掉泵电源，退出 Breeze 工作站，再关闭仪器各部分电源及计算机。

【思考与练习】

中国色谱分析的先驱者——卢佩章

高效液相色谱条件的选择

一、选择题

1. 液 - 固吸附色谱中，若使用硅胶、氧化铝等极性固定相，应以弱极性溶剂作为流动相主体，适当加入中极性溶剂作为改性剂，以调节流动相的洗脱强度，下列溶剂中不适于作为该条件下加入的改性剂的是（　　　）。

A. 氯仿　　　　　　　　B. 乙醇　　　　　　　　C. 甲醇　　　　　　　　D. 正戊烷

2. 反相液相色谱是指（　　　）。

A. 流动相为极性物质，固定相非极性物质

B. 流动相为非极性物质，固定相为极性物质

C. 当组分流出色谱柱后，又使其返回色谱柱入口

D. 流动相不流动，固定相移动

3. 高效液相色谱法，配制好 500 mL 的流动相甲醇 - 水（60∶40），选用（　　　）过滤。

A. 滤纸　　　　　　　　　　　　　　　B. 砂芯

C. 微孔滤膜（水膜）　　　　　　　　　D. 微孔滤膜（有机膜）

4. 在高效液相色谱化学键合固定相的制备中，作为基体材料使用较广泛的是（　　　）。（多选）

A. 硅藻土　　　　　　　B. 高分子多孔微球　　C. 全多孔微粒硅胶

D. 薄壳型微粒硅胶　　　E. 玻璃微球

5. 高效液相色谱法，更换流动相时必须进行（　　）操作。

A. 过滤　　　　　　　　B. 加热　　　　　　　　C. 脱气　　　　　　　　D. 重新设置参数

二、判断题

1. 在液相色谱分析中选择流动相比选择柱温更重要。（　　）

2. 高效液相色谱专用检测器包括紫外检测器、折射率检测器、电导检测器、荧光检测器。（　　）

3. 利用保留值的色谱定性分析，是所有定性分析方法中最便捷、最准确的方法。（　　）

4. 高效液相色谱分析的应用范围比气相色谱分析广。（　　）

5. 液相色谱中，化学键合固定相的分离机理是典型的液 - 液分配过程。（　　）

三、问答题

1. 简述高效液相色谱法和气相色谱法的主要异同点。

2. 简述液相色谱的分类。

3. 在液相色谱中，提高柱效的途径有哪几种？分别用于哪些液相色谱法中？

4. 什么叫正相色谱和反相色谱？

5. 高效液相色谱仪有哪些主要部件？各有什么作用？

模块十一

分析检验技术岗位技能拓展

模块说明

本模块是在前面化学分析法和仪器分析法的基础上拓展出来的分析检验技术岗位技能提升部分，包含全国职业院校技能大赛化学实验技术赛项、食品安全与质量检测赛项技能考核点。通过本模块的学习，进一步提升学生专业技能，从而达到以赛促教、以赛促改、以赛促学的目的。

育心笃行：

大力弘扬劳模精神、工匠精神，激励更多劳动者特别是青年一代走技能成才、技能报国之路，培养更多高技能人才和大国工匠。

——习近平致首届全国职业技能大赛的贺信

学习目标

知识目标：

1. 理解气相色谱分析法、高效液相色谱分析法的基本原理；

2. 熟悉气相色谱仪的结构、各部件作用及各种检测器的应用范围；

3. 熟悉高效液相色谱仪的结构、各部件作用及各种检测器的应用范围；

4. 掌握气相色谱分析、高效液相色谱分析的定量方法；

5. 掌握酸碱滴定法测定原料乙酸的含量以及气相色谱法测定乙酸乙酯含量的基本原理及方法；

6. 掌握高效液相色谱法测定乳制品中三聚氰胺含量的基本原理及方法。

能力目标：

1. 能按要求配制各种试剂；

2. 能用酸碱滴定法测定原料乙酸含量；

3. 会正确使用离心机、超声波水浴锅、固相萃取装置以及氮吹仪；

4. 能规范使用气相色谱仪和高效液相色谱仪进行含量测定；

5. 能根据各种标准质量要求，进行相应实验数据的计算、误差分析及结果的判断；

6. 能按要求规范设计检验报告。

素质目标：

1. 养成诚实守信、严谨认真的工作作风；

2. 提升自主学习和创新能力；

3. 提升团队协作及沟通能力；

4. 培养分析问题、解决问题的综合能力；

5. 严格遵守检验规范，客观、公正地出具检验报告。

项目一　乙酸乙酯的质量分析与评价

【案例导入】

乙酸乙酯是一种重要的有机化工原料和工业溶剂，广泛用作人造香精、乙基纤维素、硝化纤维素、合成塑料、人造纤维、印刷油墨等的溶剂。现需要对某工业园区化工有限公司生产的优等品、一等品、合格品乙酸乙酯的质量进行检验。你知道乙酸乙酯质量检测的原理和方法吗？

【知识探究】

一、乙酸乙酯的性质、用途及制备方法（难度系数：★★）

1. 性质

乙酸乙酯，又称醋酸乙酯，是一种有机化合物，化学式为 $C_4H_8O_2$。它是一种无色澄清液体，有芳香气味，易挥发；溶于水，溶于乙醇、丙酮、乙醚、氯仿、苯等多种有机溶剂；是一种具有官能团—COOR 的酯类，能发生醇解、氨解、酯交换、还原等一般酯的共同反应。

2. 用途

乙酸乙酯是工业上的重要溶剂，广泛用作人造香精、乙基纤维素、硝化纤维素、赛璐珞（合成塑料）、清漆、涂料、人造革、油毡、人造纤维、印刷油墨等的溶剂，也可用作人造珍珠的黏结剂、药物和有机酸萃取剂及水果香料的原料。

3. 制备方法

（1）实验室制取乙酸乙酯

① 合成：乙酸乙酯是乙醇与乙酸在一定条件下发生酯化反应而生成。其反应方程式为：

$$CH_3COOH + CH_3CH_2OH \underset{H_2SO_4}{\overset{\triangle}{\rightleftharpoons}} CH_3COOC_2H_5 + H_2O$$

首先称取原料乙酸 14.00 g，无水乙醇 16.00 g（精确到 0.01 g）。将适量乙醇、浓硫酸加入 100 mL 三口烧瓶中，混匀后加入磁力搅拌子。在滴液漏斗内加入适量乙醇和乙酸并混匀。开始加热，当温度升至 110 ~ 120 ℃时，开始滴加乙醇和乙酸混合液，调节滴液速度适当。反应结束后，停止加热，收集保留粗产品。

为有利于乙酸乙酯的生成，可采取以下措施：制备乙酸乙酯时，反应温度不宜过高；最好使用冰醋酸和无水乙醇，同时采用乙醇过量的办法；起催化作用的浓硫酸的用量很小，但为了除去反应中生成的水，浓硫酸的用量要稍多于乙醇的用量。

② 精制

洗涤：在粗品乙酸乙酯中加入饱和碳酸钠等溶液洗涤纯化。

干燥：将酯层倒入锥形瓶中，并放入适量的无水硫酸镁，配上塞子，充分振摇至液体澄清透明，再放置干燥。

蒸馏：将干燥后的乙酸乙酯用漏斗经脱脂棉过滤至干燥的蒸馏烧瓶中，加入磁力搅拌子，搭建好蒸馏装置，加热进行蒸馏。按要求收集乙酸乙酯馏分，记录精制乙酸乙酯的产量。

合成和蒸馏的装置示意图见图 11-1。

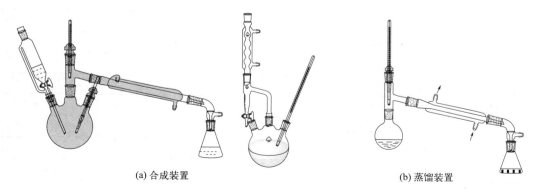

(a) 合成装置　　　　　　　　　　　(b) 蒸馏装置

图 11-1　合成和蒸馏装置示意图

（2）工业生产

① 酯化法。由乙酸与乙醇在硫酸存在下直接酯化而得，生产工艺上有连续与间歇之分。

a. 间隙工艺。将乙酸、乙醇和少量的硫酸加入反应釜，加热回流 5 ~ 6h。然后蒸出乙酸乙酯，并用 5% 的食盐水洗涤，氢氧化钠和氯化钠混合溶液中和至 pH=8。再用氧化钙溶液洗涤，加无水碳酸钾干燥。最后蒸馏，收集 76 ~ 77 ℃的馏分，即得产品。

b. 连续工艺。1:1.15（质量比）的乙醇和乙酸连续进入酯化塔釜，在硫酸的催化下于 105 ~ 110 ℃进行酯化反应。生成的乙酸乙酯和水以共沸物的形式从塔顶馏出，经冷凝分层后，上层酯部分回流，其余进入粗品槽，下层水经回收乙酸乙酯后放弃。粗酯经脱低沸物塔脱去少量的水后再进入精制塔，塔顶可得产品。此工艺较间隙法好。

② 乙醛法。乙醛在乙醇铝催化下生成乙酸乙酯，将乙醛、乙醇铝等连续加入两个串联的反应器，于 0 ~ 20 ℃下进行反应，第二反应器的出口转化率可达 99.5% 以上，然后经蒸馏得乙酸乙酯。收率达 95% ~ 96%，此工艺比较经济。

③ 纯化与除水方法。乙酸乙酯含量一般为 95% ~ 98%，含有少量水、乙醇和乙酸。可用如下方法纯化：于 1000 mL 乙酸乙酯中加入 100 mL 乙酸酐、10 滴浓硫酸，加热回流 4h，除去乙醇和水等杂质，然后进行蒸馏。馏液用 20 ~ 30 g 无水碳酸钾振荡，再蒸馏。产物沸点为 77 ℃，纯度可达 99% 以上。

④ 储存方法。储存于阴凉、通风的库房。远离火种、热源。库温不宜超过 37 ℃。保持容器密封。应与氧化剂、酸类、碱类分开存放，切忌混储。采用防爆型照明、通风设施。禁止使用易产生火花的机械设备和工具，储区应备有泄漏应急处理设备和合适的收容材料。

二、原料乙酸含量的测定（难度系数：★★★）

1. 测定原理

以酚酞为指示剂，用氢氧化钠标准滴定溶液对乙酸进行定量测定。

2. 达成目标

① 完成氢氧化钠标准滴定溶液浓度的标定。

② 完成原料乙酸含量的测定。

3. 仪器设备、试剂清单

主要设备	电子天平（精度 0.01 g、0.0001 g）
	通风设备
	气流烘干器（30 孔，不锈钢）
玻璃器皿	容量瓶（50 mL、100 mL、250 mL）
	滴定管（聚四氟乙烯塞，50 mL）
	单标线吸量管（10 mL、25 mL）
	锥形瓶（250 mL 或 300 mL）
	具塞锥形瓶（250 mL 或 300 mL）
	量筒
	烧杯
药品试剂	邻苯二甲酸氢钾（基准试剂）
	氢氧化钠标准滴定溶液
	酚酞指示液
	去二氧化碳水

4. 具体的步骤

（1）0.5 mol·L^{-1} 氢氧化钠标准溶液标定   减量法准确称取 3.6 g 基准试剂邻苯二甲酸氢钾于锥形瓶中，加去二氧化碳水溶解，加 2 滴酚酞指示液，用待标定的氢氧化钠溶液滴定至溶液由无色变为淡粉色，并保持 30 秒不褪色。

平行测定 4 次，同时做空白试验。

使用以下公式计算氢氧化钠标准滴定溶液的浓度 $c(NaOH)$，单位 mol·L^{-1}。取 4 次测定结果的算术平均值作为最终结果，结果保留 4 位有效数字。

$$c(NaOH) = \frac{m \times 1000}{(V_1 - V_2) \times M}$$

式中 m——邻苯二甲酸氢钾质量，g；

V_1——氢氧化钠溶液体积，mL；

V_2——空白试验消耗的氢氧化钠溶液体积，mL；

M——邻苯二甲酸氢钾的摩尔质量，g·mol^{-1}，$M(KHC_8H_4O_4)$=204.22 g·mol^{-1}。

（2）原料乙酸含量分析   准确称取 1.0 g 原料乙酸样品，加入适量去二氧化碳水，加 2 滴酚酞指示液，用氢氧化钠标准溶液滴定至溶液呈淡粉色，并保持 30 秒不褪色。

平行测定 3 次。

按下式计算出样品中乙酸的含量，以质量分数 w 表示。取 3 次测定结果的算术平均值作为最终结果，结果保留 4 位有效数字。

$$w = \frac{cVM'}{m' \times 1000} \times 100\%$$

式中 c——氢氧化钠标准滴定溶液的准确浓度，mol·L^{-1}；

V——乙酸样品所消耗的氢氧化钠标准滴定溶液的体积，mL；

m——样品的质量，g；

M'——乙酸的摩尔质量，g·mol^{-1}，M'(CH$_3$COOH)=60.05 g·mol^{-1}。

对结果的精密度进行分析，以相对极差 A 表示，结果精确至小数点后 2 位。

计算公式如下：

$$A = \frac{X_1 - X_2}{\bar{X}} \times 100\%$$

式中　X_1——平行测定的最大值；

$\quad\quad$ X_2——平行测定的最小值；

$\quad\quad$ $\bar{X}$——平行测定的平均值。

三、乙酸乙酯含量的测定（难度系数：★★★★）

1. 测定原理

合成产物乙酸乙酯可用气相色谱进行鉴定，通常采用内标标准曲线法对生成的乙酸乙酯进行定量分析。

2. 达成目标

① 准备标准曲线溶液，绘制标准曲线。

② 选择气相色谱测定条件，完成乙酸乙酯含量的测定。

③ 计算精制乙酸乙酯的产率（%），完成报告。

3. 仪器设备、试剂清单

主要设备	气相色谱系统（火焰离子化检测器）
	色谱柱（PEG 毛细管柱）
玻璃器皿	容量瓶（25 mL、50 mL、100 mL）
	吸量管（5 mL、10 mL）
	烧杯
药品与试剂	乙酸乙酯标准品
	乙酸正丙酯标准品
	乙酸正丁酯标准品
	无水乙醇
	去离子水

4. 选择气相色谱测定条件

柱温：40 ～ 80 ℃；气化室温度：210 ℃；检测器温度：160 ～ 200 ℃；氮气平均流速：50 cm·s^{-1}；氢气流量：30 mL·min^{-1}；空气流量：300 mL·min^{-1}；分流比：50:1；进样量：1μL；升温方式：程序升温。

5. 产物含量分析

（1）乙酸乙酯标准溶液配制　准确称取一定质量的乙酸乙酯标准品，用乙醇溶解后转移入一定规格的容量瓶中，用乙醇稀释至刻度，摇匀。

（2）内标物标准溶液配制　选择合适的内标物，准确称取一定质量的内标物标准品，用乙醇溶解后转移入一定规格的容量瓶中，用乙醇稀释至刻度，摇匀。

（3）标准曲线工作溶液配制　用吸量管准确移取不同体积的乙酸乙酯标准溶液至 5 个容量瓶中；再准确移取一定体积的内标物标准溶液至上述 5 个容量瓶中，用乙醇稀释至刻度，摇匀。

（4）绘制标准曲线　在设置好的气相色谱测定条件下，测定各工作溶液，以保留时间确定乙酸乙酯和内标物，以 A_i/A_s 为纵坐标，以乙酸乙酯标准溶液浓度为横坐标，绘制标准曲线。

（5）产物样品中乙酸乙酯含量的测定　称取一定质量的样品溶液配制适合标准曲线的样品溶液，加入一定体积的内标物标准溶液，用乙醇稀释至刻度，摇匀，用与绘制标准曲线相同的气相色谱测定条件测定，根据色谱图求出 A_i/A_s。平行测定 3 次。

6. 结果处理

① 根据标准系列溶液的色谱图，分析并记录乙酸乙酯和内标物的峰面积（A_i、A_s）。

② 以 A_i/A_s 为纵坐标，以乙酸乙酯标准溶液浓度为横坐标，绘制标准曲线，得出标准曲线回归方程和线性相关系数。

③ 计算产物中乙酸乙酯的含量（w_i），取 3 次平行实验结果的算术平均值作为最终结果，结果保留 3 位有效数字。

④ 误差分析。对产物中乙酸乙酯含量（w_i）测定结果的精密度进行分析，以相对极差 A 表示，结果精确至小数点后 2 位。计算公式如下：

$$A = \frac{X_1 - X_2}{\bar{X}} \times 100\%$$

式中　X_1——平行测定的最大值；

X_2——平行测定的最小值；

$\bar{X}$——平行测定的平均值。

⑤ 按下式计算目标产物的精制收率，结果保留 3 位有效数字。

$$精制收率 = \frac{精制产品质量(g) \times 产品中的乙酸乙酯含量}{理论产量(g)} \times 100\%$$

7. 报告撰写要求

完成一份工作报告（电子文档），存档并打印；实操过程中的数据记录表、谱图等作为工作报告附件，一并提交。

工作报告格式自行设计，内容应包括：实验过程中必须做好的健康、安全、环保措施，实验原理，实验步骤，数据处理，结果评价和问题分析等。

8. 评分标准

项目名称	评分内容	评分项	评分指标	分数分配
乙酸乙酯质量分析与评价	实验准备	安全健康环保	实验室 HSE、防护用品穿戴等	5
		气相色谱调试	参数设置、条件优化等	10
	实验操作	谱图鉴别	色谱峰识别、保留时间记录	5
		标准工作曲线制作	移液体积、试剂加入顺序、空白溶液、线性关系等	15
		产品含量分析	样品配制、浓度范围等	12
		文明操作	工位管理、器具管理、废物处理等	5
	结果报告	计算	纯度、产率计算等	18
		质量评价	根据纯度、产率等，分析影响实验结果的主要因素	10
		撰写报告	报告结构、各项要点、工作描述清楚、数据完整、结果评价合理等	20

【思考与练习】

一、选择题

1. 根据中华人民共和国标准化法规定，我国标准分为（　　）两类。

A. 国家标准和行业标准　　　　　　　B. 国家标准和企业标准

C. 国家标准和地方标准　　　　　　　D. 强制性标准和推荐性标准

2. 下列标准中必须制定为强制性标准的是（　　）。

A. 国家标准　　　　　　　　　　　　B. 分析方法标准

C. 食品卫生标准　　　　　　　　　　D. 行业标准

3. 下列基准试剂使用前干燥条件不正确的是（　　）。

A. 无水碳酸钠 270 ～ 300 ℃　　　　　B. 邻苯二甲酸氢钾 105 ～ 110 ℃

C. 氧化锌 850 ℃±50 ℃　　　　　　　D. 碳酸钙 800 ℃

4. 下列属于影响内标法定量的化学因素的是（　　）。

A. 内标物和样品组分之间发生反应　　B. 进液量改变太大

C. 检测器非线性　　　　　　　　　　D. 载气流速不稳定

5. 下述说法错误的是（　　）。

A. 根据色谱峰的保留时间可以进行定性分析

B. 根据色谱峰的面积可以进行定量分析

C. 色谱图上峰的个数一定等于试样中的组分数

D. 色谱峰的区域宽度体现了组分在柱中的运动情况

二、判断题

1. 实验室所用水为三级水，用于一般化学分析实验，可以用蒸馏、离子交换等方法制取。（　　）

2. 气相色谱进样口温度要低于检测器温度。（　　）

3. 在色谱分离过程中，单位柱长内，组分在两相间的分配次数越多，分离效果越好。（　　）

4. 优级纯化学试剂为深蓝色标志。（　　）

5. 产生有毒气体的实验应在通风橱内进行。通过排风设备将毒气排到室外，以免污染室内空气。（　　）

三、问答题

1. 乙酸乙酯的主要用途有哪些？

2. 请分析本项目是否涉及健康和安全问题，如有，请写出相应预防措施。

3. 简要描述气相色谱定量分析中的面积归一化法、内标法的优缺点。

资料扫一扫

化学检验工职业资格国家标准及技能等级要求

项目二　高效液相色谱法测定乳品中三聚氰胺的含量

【案例导入】

三聚氰胺是一种基本的有机化工原料。曾经发生的三聚氰胺毒奶粉事件，是在原料奶中被恶意添加了化工原料三聚氰胺，造成了重大食品安全事故，涉及多家企业，影响非常恶劣。你知道乳品中三聚氰胺含量是如何检测的吗？具体的原理和方法是什么呢？

【知识探究】

一、三聚氰胺的性质及用途（难度系数：★）

微课扫一扫

乳品中三聚氰胺含量的测定

三聚氰胺，俗称密胺、蛋白精，分子式为 $C_3H_6N_6$，IUPAC 命名为"1,3,5-三嗪 -2,4,6- 三胺"，是一种三嗪类含氮杂环有机化合物，被用作化工原料。它是白色单斜晶体，几乎无味。溶于水，微溶于乙二醇、甘油、乙醇，不溶于乙醚、苯、四氯化碳。三聚氰胺不可燃，在常温下性质稳定。水溶液呈弱碱性（pH=8），与盐酸、硫酸、硝酸、乙酸、草酸等都能形成三聚氰胺盐类。在中性或微碱性情况下，与甲醛缩合而成各种羟甲基三聚氰胺，但在微酸性条件下（pH=5.5 ～ 6.5）与羟甲基的衍生物进行缩聚反应而生成树脂。遇强酸或强碱水溶液水解，氨基逐步被羟基取代，先生成三聚氰酸二酰胺，进一步水解生成三聚氰酸一酰胺，最后生成三聚氰酸。

三聚氰胺是一种重要的氮杂环有机化工原料，主要用作制造三聚氰胺甲醛树脂（MF）、有机元素分析试剂，也用于合成用于皮革加工的鞣剂和填充剂，还用于木材、塑料、涂料、造纸、纺织、电气、医药等行业，还可以作阻燃剂、甲醛清洁剂、化肥等。三聚氰胺是膨胀型阻燃剂最常用的气源，也是制备很多膨胀型阻燃剂组分（如多种磷酸盐、三聚氰酸盐、磷酸盐）的原料，还常与其他阻燃剂复配用于阻燃多种塑料及其他高聚物，如与有机磷酸酯合用以阻燃聚氨酯泡沫塑料。它对身体有害，不可用于食品加工或食品添加物。

二、样品预处理（难度系数：★★★）

乳品中三聚氰胺的含量测定参照国家标准《原料乳与乳制品中三聚氰胺检测方法》（GB/T 22388—2008）第一法。

1. 样品称量

称取 2 g（精确至 0.01 g）乳品试样于 50 mL 具塞塑料离心管中，并及时填写样品称量记录单。

2. 样品提取

在上述离心管中用移液枪加入标液 100 μL，准确移入 15.00 mL 三氯乙酸溶液和 5.00 mL 乙腈，涡旋混匀后超声提取 5 min 后以 ≥ 7000 r·min^{-1} 速度离心 5 min，移取 4.00 mL 上清液并加入 2 mL 水充分混匀后作为待净化液。

依次用 3 mL 甲醇、5 mL 水活化固相萃取柱，转移待净化液至固相萃取柱，依次用 3 mL 水和 3 mL 甲醇淋洗，抽至近干后用 6.00 mL 氨化甲醇溶液洗脱，洗脱液于 50 ℃下用氮吹近干。向残留物中准确加入 2.00 mL 流动相，涡旋混匀 1 min，用 0.22 μm 针式滤膜过滤后，分别移至液相进样瓶中，做好标记，供 HPLC 色谱测定。

三、高效液相色谱法定性、定量分析（难度系数：★★★★★）

1. 原理

被测试样用三氯乙酸 - 乙腈提取，经阳离子交换固相萃取柱净化后，用高效液相色谱仪测定，外标法定量。

2. 达成目标

① 准备标准曲线溶液，绘制标准曲线。

② 选择高效液相色谱测定条件，完成样品中三聚氰胺含量的测定。

③ 根据公式计算含量，同时计算加标回收率，完成报告。

3. 仪器设备、试剂清单

主要设备	高效液相色谱仪（配紫外检测器或二极管阵列检测器）
	离心机（≥ 7000 r·min⁻¹）
	固相萃取装置（多孔，带负压），配阳离子交换固相萃取小柱
	氮气吹干仪（多孔金属浴）
	小型涡旋振荡器
	超声波水浴装置
	电子天平（0.01 g）
玻璃器皿	带塞刻度管（10 mL）
	吸量管（1 mL、5 mL、10 mL、20 mL）
	具塞离心管（50 mL）
药品与试剂	三聚氰胺标准品、三聚氰胺储备液
	辛烷磺酸钠、柠檬酸
	离子对试剂缓冲液
	三氯乙酸、乙腈、甲醇、氨水、氨化甲醇
	去离子水

4. 测定条件

HPLC 参考条件：

色谱柱：C_{18} 柱，柱长 250 mm，内径 4.6 mm，粒径 5 μm，或等效色谱柱。

流动相：离子对试剂缓冲液 - 乙腈（90∶10，体积比），混匀。

流速：1 mL·min⁻¹。

柱温：40 ℃。

检测波长：240 nm。

进样量：20 μL。

5. 定性分析

将样品溶液中未知组分的保留时间与标准溶液在同一色谱柱上的保留时间相比较，如果样品溶液中某组分的保留时间与标准溶液中三聚氰胺的保留时间相差在 ±0.05 min 内，可认定为三聚氰胺。

6. 上机检测

（1）标准曲线的绘制　用流动相将三聚氰胺标准储备液逐级稀释得到的浓度为 0.8、2、20、40、80 μg·mL⁻¹ 的标准工作液，浓度由低到高进样检测，以峰面积 - 浓度作图，得到标准曲线回归方程。

（2）定量测定　三聚氰胺的响应值应在标准曲线线性范围内，超过线性范围则应稀释后再进样分析。

7. 定量结果计算

试样中三聚氰胺的含量按下式计算：

$$X = \frac{V_3 \times c \times A \times V_1 \times 1000}{V_2 \times m \times A_s \times 1000}$$

式中　X——试样中三聚氰胺的含量，$mg \cdot kg^{-1}$；

A——样液中三聚氰胺的峰面积；

c——标准溶液中三聚氰胺的浓度，$\mu g \cdot mL^{-1}$；

V_1——提取液总体积，mL；

V_2——吸取出用于检测的提取液的体积，mL；

V_3——样品溶液上机前定容体积，mL；

A_s——标准溶液中三聚氰胺的峰面积；

m——试样质量，g。

计算结果保留 3 位有效数字。

8. 回收率计算

根据 3 个加标试样的测定质量，分别计算出一个回收率，再算出回收率平均值。回收率根据下式计算：

$$P = \frac{M - M_0}{M_s} \times 100\%$$

式中　P——加标回收率，%；

M——样品中三聚氰胺的质量，mg；

M_0——空白样液中三聚氰胺的质量，mg；

M_s——加入标准三聚氰胺的质量，mg。

9. 加标试样 RSD 计算

RSD 根据下式计算

$$RSD = \frac{\sqrt{\dfrac{\sum\limits_{i=1}^{n}(x_i - \bar{x})^2}{n-1}}}{\bar{x}}$$

式中　$\bar{x}$——三个平行加标试样中三聚氰胺质量分数平均值，$mg \cdot kg^{-1}$；

n——平行样品个数，为 3；

x_i——每个平行样品。

10. 评分标准

项目	考核内容		考核知识点 / 技能点	分值
乳品中三聚氰胺含量的检测	样品预处理（50 分）	称样	天平的使用	5
		提取	移液管的使用；超声波清洗器的使用；离心机的使用	12
		净化	固相萃取装置的使用；氮吹仪的使用；涡旋振荡器的使用；移液管的使用；针式过滤头的使用	23
		规范与安全操作	标识规范；文明操作规范；安全操作规范	5
			操作熟练度	5
	检测结果（20 分）	回收率	考察样品的回收率	10
		RSD 值	考察样品 RSD	10

续表

项目	考核内容		考核知识点/技能点	分值
乳品中三聚氰胺含量的检测	数据处理（15分）	定性分析	根据给定的标准溶液谱图，准确填写三聚氰胺标准品的信息，填写待测样品信息	6
		定量分析	计算样品中三聚氰胺的质量分数、回收率和RSD，并正确运用修约规则	9
	液相色谱三维仿真操作（15分）	实验室安全	实验室安全知识；实验仪器设备管理与维护；检测过程中所涉及实验室安全隐患排查；安全防护用品使用及穿戴等	5
		工作站仿真	能够正确配制标液；建立检测方法包括自动进样器进样量设置、色谱柱流速、温度设置、检测器波长设置；设置样品信息并进样；建立标准曲线，对未知样品进行定性和定量分析	10

【思考与练习】

农产品、食品检验员职业资格国家标准及技能等级要求

一、选择题

1.食品添加剂的使用，应当符合（　　　）的要求。

A. GB 2761　　　　　　　B. GB 2762

C. GB 2763　　　　　　　D. GB 2760

2.优级纯和分析纯的试剂代号分别为（　　　）。

A. CP 和 GR　　　　B. GR 和 AR　　　　C. AR 和 GR　　　　D. AR 和 CP

3.下列不属于食品防腐剂的是（　　　）。

A. 苯甲酸　　　　　B. 海藻酸钠　　　　C. 山梨酸　　　　D. 山梨酸钾

4.RSD 又称相对标准偏差，一般用来表示测试结果的（　　　）。

A. 合理性　　　　　B. 准确度　　　　　C. 精密度　　　　D. 回收率

5.食品企业通用卫生规范明确要求，生产用水必须符合（　　）的规定。

A. GB 16330　　　　B. GB 14881　　　　C. GB 13271　　　　D. GB 5749

二、判断题

1.化验室可以用干净的器皿处理食物。（　　　）

2.超声波提取食品中防腐剂，其原理主要是利用超声波的空化作用以及机械热效应等，加速防腐剂从样品中溶出到溶剂中。（　　　）

3.在稀释操作中，容量瓶需要用原溶液润洗。（　　　）

4.高效液相色谱法进样分析前，基线一定要在零点并走至基本水平。（　　　）

5.配制溶液和分析试验中所用的纯水，要求其纯度越高越好。（　　　）

三、问答题

1.三聚氰胺的性质和主要用途有哪些？

2.请分析本项目是否涉及健康和安全问题，如有，请写出相应预防措施。

3.简要描述高效液相色谱外标法定量测定乳制品中三聚氰胺含量的方法原理和测定过程。

附录

附录一　弱酸和弱碱的解离常数

1. 弱酸的解离常数（298.15K）

弱酸	解离常数 K_a
H_3AsO_4	$K_{a1}=6.0\times10^{-3}$；$K_{a2}=1.0\times10^{-7}$；$K_{a3}=3.2\times10^{-12}$
H_3AsO_3	$K_{a1}=6.3\times10^{-10}$
H_3BO_3	$K_{a1}=5.8\times10^{-10}$
$H_2B_4O_7$	$K_{a1}=1.0\times10^{-4}$；$K_{a2}=1.0\times10^{-9}$
$HBrO$	$K_{a1}=2.0\times10^{-9}$
H_2CO_3	$K_{a1}=4.3\times10^{-7}$；$K_{a2}=4.8\times10^{-11}$
HCN	$K_{a1}=6.2\times10^{-10}$
H_2CrO_4	$K_{a1}=0.18$；$K_{a2}=3.2\times10^{-7}$
$HClO$	$K_{a1}=2.8\times10^{-8}$
HF	$K_{a1}=6.6\times10^{-4}$
HIO	$K_{a1}=2.3\times10^{-11}$
HIO_3	$K_{a1}=0.16$
H_5IO_6	$K_{a1}=2.8\times10^{-2}$；$K_{a2}=5.0\times10^{-9}$
H_2MnO_4	$K_{a2}=7.1\times10^{-11}$
HNO_2	$K_{a1}=7.2\times10^{-4}$
H_2O_2	$K_{a1}=2.2\times10^{-12}$
H_2O	$K_{a1}=1.8\times10^{-16}$
H_3PO_4	$K_{a1}=6.9\times10^{-3}$；$K_{a2}=6.2\times10^{-8}$；$K_{a3}=4.8\times10^{-13}$
H_3PO_3	$K_{a1}=6.3\times10^{-2}$；$K_{a2}=2.0\times10^{-7}$
H_2SO_3	$K_{a1}=1.3\times10^{-2}$；$K_{a2}=6.1\times10^{-7}$
H_2S	$K_{a1}=1.32\times10^{-7}$；$K_{a2}=7.1\times10^{-15}$
H_2SiO_3	$K_{a1}=1.7\times10^{-10}$；$K_{a2}=1.6\times10^{-12}$
NH_4^+	$K_{a1}=5.8\times10^{-10}$
$H_2C_2O_4$	$K_{a1}=5.4\times10^{-2}$；$K_{a2}=5.4\times10^{-5}$
$HCOOH$	$K_{a1}=1.77\times10^{-4}$
CH_3COOH	$K_{a1}=1.75\times10^{-5}$
$ClCH_2COOH$	$K_{a1}=1.4\times10^{-3}$

2. 弱碱的解离常数

弱碱	解离常数 K_b
$NH_3 \cdot H_2O$	1.8×10^{-5}
$NH_2\text{-}NH_2$	9.8×10^{-7}
NH_2OH	9.1×10^{-9}
$C_6H_5NH_2$	4×10^{-10}
C_5H_5N	1.5×10^{-9}
$(CH_2)_6N_4$	1.4×10^{-9}

附录二　常用的缓冲溶液

几种常用缓冲溶液的配制

pH	配制方法
0	$1\ mol \cdot L^{-1}$ HCl
1	$0.1\ mol \cdot L^{-1}$ HCl
2	$0.01\ mol \cdot L^{-1}$ HCl
3.6	$NaAc \cdot 3H_2O$ 8 g 溶于适量水中，加 $6\ mol \cdot L^{-1}$ HAc134 mL，稀释至 500 mL
4.0	$NaAc \cdot 3H_2O$ 20 g 溶于适量水中，加 $6\ mol \cdot L^{-1}$ HAc134 mL，稀释至 500 mL
4.5	$NaAc \cdot 3H_2O$ 32 g 溶于适量水中，加 $6\ mol \cdot L^{-1}$ HAc68 mL，稀释至 500 mL
5.0	$NaAc \cdot 3H_2O$ 50 g 溶于适量水中，加 $6\ mol \cdot L^{-1}$ HAc34 mL，稀释至 500 mL
5.7	$NaAc \cdot 3H_2O$ 100 g 溶于适量水中，加 $6\ mol \cdot L^{-1}$ HAc13 mL，稀释至 500 mL
7	NH_4Ac 77 g，用水溶解后，释至 500 mL
7.5	NH_4Cl 60 g，溶于适量水中，加 $15\ mol \cdot L^{-1}$ 氨水 1.4 mL，稀释至 500 mL
8.0	NH_4Cl 50 g，溶于适量水中，加 $15\ mol \cdot L^{-1}$ 氨水 3.5 mL，稀释至 500 mL
8.5	NH_4Cl 40 g，溶于适量水中，加 $15\ mol \cdot L^{-1}$ 氨水 8.8 mL，稀释至 500 mL
9.0	NH_4Cl 35 g，溶于适量水中，加 $15\ mol \cdot L^{-1}$ 氨水 24 mL，稀释至 500 mL
9.5	NH_4Cl 30 g，溶于适量水中，加 $15\ mol \cdot L^{-1}$ 氨水 65 mL，稀释至 500 mL
10.0	NH_4Cl 27 g，溶于适量水中，加 $15\ mol \cdot L^{-1}$ 氨水 97 mL，稀释至 500 mL
10.5	NH_4Cl 9 g，溶于适量水中，加 $15\ mol \cdot L^{-1}$ 氨水 175 mL，稀释至 500 mL
11	NH_4Cl 3 g，溶于适量水中，加 $15\ mol \cdot L^{-1}$ 氨水 207 mL，稀释至 500 mL
12	$0.01\ mol \cdot L^{-1}$ NaOH
13	$0.1\ mol \cdot L^{-1}$ NaOH

注：Cl^- 对测定有妨碍时，可用 HNO_3；Na^+ 对测定有妨碍时，可用 KOH。

附录三　EDTA 的 $lg\alpha_{Y(H)}$ 值

pH	$lg\alpha_{Y(H)}$	pH	$lg\alpha_{Y(H)}$	pH	$lg\alpha_{Y(H)}$	pH	$lg\alpha_{Y(H)}$	pH	$lg\alpha_{Y(H)}$
0.0	23.64	2.5	11.90	5.0	6.45	7.5	2.78	10.0	0.45
0.1	23.06	2.6	11.62	5.1	6.26	7.6	2.68	10.1	0.39
0.2	22.47	2.7	11.35	5.2	6.07	7.7	2.57	10.2	0.33
0.3	21.89	2.8	11.09	5.3	5.88	7.8	2.47	10.3	0.28
0.4	21.32	2.9	10.84	5.4	5.69	7.9	2.37	10.4	0.24
0.5	20.75	3.0	10.60	5.5	5.51	8.0	2.27	10.5	0.20
0.6	20.18	3.1	10.37	5.6	5.33	8.1	2.17	10.6	0.16
0.7	19.62	3.2	10.14	5.7	5.15	8.2	2.07	10.7	0.13
0.8	19.08	3.3	9.92	5.8	4.98	8.3	1.97	10.8	0.11
0.9	18.54	3.4	9.70	5.9	4.81	8.4	1.87	10.9	0.09
1.0	18.01	3.5	9.48	6.0	4.65	8.5	1.77	11.0	0.07
1.1	17.49	3.6	9.27	6.1	4.49	8.6	1.67	11.1	0.06
1.2	16.98	3.7	9.06	6.2	4.34	8.7	1.57	11.2	0.05
1.3	16.49	3.8	8.85	6.3	4.20	8.8	1.48	11.3	0.04
1.4	16.02	3.9	8.65	6.4	4.06	8.9	1.38	11.4	0.03
1.5	15.55	4.0	8.44	6.5	3.92	9.0	1.28	11.5	0.02
1.6	15.11	4.1	8.24	6.6	3.79	9.1	1.19	11.6	0.02
1.7	14.68	4.2	8.04	6.7	3.67	9.2	1.10	11.7	0.02
1.8	14.27	4.3	7.84	6.8	3.55	9.3	1.01	11.8	0.01
1.9	13.88	4.4	7.64	6.9	3.43	9.4	0.92	11.9	0.01
2.0	13.51	4.5	7.44	7.0	3.32	9.5	0.83	12.0	0.01
2.1	13.16	4.6	7.24	7.1	3.21	9.6	0.75	12.1	0.01
2.2	12.82	4.7	7.04	7.2	3.10	9.7	0.67	12.2	0.005
2.3	12.50	4.8	6.84	7.3	2.99	9.8	0.59	13.0	0.0008
2.4	12.19	4.9	6.65	7.4	2.88	9.9	0.52	13.9	0.0001

附录四　元素原子量

原子序数	符号	元素名称	原子量	原子序数	符号	元素名称	原子量
1	H	氢	1.01	33	As	砷	74.91
2	He	氦	4.00	34	Se	硒	78.96
3	Li	锂	6.94	35	Br	溴	79.916
4	Be	铍	9.01	36	Kr	氪	83.80
5	B	硼	10.82	37	Rb	铷	85.48
6	C	碳	12.01	38	Sr	锶	87.63
7	N	氮	14.01	39	Y	钇	88.92
8	O	氧	16.00	40	Zr	锆	91.22
9	F	氟	19.00	41	Nb	铌	92.91
10	Ne	氖	20.18	42	Mo	钼	95.95
11	Na	钠	22.99	43	Tc	锝	97.91
12	Mg	镁	24.32	44	Ru	钌	101.11
13	Al	铝	26.98	45	Rh	铑	102.91
14	Si	硅	28.09	46	Pd	钯	106.42
15	P	磷	30.98	47	Ag	银	107.88
16	S	硫	32.07	48	Cd	镉	112.41
17	Cl	氯	35.46	49	In	铟	114.76
18	Ar	氩	39.94	50	Sn	锡	118.70
19	K	钾	39.10	51	Sb	锑	121.76
20	Ca	钙	40.08	52	Te	碲	127.61
21	Sc	钪	44.96	53	I	碘	126.91
22	Ti	钛	47.90	54	Xe	氙	131.29
23	V	钒	50.95	55	Cs	铯	132.91
24	Cr	铬	52.01	56	Ba	钡	137.36
25	Mn	锰	54.94	57	La	镧	138.92
26	Fe	铁	55.85	58	Ce	铈	140.13
27	Co	钴	58.94	59	Pr	镨	140.92
28	Ni	镍	58.69	60	Nd	钕	144.27
29	Cu	铜	63.54	61	Pm	钷	[145]
30	Zn	锌	65.38	62	Sm	钐	150.43
31	Ca	镓	69.72	63	Eu	铕	152.0
32	Ge	锗	72.60	64	Gd	钆	156.9

附录五 常见化合物的摩尔质量

化合物	摩尔质量 /(g·mol^{-1})	化合物	摩尔质量 /(g·mol^{-1})	化合物	摩尔质量 /(g·mol^{-1})
A		Fe_3O_4	231.54	**N**	
$AgBr$	187.78	$FeSO_4·H_2O$	169.93	$Na_2B_4O_7·10H_2O$	381.37
$AgCl$	143.32	$FeSO_4·7H_2O$	278.02	$NaBr$	102.90
AgI	234.77	$Fe_2(SO_4)_3$	399.89	Na_2CO_3	105.99
$AgNO_3$	169.87	$FeSO_4·(NH_4)_2SO_4$	284.02	$Na_2C_2O_4$	134.00
Al_2O_3	101.96	**H**		$NaCl$	58.44
$Al_2(SO_4)_3$	342.15	H_3BO_3	61.83	NaF	41.00
As_2O_3	197.84	HBr	80.91	$NaHCO_3$	84.01
B		H_2CO_3	62.03	NaH_2PO_4	119.98
$BaCO_3$	197.34	$H_2C_2O_4$	90.04	Na_2HPO_4	141.96
BaC_2O_4	225.35	$H_2C_2O_4·2H_2O$	126.07	$Na_2H_2Y·2H_2O$	372.26
$BaCl_2$	208.24	$HCOOH$	46.03	NaI	149.89
$BaCl_2·2H_2O$	244.27	HCl	36.46	$NaNO_2$	69.00
$BaCrO_4$	253.32	$HClO_4$	100.46	$NaNO_3$	85.00
$BaSO_4$	233.39	HF	20.01	Na_2O	61.98
C		HI	127.91	$NaOH$	40.01
$CaCO_3$	100.09	HNO_3	63.01	Na_3PO_4	163.94
CaC_2O_4	128.10	H_2O	18.02	Na_2S	78.05
$CaCl_2$	110.99	H_2O_2	34.02	Na_2SO_3	126.04
CaO	56.08	H_3PO_4	98.00	Na_2SO_4	142.04
$Ca(OH)_2$	74.09	H_2S	34.08	$Na_2S_2O_3$	158.11
$CaSO_4$	136.14	H_2SO_3	82.08	$Na_2S_2O_3·5H_2O$	248.19
$Ca_3(PO_4)_2$	310.18	H_2SO_4	98.08	$NH_2OH·HCl$	69.49
CH_3COOH	60.05	**K**		NH_3	17.03
CH_3OH	32.04	$KAl(SO_4)_2·12H_2O$	474.39	NH_4Cl	53.49
C_6H_5COOH	122.12	KBr	119.01	$(NH_4)_2C_2O_4·H_2O$	142.11
$C_6H_4COOHCOOK$	204.22	$KBrO_3$	167.01	$NH_3·H_2O$	35.05
CH_3COONa	82.03	K_2CO_3	138.21	$NH_4Fe(SO_4)_2·12H_2O$	482.20
$CH_3COONa·3H_2O$	136.08	KCl	74.56	NH_4SCN	76.12
C_6H_5OH	94.11	$KClO_3$	122.55	**P**	
$C_6H_{12}O_6$	180.16	$KClO_4$	138.55	P_2O_5	141.95
CO_2	44.01	K_2CrO_4	194.20	$PbCrO_4$	323.19
$CuCl_2$	134.45	$K_2Cr_2O_7$	294.19	PbO_2	239.19
$CuCl_2·2H_2O$	170.48	KI	166.01	$PbSO_4$	303.26
$Cu(NO_3)_2$	187.56	KIO_3	214.00	**S**	
CuO	79.54	$KMnO_4$	158.04	SO_2	64.06
Cu_2O	143.09	KOH	56.11	SO_3	80.06
$CuSO_4$	159.06	K_2SO_4	174.26	SiO_2	60.08
$CuSO_4·5H_2O$	249.68	$KSCN$	97.18	$SnCl_2$	189.62
F		**M**		**Z**	
$FeCl_3$	162.21	$MgCO_3$	84.32	$ZnCl_2$	136.30
$FeCl_3·6H_2O$	270.30	$MgCl_2$	95.21	ZnO	81.38
FeO	71.85	MgO	40.31	$ZnSO_4$	161.45
Fe_2O_3	159.69	MnO_2	86.94		

附录六　一些重要的物理常数

量	符号	数值与单位
光速（真空）	c	$2.99792\times10^8\,\mathrm{m\cdot s^{-1}}$
普朗克常数	h	$6.62608\times10^{-34}\,\mathrm{J\cdot s}$
电子电荷	e	$1.602177\times10^{-19}\mathrm{C}$
电子静止质量	m_e	$9.10939\times10^{-31}\,\mathrm{kg}$
阿伏伽德罗常数	N_A	$6.022137\times10^{23}\,\mathrm{mol^{-1}}$
法拉第常数	F	$96485.31\mathrm{C\cdot mol^{-1}}$
摩尔气体常数	R	$8.31451\,\mathrm{J\cdot mol^{-1}\cdot K^{-1}}$
玻尔兹曼常数	k	$1.38066\times10^{-23}\,\mathrm{J\cdot K^{-1}}$
电子伏特能量	eV	$1.60218\times10^{-19}\,\mathrm{J}$

参考文献

[1] 李晓莉 . 分析化学 . 北京：中国轻工业出版社，2017.

[2] 高职高专化学教材编写组 . 分析化学 . 4 版 . 北京：高等教育出版社，2014.

[3] 高职高专化学教材编写组 . 分析化学实验 . 4 版 . 北京：高等教育出版社，2014.

[4] 司晓晶 . 分析化学 . 北京：中国石化出版社，2019.

[5] 李会，郭利 . 化学分析技术 . 北京：化学工业出版社，2016.

[6] 黄一石，乔子荣 . 定量化学分析 . 3 版 . 北京：化学工业出版社，2014.

[7] 胡伟光，张文英 . 定量化学分析实验 . 3 版 . 北京：化学工业出版社，2015.

[8] 夏玉宁 . 化学实验室手册 . 北京：化学工业出版社，2003.

[9] 林新花，杨兰，冯爱娟 . 分析化学 . 广州：广东教育出版社，2021.

[10] 王炳强，曾玉香 . 化学检验工职业技能鉴定试题集 . 北京：化学工业出版社，2015.

[11] 余晓萍 . 仪器分析 . 3 版 . 北京：化学工业出版社，2022.

[12] 黄一石，吴朝华 . 仪器分析 . 4 版 . 北京：化学工业出版社，2020.

[13] 白立军 . 仪器分析检验技术 . 北京：化学工业出版社，2022.

[14] 姜洪文，陈淑刚，张美娜 . 化验室组织与管理 . 4 版 . 北京：化学工业出版社，2020.

[15] 胡征 . 现代实验室建设与管理指南 . 天津：天津科技翻译出版有限公司，2014.

[16] 和彦苓 . 实验室安全与管理 . 2 版 . 北京：人民卫生出版社，2014.

[17] 苗向阳，顾准 . 化学品分析与检验 . 北京：化学工业出版社，2011.